U0922852

★ 纪念中国共产党成立90周年

弘扬太行精神 加快转型跨越

太行精神研讨会文集

主编　胡苏平

山西出版集团
山西人民出版社

主　编：胡苏平

副主编：姜新文　李福明　张铁锁
李高山　田喜荣　张　保
王玉圣

编　委：李泽顺　孟安邦　李国藏
李沁生　郭颖平　方　保
刘杰英

八路军和太行儿女为抗日战争的胜利作出了巨大牺牲和重要贡献。抗日战争中培育的太行精神，凝聚着中国共产党人的优秀品质，凝聚着中国人民的奋斗精神，永远是中华民族的宝贵精神财富。

——胡锦涛

太行精神是在国家和民族处于危亡的关键时刻，共产党人领导太行儿女展现的不怕牺牲、不畏艰险的革命英雄主义精神，是在极其艰苦的条件下展现的百折不挠、艰苦奋斗的精神，是为民族的解放展现的万众一心、敢于胜利的精神，是为人民利益展现的英勇奋斗、无私奉献的精神。

——李长春

要结合新的实际，与时俱进地大力弘扬太行精神，坚定正确的理想信念，始终保持对党对人民对事业的忠诚；坚持执政为民的政治立场，始终保持同人民群众的密切联系；锤炼坚忍不拔、百折不挠的品格，始终保持知难而进、奋发有为的精神状态；坚守党的政治本色，始终保持艰苦奋斗的优良作风，为推动经济社会又好又快地发展提供强大的精神动力。

——习近平

纪念中国共产党成立90周年
太行精神研讨会
主办：中共山西省委　中共中央党校　中共中央党史研究室　光明日报社
承办：中共山西省委宣传部　中共山西省委党校　中共山西省委党史办公室　中共长治市委
2011.7 山西·长治

太行精神研讨会会场

中共山西省委书记袁纯清发言

中央党校常务副校长李景田发言

中央党史研究室主任欧阳淞发言

中国社会科学院常务副院长王伟光发言

中共山西省委副书记金道铭在会上

中共山西省委常委、
宣传部长胡苏平主持会议

《光明日报》副总编辑李春林发言

中宣部宣教局局长荆惠民在会上

中共山西省委原书记李立功发言

国防大学原校长、上将裴怀亮发言

开国上将吕正操之子、中国航天科工集团二院23所研究员吕彤羽发言

全国劳模、全国人大代表申纪兰发言

太行精神研讨会参会代表合影

弘扬太行精神　加快转型跨越

（代　序）

袁纯清

山西历史文化悠久，是中华民族的重要发祥地，中原农耕文明和北方游牧文明在这里融汇，根祖文化、晋商文化、佛教文化、宗庙文化、大院文化交相辉映，三晋大地人文荟萃、名人辈出，山河雄奇、风光旖旎，古迹建筑星罗棋布，被誉为“中国古代建筑艺术博物馆”。山西是革命老区，是北方地区最早建立地方党组织和工农红军的省份之一。抗日战争时期，山西是华北敌后抗日根据地的中心，是八路军总部及三大主力师、中共中央北方局所在地。解放战争时期，山西成为支援全国解放战争的战略后方。在山西这块红色的土地上，留下了一大批老一辈无产阶级革命家的光辉足迹，1002名将帅在此工作战斗过。山西资源能源富集，素有“煤海”之称，新中国成立以来产煤120亿吨，其中外运90亿吨，有力地支撑了国家经济建设。随着近几年煤炭资源整合和煤矿兼并重组，形成4个亿吨级、3个5000万吨级等一批大型煤炭企业集团，电力装机容量接近5000万千瓦，能源基地的优势地位更加巩固和彰显。山西转型跨越发展势头良好，"十一五"时期，地区生产总值年均增长11.1%，财政总收入年均增长19%，城乡居民收入年均增长11.9%和10.4%。目前，全省干部群众正在加快推进转型跨越发展，推进工业新型化、农业现代化、市域城镇化、城乡生态化，建设绿化山西、气化山西、净化山西、健康山西，在建设国家新型能源和工业基地的基础上，努力建设全国重要的现代制造业基地、中西部现代物流中心和生产性服务业大省，建设中部地区经济强省和文化强省，展现出人心思上、干事创业的良好精神风貌。

胡锦涛总书记在"七一"重要讲话中强调指出，要在全体人民中大力弘扬以爱国主义为核心的民族精神和以改革创新为核心的时代精神，增强民族自尊心、自信心、自豪感。在革命、建设和改革的各个历史时期，山西形成了一系列彰显民族气节、体现时代要求、激发人民力量的伟大精神。太行精神就是其中最具代表性的一笔宝贵财富。太行精神与井冈山精神、长征精神、延安精神、西柏坡精神一样，都是中华民族精神在革命岁月中的锤炼和升华，都是我们党优良传统的重要组成部分。山西在抗战时期特殊的战略地位，是太行精神产生的前提条件；太行军民同仇敌忾、浴血奋战的顽强斗争，是太行精神的生动体现；抗日民族统一战线在山西的成功实践，是太行精神的真实写照；三晋儿女付出的巨大牺牲，是太行精神的集中反映。在血雨腥风、战火纷飞的革命年代，太行精神激励着山西人民前赴后继、英勇向前，60万热血青年参加八路军，解放战争中有30万翻身农民参军参战，在册的山西籍革命烈士达10万多名。在意气风发、激情燃烧的建设年代，太行精神激励着山西人民自力更生、艰苦创业，开展大规模社会主义改造和建设，建设了一大批重要的工业项目，形成了以能源原材料为主的工业体系，使这个革命老区发生了翻天覆地的变化。在波澜壮阔、生机勃勃的改革开放年代，太行精神激励着山西人民开拓创新、走向富裕，综合实力显著增强，产业结构不断优化，各项事业焕发出新的生机和活力，人民生活水平迈上新的台阶。

中央领导同志对太行精神给予高度评价，对太行精神的内涵作了精辟概括。胡锦涛总书记2005年7月在山西考察时指出，八路军和太行儿女为抗日战争的胜利作出了巨大牺牲和贡献，抗日战争中培育的太行精神，凝聚着中国共产党人的优秀品质，凝聚着中国人民的奋斗精神，永远是中华民族的宝贵精神财富。李长春同志2004年8月在山西考察时对太行精神作出“不怕牺牲、不畏艰险，百折不挠、艰苦奋斗，万众一心、敢于胜利，英勇奋斗、无私奉献”的高度概括。习近平同志2009年5月在山西考察时强调，要大力弘扬太行精神，始终保持对党对人民对事业的忠诚，始终保持同人民群众的密切联系，始终保持知难而进、奋发有为的精神状态，始终保持艰苦奋斗的优良作风。

太行精神产生于国家民族处于生死存亡的关键时刻，产生于艰苦卓绝的抗日战争年代，但太行精神的生命力日益旺盛，太行精神的影响力日久弥新。今天，面对新形势新任务，我们要大力弘扬太行精神，学习和继承革命前辈和先烈的崇高风范，展现新的时代风采，书写新的光辉篇章。

在新形势下大力弘扬太行精神，就是要以百折不挠、敢于胜利的精神，走出资源型地区转型发展和可持续发展的新路子。在敌人的铁壁合围和疯狂扫荡面前，太行军民不畏艰险、百折不挠，使根据地不仅得以保存，而且不断发展壮大。今天，山西作为资源型地区和老工业基地，不转型发展难以为继，不跨越就会落伍掉队，转型跨越发展是必然选择，是山西在改革开放的新时期必须打赢的一场攻坚战和持久战。胡锦涛总书记在“七一”重要讲话中指出，在当代中国，坚持发展是硬道理的本质要求就是坚持科学发展。我们要以建设转型综改试验区为统揽，攻坚克难，大胆实践，以煤为基、多元发展，努力提高资源就地转化率、传统产业循环率、新兴产业占有率和节能降耗减排率，既要以坚忍不拔的精神把地下资源的文章做好，更要以改革创新的精神把地上资源的文章做好，加快采掘文明向制造文明转变，加快资源依赖向创新驱动转变，加快粗放增长向绿色发展转变，早日实现资源大省向经济文化强省的跨越。通过解决产业结构单一化的问题、生态环境脆弱的问题、城乡区域发展不协调的问题、经济社会发展不平衡的问题，以及制约转型发展的体制机制问题，在实现富民强省的同时，走出一条资源型地区科学发展的新路子。

在新形势下大力弘扬太行精神，就是要从坚定理想信念着手，加强社会主义核心价值体系建设。在日寇侵略我河山、屠杀我人民面前，太行儿女之所以不怕牺牲，同凶残的敌人进行长期浴血奋战，取得一个又一个胜利，首先靠的是理想信念的引领，靠的是对祖国和人民大爱的支撑，靠的是对革命前途充满希望的支撑。今天，面对工业化、信息化、城镇化、市场化、国际化过程中思想的大活跃、观念的大碰撞、文化的大交融，我们要增强忧患意识、责任意识、大局意识，坚定共产主义远大理想和中国特色社会主义共同理想，更好地把握共产党执政规律、社会主义建设规律、人类社会发展规律。既要为我们取得的伟大成就，为我国综合国力的增强和国际地位的提高而自豪，也要清醒地看到面临的挑战和压力，进一步增强建设祖国的责任感，推进科学发展的紧迫感，加快民族复兴的使命感。要毫不动摇地坚持用一元化的指导思想引领多样化的社会思潮，巩固和发展积极健康向上的主流意识形态，在大力弘扬太行精神的同时，大力弘扬晋商精神，大力弘扬吕梁精神、右玉精神，大力弘扬纪兰精神、双良精神，并不断赋予其新的时代内涵。我们要深入挖掘山西丰厚的党史资源，用党的伟大成就激励人、用党的优良传统教育人、用党的成功经验启迪人、用党的历史教训警示人。

在新形势下大力弘扬太行精神，就是要践行执政为民的宗旨，动员人民群众建设更加幸福美好的生活。在极端艰苦、战火纷飞的环境下，太行儿女英勇奋斗、无私奉献，就是为了民族独立和人民幸福，为了建设美好家园和幸福生活。老区人民在历史上作出过巨大贡献，但由于自然条件所限，今天那里大多属于贫困地区。我们要牢记，没有老区人民的流血牺牲就没有今天的幸福生活，没有老区人民的幸福生活就没有全面建设小康社会的成功实现。我们要坚持以人为本，心系老区人民，大力推进扶贫攻坚，把各种资源向老区倾斜，扎实开展下乡住村包村活动，全面提高老区人民群众的社会保障水平、收入水平、健康水平、科技教育水平。领导干部要深入老区、深入群众，诚心诚意办实事、尽心竭力解难事、坚持不懈做好事，让老区人民和全省人民一道共享改革发展成果。

在新形势下大力弘扬太行精神，就是要继承优良传统，切实加强和改进党的作风建设。在敌我悬殊的困难局面下，太行军民用顽强意志和优良作风筑起牢不可破的铜墙铁壁，取得抗击日本帝国主义侵略者的胜利。太行儿女的奋斗历程，既是一部气势恢宏的革命战争史，也是一部感天动地的作风建设史。在新的形势下，加强党的建设面临许多前所未有的新情况、新问题、新挑战，特别是精神懈怠的危险、能力不足的危险、脱离群众的危险、消极腐败的危险，更加尖锐地摆在全党的面前。我们要加快实现全面建设小康社会的目标，走出资源型地区科学发展的路子，也更加需要充分发挥党组织的战斗堡垒作用和共产党员的先锋模范作用，需要坚强有力、奋发有为的领导班子和作风过硬、敢打善拼的干部队伍，需要调动全省人民的创造性、积极性。大力弘扬太行精神，不仅为我们加强作风建设提供了学习的典范，也为推动转型跨越发展提供了强大动力。我们要勤思勤为不懈怠，真抓实干不浮躁，清正严明守纪律，以转型跨越的新成效、以昂扬向上的新风貌，弘扬太行精神，告慰先辈英烈。

太行精神在血与火的战争洗礼中熔铸，在建设和改革的不平凡实践中发展，也必将在转型和跨越的征程中光大。我们要紧密团结在以胡锦涛同志为总书记的党中央周围，高举中国特色社会主义伟大旗帜，深入贯彻落实科学发展观，大力弘扬太行精神，开拓创新、埋头苦干，为再造一个新山西、加快实现全面建设小康社会目标努力奋斗！

（本文系中共山西省委书记、省人大常委会主任袁纯清2011年7月17日在太行精神研讨会上的讲话摘要）

目　录

继承和弘扬太行精神
密切党同人民群众的血肉联系

□ 李景田

一

抗日战争期间，八路军总部和中共中央北方局长期驻扎太行山区，朱德、彭德怀、刘伯承、邓小平等老一辈无产阶级革命家转战太行，为夺取抗日战争的伟大胜利作出了重大贡献。在这个过程中，来自五湖四海的中华民族的优秀儿女与太行人民一道，共同培育了太行精神。

早在抗日战争时期，邓小平同志就对八路军和太行军民的革命精神进行了科学总结，将这种精神概括为“有觉悟、有创新意识、有本领、有群众观念和有民族精神”等五个特征的革命精神。

2004年8月，李长春同志在山西考察，根据新的实践、新的发展，再次对太行精神做了科学概括和高度评价。这就是在国家和民族处于危亡的关键时刻，中国共产党领导太行儿女展现的不怕牺牲、不畏艰险的革命英雄主义精神，在极其艰苦的条件下展现的百折不挠、艰苦奋斗的精神，为民族的解放展现的万众一心、敢于胜利的精神，为人民利益展现的英勇奋斗、无私奉献的精神。

2009年5月习近平同志在八路军太行纪念馆提出：“要结合新的实际，与时俱进地大力弘扬太行精神，坚定正确的理想信念，始终保持对党对人民对事业的忠诚；坚持执政为民的政治立场，始终保持同人民群众的密切联系；锤炼坚忍不拔、百折不挠的品格，始终保持知难而进、奋发有为的精神状态；坚守党的政治本色，始终保持艰苦奋斗的优良作风，为推动经济社会又好又快地发展提供强大的精神动力。”

我认为，这些都是对太行精神所作的十分精到的概括。

孕育和形成于山西这片热土的太行精神，充分反映了中国共产党的性质和宗旨的本质要求，集中体现了中国共产党的优良传统和作风，全面展示了中国共产党人的崇高品德和伟大情怀。她与井冈山精神、长征精神、延安精神以及西柏坡精神等一脉相承，各有特色，是中国共产党90年来培育和发扬的一系列革命精神的重要组成部分。

二

我们今天召开这个会，不单单是为了回顾太行精神，而是为了在新的历史条件下继承和弘扬太行精神，从而进一步贯彻好胡锦涛总书记在庆祝中国共产党成立90周年大会上的讲话精神，全面推进党的建设新的伟大工程，不断提高党的建设科学化水平。

胡锦涛总书记在庆祝中国共产党成立90周年大会上的讲话中，对在新的历史条件下提高党的建设科学化水平，提出了“五个必须”的要求。太行精神对我们当前和今后推进这“五个必须”，提高党的建设科学化水平，提供了宝贵的历史经验和生动教材。我们尤其要注意到，在新形势下，太行精神对坚持以人为本、执政为民理念，牢固树立马克思主义群众观点、自觉贯彻党的群众路线，始终保持党同人民群众的血肉联系，具有更加重要的意义。

三

在太行根据地斗争中，党所以能够使根据地由小变大，对中国抗日战争的长期坚持和最后胜利，作出重要的历史性贡献，归结起来，就是因为党的群众工作做得很好，保持了党同人民群众的血肉联系，赢得了群众的真心拥护和支持。具体说来，至少有三个方面做得很充分、很到位、很有当代价值。

第一，坚持为绝大多数人谋利益的立场和宗旨。1937年7月7日卢沟桥事变后，日本侵略者很快占领了北平、天津，并兵分数路向中国内地进攻，叫嚣“一个月拿下山西，三个月灭亡全中国”。在短短十几天时间内连续攻占山西雁北11个县城，一路烧杀抢掠，疯狂至极。沦陷区广大群众饱受侵略者的屠杀凌辱，处于水深火热之中。在日军的疯狂进攻之下，国民党军队在正面战场节节败退，日本侵略者长驱直入，华北即将沦陷。全中国处于被侵略者占领、奴役的危险时刻。在日本帝国主义侵吞我山河，屠杀我人民，掠夺我财富，使中华民族处于生死存亡的危急关头，1937年8月，中国共产党制定了全面抗战的路线，要求共产党及其所领导的民众和武装力量最积极地深入斗争的最前线。随后，八路军三大主力师东渡黄河，挺入山西抗日前线，救民众于水火，挽国运于倒悬。党领导的八路军在太行山上建立起华北最大的抗日根据地，并很快通过发动、组织、武装群众，将根据地扩展到河北、山东，使华北成为全国抗战的主战场，开展了长期的敌后抗战，有力地打击了日军的疯狂进攻。

在当时战争的条件下，党创造性地提出建立广泛的爱国统一战线，建立起以国共两党合作为基础，包括一切抗日的阶级、阶层、政党、团体、爱国人士、少数民族、港澳台同胞、海外华侨在内的广泛的抗日民族统一战线，将一切爱国力量团结在抗日的旗帜下。党在包括太行根据地在内的各抗日根据地，组织经济建设，提出了“适当地改善工人生活和不妨碍资本主义经济正当发展的两重性的”劳动政策，“要求地主减租减息又规定农民部分地交租交息的两重性的”土地政策，推广“公私兼顾”等有利于资本主义的经济成分发展的社会经济政策。同时组织大生产运动，自力更生、丰衣足食。党领导根据地军民积极探索民主政治建设的新形式，在根据地普遍建立“三三制”民主政权。党发展抗日民主地区的教育、文化，提高人民群众的文化水平与民族自尊心和自信心。这一系列的方针政策措施，在太行根据地进行了创造性的实践。经过八年艰苦卓绝的浴血奋战，终于赶走了日本帝国主义，为中华民族解放立下了丰功伟绩。充分体现了中国共产党作为中国工人阶级先锋队、同时也是中国人民和中华民族先锋队的性质和全心全意为人民服务的根本宗旨。

正是坚持了这样的性质、这样的宗旨，我们党才能够在抗日战争中赢得人民群众的拥护，由小到大、由弱变强。否则，党就不能生存，更不可能成为抗日战争的中流砥柱。

第二，坚持一切为了群众，一切依靠群众。战争期间，党领导的八路军以鲜血和生命与日本侵略者进行了顽强殊死的抗争，给进攻根据地的敌人以沉重打击。1942年5月，日军对太行根据地进行“铁壁合围”大“扫荡”。为掩护后方机关突围，八路军副参谋长左权将军率部掩护，在突破敌人最后一道防线时不幸中弹牺牲，为民族的解放献出了年仅37岁的宝贵生命。在八年全面抗战中，据不完全统计，晋绥军区指战员牺牲1.3万余人，晋察冀军区指战员牺牲7.1万余人，晋冀鲁豫的太行区和太岳区我军将士牺牲1.3万余人。

党一方面领导八路军与日本侵略者进行顽强殊死的军事斗争，一方面大力发展经济，恢复生产，在根据地挖渠打井，修桥筑路，发展集市贸易，努力提高人民群众的生活水平，保障战时的军需供应。同时，八路军将士还勒紧裤带，把自己从牙缝里省出来的粮食物资拿出来救济群众，甚至甘冒生命危险，把自己最后的粮食送给最需要的老人、儿童。

邓小平同志在《太行区的经济建设》一文中指出：“凡是于人民有利的事情，无不尽力提倡与实行。”那时，我们不只是减租减息、废除苛捐杂税，还注意到许多日常的生活问题。党的区委、支部、小组的一项经常议事日程，是研究本区、本乡、本村群众的切身问题。群众的情绪如何，有些什么困难，有些什么要求，如何解决，等等。

根据地群众从八路军将士的身上看到了中国共产党是以人民利益为重的党，紧紧地团结、凝聚在共产党的周围，支持抗战，捍卫根据地，形成了克敌制胜的钢铁长城。战争期间，山西人民不分男女长幼，输资出力，参军参战，血洒疆场；不吝钱财物资，踊跃捐输；组织担架队、运输队、警戒队、救护队以及儿童团等，担当各种战勤服务。据统计，8年间，山西人民仅参加八路军的青壮年就达70余万人，参加民兵、自卫队和游击队等地方抗日武装的青壮年更达数百万人之多，涌现出许多父送子、妻送夫、母亲送儿郎，兄弟相争上前线打鬼子的感人故事。在1940年中共晋西北边区掀起的参军、献金、献粮和做军鞋“四大动员”运动中，一次报名入伍的青年就约1.5万人，人民一次献粮1357万公斤、献金181万元（银元），妇女一次做军鞋约12万双，各阶层人民无分贫富，无分官绅商民，为了抗战，慷慨捐献，表现出空前的抗日爱国热情。

第三，党的各级领导干部带头做诚心诚意为人民谋利益、牢记和实践党的宗旨的先锋模范。以朱德总司令为例。他从1937年9月东渡黄河，开赴山西抗日前线，到1940年5月离开山西，返回延安，在太行山区领导华北抗战近三年，在这方面留下了许多感人的故事。

在对敌斗争方面，朱德总司令身先士卒，亲临战场最前沿。日军的九路围攻是八路军自抗战以来，所遇到的前所未有的威胁。在这段最危险的时间里，党中央、毛主席曾数次电请朱总司令和八路军总部转移到吕梁山区，靠近黄河，随时可以渡黄入陕，确保其生命安全。但他坚持留在晋东南敌后，留在战略要地太行山，同太行军民一起英勇奋战、共同抗敌。

在粮食、弹药供应异常困难的情况下，朱德总司令带头艰苦奋斗、勤俭节约，与士兵同甘共苦。一次，大雪封山，总部机关打不到柴烧。管理人员到附近煤窑上买了些煤，给每个宿舍一个月只发90公斤，为了照顾朱总，多发了40公斤。朱德总司令发现后，便把管理员叫来说：“机关制定的节煤计划和烧炭定量，我是过了目的，点了头的，现在我绝不能再来违犯这项制度呀！”

朱德总司令带头关心群众生活，与群众打成一片。他的住房附近有一盘大石碾，他一有空就出去帮助老乡推碾磨粮。一边推碾，一边了解群众的疾苦，宣传党的减租减息和改善人民生活的政策。

朱德总司令还严于律己，无私奉献，对自己的家人严格要求。他率领总部刚到山西前线，便致函远在四川的亲属，用自己朴素而严厉的语言指出：“亲属中希望升官发财的人，绝不宜来我处。”正是在朱德总司令及其与他一样的各级领导干部的影响和带动下，根据地形成了军民一致、官兵一致的局面，太行精神成为党领导太行军民取得抗战胜利的制胜法宝。

太行精神启示我们，为人民谋利益、谋幸福，是中国共产党的立党之本、胜利之本。继承和弘扬太行精神，对我们在执政条件下巩固和发展党与群众的密切联系、做好新形势下的群众工作，具有十分重要的意义。我们要清醒地认识到，在长期执政、改革开放、市场经济和复杂多变的外部环境的考验面前，我们党始终存在着精神懈怠的危险、能力不足的危险、脱离群众的危险和消极腐败的危险。有效化解这些危险，我们的党和国家才能长治久安。因此，我认为，于太行山下弘扬太行精神，在长治城里谋求长治之道，很有意义。最后祝山西转型跨越发展不断取得新的成绩。

（作者系中共中央党校常务副校长）

从太行精神中汲取开拓前进的智慧和力量

□ 欧阳淞

中国共产党从成立到现在，已经走过了90年的光辉历程。党顺应时代的期盼而诞生，肩负人民的希望而成长，在挫折与探索中达到成熟，在奋斗与进取中走向辉煌。过去的90年，是党领导和依靠人民克服艰难险阻，不断谱写中华民族自强不息、不懈奋斗壮丽史诗的90年，是党领导和依靠人民在中华民族伟大复兴道路上实现社会巨变并取得辉煌成就的90年。在90年的奋斗中，我们党培育和铸就了井冈山精神、长征精神、延安精神、太行精神、西柏坡精神等一系列优良传统和崇高精神。这是我们党弥足珍贵的精神财富，是我们党过去、现在、将来带领人民开拓前进，推进新的伟大事业发展的独特政治优势和不竭力量源泉。

太行精神是抗日战争时期在太行这片革命热土上形成的伟大精神。在中华民族进行的抗击日本帝国主义侵略的伟大战争中，太行山区是八路军总部和三大主力师所在地，是中国共产党坚持敌后抗战的中心区域之一。在党的领导下，八路军和太行儿女在艰苦的环境中，同仇敌忾、浴血奋战，为夺取抗日战争的胜利进行了不屈不挠的斗争，作出了巨大牺牲和突出贡献，谱写了中华民族抗击日本侵略者的光辉篇章，铸就了“不怕牺牲、不畏艰难，百折不挠、艰苦奋斗，万众一心、敢于胜利，英勇斗争、无私奉献”的太行精神。太行精神是党的精神宝库中的重要组成部分，是伟大民族精神的具体体现，具有丰富的内涵和鲜明的特色。

第一，太行精神是不怕牺牲、不畏艰险的革命英雄主义精神。当日本帝国主义企图灭亡中国的关键时刻，中国共产党以民族独立和人民解放为己任，领导八路军和太行儿女，同凶残的日本侵略者进行了殊死的斗争，狠狠地打击了侵略者，捍卫了神圣的民族利益。活跃在敌后战场上的成千上万的八路军、新军、游击队指战员和抗日民众英勇战斗，宁死不屈，大义凛然，左权、李林等一批八路军将士和一大批根据地干部群众在抗击日本侵略者的过程中，把最后一滴血洒在了太行山上。他们用鲜血和生命铸就了不朽的民族之魂，在人们的心中树立起一座座永恒的丰碑。

第二，太行精神是在极其艰苦的条件下百折不挠、艰苦奋斗的精神。抗日战争时期，太行地区外部受到日本侵略者的疯狂侵略，内部遇到种种意想不到的困难。在抗日战争最艰苦的岁月里，面对敌人的扫荡围剿和旱灾、蝗灾、洪灾等严重自然灾害，党积极组织军民开展生产自救和互助运动。党员和群众，干部和战士，军队与老百姓，从八路军总部和北方局最高领导到普通士兵，都是一手拿枪、一手拿锄，靠自己的双手开荒种地、纺线织布，实现了粮食等物资的自给自足。经过敌后根据地不屈不挠的军事斗争和政治、经济、文化、社会建设，山西和整个华北敌后根据地成为党领导敌后抗战的坚强堡垒，成为中国革命不断取得胜利的前进基地。

第三，太行精神是为民族的解放万众一心、敢于胜利的精神。党和八路军在山西和整个华北敌后根据地，坚持正确的抗日民族统一战线政策，不断发展壮大北方民主力量。牺盟会、决死队、游击队、国际友人、包括国民党的进步力量，都成为党领导下的抗日统一战线的重要力量。党和根据地政权赋予人民以充分的民主权利，在坚持抗日的同时还注意改善民生。制定和实施政策时充分照顾各方面的利益，充分调动各阶层人民的积极性，形成万众一心、团结一致共同抗日的局面。在朱德、彭德怀、刘伯承、邓小平等同志的领导下，八路军和太行人民同日本侵略者进行了顽强殊死的抗争，取得了平型关大捷，进行了“夜袭阳明堡”、“百团大战”等一系列战斗、战役，取得了辉煌的胜利。

第四，太行精神是为人民利益英勇奋斗、无私奉献的精神。在领导太行人民坚持抗战的进程中，中国共产党人表现出先赴国难的牺牲精神、不屈不挠的斗争气概、勤奋工作和忘我献身的英雄主义精神，充分发挥了先锋模范作用。太行人民在极其困难的情况下，源源不断地提供了抗战所需的大量粮食、弹药等军需物资；太行山区15万名优秀儿女加入了中国共产党，60万名热血青年参加了八路军。在人民群众的支持下，太行根据地在十分困难的条件下坚持了敌后抗战，实现了持续发展，壮大了党的抗日力量，开创了党的工作的新局面。

太行精神是我们党和民族的宝贵精神财富。几十年来，太行精神不仅滋养了一代又一代的太行儿女，而且激励和鼓舞全国人民在党的领导下不断从胜利走向新的胜利，成为全国各族人民奋勇前进的强大精神力量。

进入新世纪以来，中央领导同志曾多次到太行山区考察，并高度评价了太行精神。胡锦涛总书记在山西考察工作时指出，抗日战争中培育的太行精神，凝聚着中国共产党人的优秀品质，凝聚着中国人民的奋斗精神，永远是中华民族的宝贵精神财富。李长春同志、习近平同志在山西考察工作时，也对太行精神给予了深刻的阐述，对太行精神的意义给予了充分的肯定，强调太行精神虽然产生于战争年代，但今天仍然具有强大的鼓舞力量和广泛的指导作用，应当结合新的实际大力加以弘扬。中央领导同志对太行精神的高度评价和深刻阐述，对于我们认识、传承和弘扬太行精神，具有重要的指导意义。

胡锦涛同志在“七一”重要讲话中指出，今天，世情、国情、党情已经和正在发生着深刻变化。我们党面临许多前所未有的新情况、新问题、新挑战，面临着长期而又复杂的执政考验、改革开放考验、市场经济考验和外部环境考验，同时面临着精神懈怠、能力不足、脱离群众和消极腐败等危险。在这种形势下，更需要我们继承和弘扬包括太行精神在内的革命传统精神，从党的历史中汲取开拓前进的智慧和力量。

我们要传承和弘扬太行精神，坚定正确的理想信念，始终保持对党对人民对事业的无限忠诚，对崇高理想矢志不渝、对党和人民无比忠诚、对革命事业锲而不舍，是党和太行人民创造胜利的精神支柱。今天，我们要传承和弘扬太行精神，牢固树立中国特色社会主义共同信念和共产主义远大理想，就要做到在任何时候、任何情况下都坚持理想信念不动摇，坚定革命意志不涣散，发扬奋斗精神不懈怠，“增强为党为人民事业不懈奋斗的自觉性和坚定性，咬定青山不放松，真正做到坚定不移、矢志不渝”。

我们要传承和弘扬太行精神，锤炼坚忍不拔、百折不挠的品格，始终保持知难而进、奋发有为的精神状态。“艰难困苦，玉汝于成”是一切正义事业胜利的逻辑。八路军和太行儿女所表现出的不屈不挠、英勇奋斗精神，是太行根据地得以坚持、发展和壮大的前提。我们党带领人民夺取政权、建立新中国的斗争充满艰辛，我们党带领人民巩固政权、实现现代化的实践同样充满艰辛。今天，我们要继续传承和弘扬太行精神，就要牢记历史使命，始终保持共产党人的蓬勃朝气、昂扬锐气、浩然正气，做到不动摇、不懈怠、不折腾、不为任何风险所惧，不被任何干扰所惑，锤炼品德意志，矢志奋斗拼搏，在不断实践中积累成功的经验，在不断改革中解决前进中的问题，在不断创新中推进中国特色社会主义事业的发展。

我们要传承和弘扬太行精神，坚守党的政治本色，始终保持艰苦奋斗的优良作风。一个没有艰苦奋斗精神作支撑的民族，是难以自立自强的；一个没有艰苦奋斗精神作支撑的国家，是难以发展进步的；一个没有艰苦奋斗精神作支撑的民族，是难以自立自强的；一个没有艰苦奋斗精神作支撑的政党，是难以兴旺发达的。八路军和太行儿女用鲜血和生命铸就的百折不挠、艰苦奋斗的精神，是党和人民的宝贵精神财富。我们党是靠艰苦奋斗起家的，也是靠艰苦奋斗发展壮大的。今天，我们要继承和弘扬太行精神，就是要做到，形势越好越要增强忧患意识，执政越久越要增强公仆意识，条件越优越要增强节俭意识，把艰苦奋斗传统不断发扬光大。永葆党的政治本色，使党始终成为领导中华民族实现伟大复兴的坚强核心。

我们要传承和弘扬太行精神，始终坚持执政为民的政治立场，始终保持同人民群众的密切联系。太行精神是党坚持一切为了人民、一切依靠人民推进民族独立和人民解放进程的生动反映，人民群众铸成了太行根据地的铜墙铁壁，形成了抗战事业的力量源泉。今天，我们要继承和弘扬太行精神，就要深刻认识到人民群众是我们党取之不竭的力量源泉，密切联系群众是我们党的最大政治优势，把实现好、维护好、发展好最广大人民根本利益作为一切工作的出发点和落脚点，始终保持与人民群众的血肉联系，使党和国家的事业不断获得最广泛、最可靠的群众基础和力量源泉。

我们要传承和弘扬太行精神，以伟大的事业感召、培养、造就人才，始终保持党的蓬勃活力。太行抗战烽火吸引了全国各地一大批爱国志士、热血青年，投身民族抗战的伟大洪流。我们党坚持五湖四海、任人唯贤和德才兼备的标准，把优秀的人才提拔和使用到党的组织、八路军队伍和根据地政府的重要岗位上，从而壮大了抗战队伍，增强了党员干部队伍的活力。今天，我们要传承和弘扬太行精神，就要以更宽的视野、更高的境界、更大的气魄，广开进贤之路，使众多德才兼备的优秀人才集聚到党和国家事业中来，培养造就朝气蓬勃、奋发有为的党员干部队伍，为党和人民的事业发展提供有力的组织保证。

伟大的精神推进伟大的事业，伟大的事业需要伟大的精神。我们相信，深入贯彻胡锦涛总书记“七一”重要讲话精神，太行精神必将在建设中国特色社会主义的历史进程中世代相传，必将在实现中华民族伟大复兴的历史进程中展现出更加蓬勃的活力，焕发出更加绚丽的光彩。

（作者系中央党史研究室主任）

大力弘扬太行精神
繁荣发展哲学社会科学

□ 王伟光

山西是拥有光荣革命历史传统的热土，在中华民族进行的伟大抗日战争中，山西作为华北敌后抗日根据地的中心，是八路军总部和三大主力师所在地，是抗日斗争的主战场之一。为夺取抗日战争的伟大胜利，英雄的山西人民进行了不屈不挠的斗争，作出了巨大的牺牲和突出的贡献，用鲜血和生命铸就了“不怕牺牲、不畏艰难，百折不挠、艰苦奋斗，万众一心、敢于胜利，英勇斗争、无私奉献”的太行精神。

太行精神是在中国共产党领导的伟大抗日战争和解放战争中孕育、铸就和发展起来的。1937年“七七”卢沟桥事变后，日本侵略者发动全面侵华战争，叫嚣“三个月灭亡全中国”。在中华民族生死存亡的危急关头，中国共产党及时提出并坚定地实行全面的全民族抗战，八路军主力部队开赴抗日前线，紧急动员广大群众投入到山西以及全国的持久抗战中，把山西建成敌后游击战争的战略支点，为全国的对日作战提供有力支援。活跃在各个战场的成千上万的八路军、新军、游击队指战员和抗日民众，英勇战斗，血洒疆场。八路军副参谋长左权等指战员为捍卫民族尊严献出了宝贵的生命。八年抗战期间，太行山区根据地广大人民群众积极参与抗战、支持抗战，先后有近70万人参加了八路军，110余万人参加了民兵、自卫队、游击队，形成了人民战争的汪洋大海，铸就了共同抵御侵略者的铜墙铁壁。解放战争时期，太行地区人民在“解放全中国”的号召下，积极动员起来，踊跃参战，有14万多人加入到人民子弟兵的行列中，近8000名干部陆续调往全国各地，为全中国的解放作出了太行根据地特有的贡献。

太行精神体现了中国共产党人把马克思主义同中国革命具体实践有机结合的务实思想。在抗日战争中，中国共产党坚持唯物辩证法，坚持实事求是的思想路线，针对国民党片面抗战的错误思想，创造性地提出了建立广泛的抗日民族统一战线的策略与任务；同时强调，必须坚持独立自主的原则，不能一切经过统一战线。周恩来、刘少奇、朱德、彭德怀、邓小平等老一辈革命家先后来到山西，与阎锡山等国民党军政地方实力派建立了特殊形式的统一战线，改组牺盟会和地方政权，组建新军，建立“战动总会”，与国民党共同组织忻口会战，建立了巩固的根据地，使山西成为敌后游击战争的战略支点。他们关于根据地建设的一系列论述与实践，对太行精神的发展与升华产生了巨大影响。中国共产党根据战时敌强我弱、国民党正面战场节节败退的实际，创造性地提出了打持久战的战略思想，指出敌后抗战的基本战斗形式是游击战，但不放弃有利条件下的运动战。针对国民党的专制统治，党领导根据地军民积极探索民主政权建设的新形式，要求在根据地普遍建立“三三制”民主政权。这一系列方针政策，为夺取抗日战争的最后胜利提供了可靠保证，也使太行精神在火热的斗争实践中得到丰富和发展。

太行精神体现了中国共产党人和中华民族自强不息、不畏强暴、不怕牺牲、艰苦创业的奋斗精神。太行地区的抗战是在极端艰难困苦的条件下进行的。在党的领导下，根据地军民一方面与日本侵略者进行顽强殊死的军事斗争，另一方面积极组织军民开展生产自救和互助运动，大力发展经济，恢复生产，在根据地挖渠打井、修桥筑路、开展贸易，努力提高人民群众的生活水平，保障战时的军需供应。党员和群众，干部和战士，军队与老百姓，从八路军总部和北方局最高领导到普通士兵，都是一手拿枪、一手拿锄，靠自己的双手开荒种地、纺线织布，实现了粮食等物资的自给自足。军民和衷共济、共渡难关，正是有了这种军民鱼水、艰苦奋斗的精神，共产党及其领导的人民军队才赢得了群众，赢得了战争。

新中国成立以来，特别是改革开放以来，太行精神在三晋大地继续得到发扬光大。山西人民在省委、省政府领导下，紧紧抓住发展第一要务，聚精会神搞建设，一心一意谋发展，全省经济建设、政治建设、文化建设、社会建设、生态文明建设、党的建设不断取得新的成就。2010年全省GDP实现9088.1亿元，高于全国3.6个百分点，圆满完成了“十一五”规划的目标任务。这些成绩的取得，是党中央、国务院正确领导、亲切关怀的结果，是山西省委、省政府统揽全局、科学决策的结果，也是全省广大干部群众在新形势下继承和发扬太行精神，团结奋斗、辛勤劳动的结果。

太行精神孕育发展于山西这块古老而光荣的土地，它是山西人民的宝贵精神财富，也是我们党、人民军队和中华民族的宝贵精神财富。太行精神与井冈山精神、长征精神、延安精神以及西柏坡精神一道，共同构成我们党领导的革命队伍和人民群众在革命和斗争的实践中创造的伟大精神，它们同时也是伟大民族精神的具体体现。几十年来，这些伟大革命精神教育、鼓舞了一代又一代人，成为激励全国各族人民奋勇前进的强大精神力量，是中国共产党和中华民族最为宝贵的精神财富。

今天我们在这里召开太行精神理论研讨会，不仅是为了缅怀革命先辈们的光荣业绩，更重要的是着眼未来，探讨如何在新的历史条件下继承和弘扬太行精神，肩负起党和人民的重托，高举中国特色社会主义伟大旗帜，坚持中国特色社会主义道路，丰富中国特色社会主义理论体系，完善中国特色社会主义制度，更好地把中国特色社会主义事业继续推向前进。

哲学社会科学工作是我们党全部工作一个十分重要的组成部分，哲学社会科学战线是一条十分重要的战线。伴随着中国共产党从诞生到不断发展壮大的光辉历程，我国的哲学社会科学事业取得了显著成绩，在革命、建设和改革各个历史时期发挥了重要作用。党领导中国人民进行革命、建设、改革的伟大实践，是我国哲学社会科学事业发展和繁荣的不竭源泉和强大动力。太行精神既是党领导的中国化马克思主义的重要实践成果，也是哲学社会科学的重要研究对象。在新的历史条件下深入学习太行精神，大力弘扬太行精神，不断丰富太行精神，是我国哲学社会科学界的一项重要职责。

第一，学习太行精神，要求哲学社会科学研究必须坚持正确的政治方向。坚持坚定的共产主义信念，坚持党的领导，是太行精神的灵魂，也是繁荣发展哲学社会科学的前提。哲学社会科学是科学，但多数学科具有较强的意识形态属性，只有坚持以马克思主义为指导，坚持政治性与科学性的统一，才能确保哲学社会科学研究的健康发展。为此，要进一步加强对哲学社会科学工作者的马克思主义基本理论和中国特色社会主义理论体系教育，提高他们运用马克思主义立场观点方法指导哲学社会科学研究的自觉性和解决实际问题的能力。要加强社会科学研究机构党的建设，特别是基层党组织建设，牢牢掌握党对哲学社会科学的领导权。

第二，学习太行精神，要求哲学社会科学研究必须坚持理论联系实际。太行精神是马克思主义与中国革命具体实际相结合的产物，是在革命实践中灵活运用革命理论的成功典范。作为理论形态的哲学社会科学，其发展和创新的动力从根本上来源于实践，离开了人民群众丰富多彩、生动活泼的生产和生活实践，哲学社会科学就成了无源之水、无本之木。在新的历史条件下学习和弘扬太行精神，就是要大力提倡理论联系实际、求真务实、科学严谨的学风，反对闭门造车、脱离现实的不良学风。要大兴调查研究之风，通过国情调研和国情考察等活动，使哲学社会科学工作深入基层，深入实践，加深对国情的认识和了解，在实践中获得学术理论创新的源头活水。

第三，学习太行精神，要求哲学社会科学研究必须坚持“二为”方向。扎根人民，依靠人民，服务人民，是太行精神的重要内涵，也是太行山革命斗争取得胜利的法宝。人民群众是真正的英雄，哲学社会科学只有回到人民群众中去，接受实践的检验，为人民服务，才能真正实现哲学社会科学的价值。因此，哲学社会科学工作研究要坚持为人民服务、为社会主义服务的方向，站在劳动人民的立场上，做人民群众的代言人，为人民群众谋利益。哲学社会科学工作者要自觉树立为党和国家工作大局服务的意识，用高质量的研究成果为国家经济社会发展服务，为党和国家的重大决策服务，为丰富中华民族的精神家园服务，这是实现哲学社会科学自身价值的必由之路。

第四，学习太行精神，要求哲学社会科学研究必须勇于创新。太行山的革命斗争，是在科学理论指导下的实践创新和实践基础上理论创新的结合，没有针对太行地区革命斗争实践和抗日战争时期时局特点的战略、策略上的创新，就没有太行山革命斗争的胜利。科学研究的本质是创新，创新是繁荣发展哲学社会科学的必由之路。党的十七大和十七届五中全会提出："推进学科体系、学术观点、科研方法创新，繁荣发展哲学社会科学。"《国家"十二五"发展规划纲要》明确提出："大力推进哲学社会科学创新体系建设，实施哲学社会科学创新工程，繁荣发展哲学社会科学。"中国社会科学院即将全面启动哲学社会科学创新工程，目的在于着力改革体制机制制度，努力实现以马克思主义为指导的，以学科体系创新、学术观点创新、科研方法与手段创新、科研组织方式与管理体制机制创新、用人制度创新等为主要内容的哲学社会科学体系创新。

第五，学习太行精神，要求哲学社会科学工作者必须发扬艰苦奋斗精神。在当年极其艰难困苦的条件下，太行儿女在党的领导下，发扬百折不挠、艰苦奋斗的精神，赢得了太行地区革命斗争的胜利。艰苦奋斗并不是要求大家再去过太行山的革命前辈那样的苦日子，而是在科学研究的过程中不畏艰辛，不怕困难，不怕失败，百折不挠，耐得住寂寞，受得了清贫，坐得了冷板凳，十年磨一剑。对哲学社会科学机构的管理干部和领导干部来说，发扬艰苦奋斗精神，则是要求有事业心、责任心，有知难而进的精神，敢于管理，严格管理，不怕得罪人，不怕丢选票。没有这样的精神，患得患失，知难而退，管理体制机制改革就不能成功，哲学社会科学创新工程就可能落空。

中国社会科学院是中央直接领导的国家哲学社会科学研究机构。党和国家一直高度重视我院的建设和发展。2005年5月19日，胡锦涛同志主持召开中央政治局常委会议，专题听取我院工作汇报，就办好中国社科院、繁荣发展哲学社会科学做出重要指示。2007年5月，李长春同志在致我院建院30周年的贺信中，代表党中央向我院提出了“三个定位”的目标要求，即中国社会科学院要“努力建设成为马克思主义的坚强阵地，努力建设成为我国哲学社会科学研究的最高殿堂，努力建设成为党中央国务院重要的思想库和智囊团”。这三个“努力建设成为”，是对中国社会科学院职责定位和发展方向的集中概括。《国家“十二五”发展规划纲要》作出“实施哲学社会科学创新工程，繁荣发展哲学社会科学”的决定，为哲学社会科学和我院发展提出了具体的战略任务。2011年我院将全力启动哲学社会科学创新工程，推进学术观点创新、科研方法创新、科研组织管理创新，努力构建哲学社会科学创新体系。我院作为国家级哲学社会科学研究机构，学科门类齐全，专家学者云集，智力资源密集，为地方经济社会发展服务，也是我院的一项义不容辞的任务。我们愿与山西省加强合作，共同开展课题研究、人才培养、国情调研等活动，充分利用我院的智力优势，为山西省经济社会发展作出贡献。

（作者系中国社会科学院常务副院长）

超越时空的强大力量和永恒价值

□ 裴怀亮

中国共产党已走过了90年光辉历程。在90年的奋斗历程中，中国共产党人胸怀天下、勇往直前，披荆斩棘、前赴后继，团结和带领中国人民不断夺取革命、建设、改革的重大胜利，培育形成了一系列彰显政党性质、反映民族精神、体现时代要求、凝聚各方力量的伟大精神。这些伟大精神，对于推动党所领导的革命、建设和改革事业发挥了无可替代的重要作用。在这些伟大精神中，中国共产党领导太行军民，在抗日救国的伟大斗争中用鲜血和生命铸就的太行精神，是中华民族精神在民族解放战争中的时代体现和新的发展，它所蕴涵的精神风采是我们伟大民族精神的升华。2005年7月，胡锦涛总书记在山西武乡县瞻仰太行革命旧址时说："八路军和太行儿女为抗日战争的胜利作出了巨大牺牲和重要贡献。抗日战争中培育的太行精神，凝聚着中国共产党人的优秀品质，凝聚着中国人民的奋斗精神，永远是中华民族的宝贵精神财富。"

李长春同志把太行精神精辟地概括为"是在国家和民族处于危亡的关键时刻，中国共产党领导太行儿女展现的不怕牺牲、不畏艰险的革命英雄主义精神，是在极其艰苦的条件下展现的百折不挠、艰苦奋斗的精神，是为民族的解放展现的万众一心、敢于胜利的精神，是为人民利益展现的英勇奋斗、无私奉献的精神"。太行精神同井冈山精神、长征精神、延安精神和西柏坡精神一样，凝聚着中国共产党人的优秀品质，凝聚着中国人民的坚强品格，凝聚着中华民族的壮志豪情，是一种极其宝贵的强大精神力量。在新的历史时期，当我们回眸历史，仍然可以感受到太行精神超越时空的强大力量和永恒价值。

一是超越历史的先进性。一种精神是否先进，关键要看它是否符合时代的需要，是否具有与时俱进的品格。太行精神产生发展于血与火的年代，在社会主义建设时期得到新的升华，在改革开放年代得到新的发扬，是党的先进性的生动写照。长期以来，太行人民继承和发扬太行精神，创造了西沟精神、大寨精神、红旗渠精神等，这既是太行精神的薪火相传，同时又赋予太行精神新的内涵。可以说，太行精神之所以代代相传、生生不息，始终保持强大的生命力，关键就在于它所具有的与时俱进的先进性品格。

二是超越地域的民族性。一方面，太行精神实质是由中国共产党倡导的、在太行军民身上体现出来的大无畏的革命精神和救民族于危难之中的爱国主义精神。爱国主义，是贯穿太行精神的一条主线。另一方面，太行精神的创造主体，已经远远超越了太行山这个特定的区域，体现了广泛的人民性，是来自五湖四海的中华民族的优秀儿女与太行人民一道，共同弘扬培育了太行精神。

三是超越理论的实践性。太行精神包含着太行军民长期积累的革命实践经验，包含着中国共产党崇高的理想、坚定的信念和远大目标，包含着我们党在长期的革命实践中传承形成的优良作风。从邓小平同志在抗日战争时期对八路军和太行军民的革命精神“有觉悟、有创新意识、有本领、有群众观念和有民族精神”的科学总结，到李长春同志对太行精神做的科学概括和高度评价，既源于实践，在实践中不断得到提炼和升华，又指导实践，转化为一种强大的精神力量。

四是超越时空的辐射性。对中国革命来说，太行精神更像是一个火种。在中华民族面临亡国灭种的危急关头，八路军奔赴山西前线，在太行山点燃了抗日烽火，建立起华北最大的根据地。随后太行根据地又扩展到河北、山东，使华北成为全国抗战的主战场。在赶走日本侵略者之后，太行人民又全力支援解放战争。太行革命根据地是中国革命史上的一座丰碑，太行精神也当之无愧地成为数千年来中华民族精神的积淀和延续。

在全面建设小康社会、构建社会主义和谐社会的伟大历史进程中，我们重温和回顾太行精神，就是要继承和弘扬在国家和民族处于危亡的关键时刻，不怕牺牲、不畏艰难的革命英雄主义精神；就是要继承和弘扬在极其艰苦的条件下，百折不挠、艰苦奋斗的精神；就是要继承和弘扬为民族解放和人民利益，英勇奋斗、无私奉献、万众一心、敢于胜利的精神，并结合新的实际不断赋予太行精神以新的时代内涵。

一是太行精神是对崇高革命理想和信念的执著坚守。新时期弘扬太行精神，就是要始终坚定正确的理想信念，高举旗帜、听党指挥。人的精神最核心的部分就是理想信念。无论是国内革命战争时期还是民族革命战争时期，中国共产党及其领导的革命军队如果没有崇高的革命理想这一不竭的力量源泉作动力，没有坚定的信念作支撑，不可能面对艰难和强敌勇往直前，克敌制胜，坚持到底，创造伟业。英雄的太行军民，凭着坚定的理想信念，建立了广大的抗日根据地，一次次地粉碎日伪军的疯狂进攻，以及国民党多次反共高潮，战胜了罕见的自然灾害和敌人严密的经济封锁，最终迎来了抗日战争的最后胜利。抗日英烈和革命先辈们在民族危难时刻对理想信念的那种执著追求和坚守，在一切挑战和考验面前始终保持对人民、对事业的忠诚和高度的民族责任心和自信心，为我们克服和战胜前进道路上的一切艰难险阻提供了强大的精神动力和不竭的力量源泉。

当今社会，人们的思想观念和价值取向趋于多元化，许多正确的思想观念和伦理道德受到强烈冲击，要实现中华民族的伟大复兴，同样需要有坚定的社会主义理想和信念作为精神支柱。新时期弘扬太行精神，就是要学习和弘扬革命先辈对崇高理想矢志不渝、对党和人民无比忠诚、对革命事业锲而不舍的坚定信念，牢固树立中国特色社会主义共同信念和共产主义远大理想，做到任何时候任何情况下都坚持理想信念不动摇、革命意志不涣散、奋斗精神不懈怠，为实现中华民族的伟大复兴而努力奋斗。

二是太行精神是同人民群众血肉联系的坚定保持。新时期弘扬太行精神，就是要始终坚持执政为民的政治立场，心系群众、服务人民。胡锦涛总书记在庆祝中国共产党成立90周年大会上指出，90年来党的发展历程告诉我们，来自人民、植根人民、服务人民，是我们党永远立于不败之地的根本。人民离不开党，党更离不开人民。坚持党的群众路线，视人民如父母，把人民当靠山，密切联系群众，始终保持同人民群众的血肉联系，是我们党的优良传统和最大的政治优势。正如毛泽东在《论持久战》中指出，“战争的伟力之最深厚的根源，存在于民众之中”。抗日战争中，以救国救民为己任的中国共产党及其领导的八路军和抗日民主政府，发动全民族的抗战，建立最广泛的抗日民族统一战线，组织动员千千万万的人民大众团结一心，支援战争，同根据地人民建立了鱼水相依、生死与共的血肉联系。中国共产党及其领导的抗日人民军队，正是凭着人民群众的支持，才铸就了万众一心的坚不可摧的铜墙铁壁，汇聚成了陷敌于灭顶之灾的人民战争的汪洋大海，从根本上保证了中华民族近代以来第一次反侵略战争的伟大胜利。

太行精神的形成和发展，是建立在密切的党群关系基础上的，包含有坚定的宗旨观念，体现了夯实党的执政基础的核心要求。现今，党和国家一切工作的出发点和落脚点都是为了实现好、维护好、发展好最广大人民的根本利益。这就要求我们，在新的历史条件下，进一步改进党的作风，强化宗旨意识，密切党同人民群众的血肉联系，坚持党要管党、从严治党的方针，坚持走群众路线，自觉以人民利益为重、以人民期盼为念，才能提高党的创造力、凝聚力和战斗力。

三是太行精神是对坚忍不拔、百折不挠民族品格的深刻诠释。新时期弘扬太行精神，就是要始终保持奋发有为的精神状态，不怕困难、奋力拼搏。中华民族是一个勇于担当、有血性的民族，是一个为捍卫国家尊严不惜流血牺牲、舍生毁家的民族，是一个民族命运面临危难的时候始终保持百折不挠意志品格的民族。党成立以来领导中国人民进行的亘古未有的人民革命，抗战爆发以后领导根据地军民开展的艰苦卓绝的民族解放战争，是对这种精神的崭新诠释。抗战期间，日本侵略者依仗其强大的武器优势，采取“囚笼政策”，“三光政策”等野蛮行径，企图将中国人民一举征服。再加上各种天灾频频袭来，根据地始终面临生死存亡的严峻考验。但是，抗日根据地集聚着一支困不死、打不散、压不垮的中华民族的中坚力量，他们胸怀崇高的革命理想，靠着小米加步枪和大刀长矛，甚至赤手肉搏，以大无畏的英雄气概，以少胜多，以弱胜强。正是因为有了这样一支无所畏惧的中坚力量，有了如此众多的民族精英，华北各抗日根据地才能在极端困难的情况下，坚持抗战，并最终取得抗日战争的伟大胜利。

新形势下，面对经济全球化和日趋激烈的市场竞争，我们还有很多困难要克服，还有很多挑战要应对。所以，我们必须顺应经济全球化的大势和市场经济发展的要求，必须始终保持奋发有为的精神状态，克服来自思想、观念、体制等方面的困难和障碍，不畏艰险、奋力拼搏，推进我们党、国家和军队的事业不断发展前进。

四是太行精神是对艰苦奋斗、无私奉献精神的生动展示。新时期弘扬太行精神，就是要始终坚守中国共产党的政治本色，艰苦奋斗、勇于奉献。中华民族自古就有勤劳勇敢、不畏艰苦的美德。中国共产党继承了中华民族最优秀的精神品格，艰苦奋斗、无私奉献既是我党一贯的优良传统和作风，是我党始终坚守的政治本色，也是我党克敌制胜的重要法宝。中国共产党的历史，就是一部艰苦奋斗的历史，就是一部为中国最广大人民的利益无私奉献的历史。靠着艰苦奋斗精神，我们的党及其领导的人民军队和人民革命事业，从小到大、从弱到强、从星星之火到势成燎原；靠着无私奉献的精神，我们的党及其领导的人民军队，一如既往地得到人民群众最坚定、最无私的支持。以太行山为中心的华北各敌后根据地抗日斗争的历史，同样是一部中国共产党及其领导的抗日军民艰苦奋斗、无私奉献的历史。这种艰苦奋斗、无私奉献的精神是太行军民战无不胜、攻无不克的力量源泉，是共产党人高贵品质的具体体现。

在改革开放的条件下，继承和发扬革命前辈的那种艰苦奋斗、勇于奉献的优良传统与作风，对于增强党的凝聚力和战斗力，具有积极的意义。各级党组织特别是广大党员干部，要自觉倡导和树立艰苦奋斗、勤俭节约、勇于奉献的精神，大力发扬一心为民、自觉奉献的优良作风，团结带领广大人民群众，扎扎实实地把中国特色社会主义伟大事业推向前进。

山西人杰地灵，人才辈出。作为山西人，我对山西有着特殊的感情。再一次踏上家乡的土地，再一次亲身感受家乡日新月异的发展变化，喜悦之情真是难以言表。近年来，山西省委、省政府和广大干部群众在党中央、国务院的坚强领导下，始终坚持以科学发展观为统领，坚持解放思想、与时俱进，经济社会发展和各项工作都取得了新的成就。在艰苦卓绝的抗日战争中，山西是我们党领导的人民军队进行敌后抗战的主战场，英雄的山西人民不怕牺牲、英勇奋斗，为中华民族的解放付出了巨大的牺牲，作出了卓越的贡献。今天，从山西蓬勃发展的崭新面貌中，我看到了太行精神在新的历史时期的传承和发展。我相信，勤劳智慧的山西人民，在省委、省政府的坚强领导下，一定能够乘风破浪，勇往直前，不断取得经济建设和社会发展的新成就，为太行精神续写新的篇章。

（作者系国防大学原校长、上将）

精神的力量不可低估

□ 李立功

今天有幸来参加太行精神研讨会，我非常激动。听了大家的发言，作为一个老八路、一个山西人，我对太行精神感受更深了。

我参加工作就在吕梁山，没有去过太行山，但对太行军民在抗日战争中的英雄事迹、典型经验是知道的。就是通过《解放日报》，我知道了八路军总部在太行山，知道了左权将军的英名，知道了沁源围困战，知道了太行革命根据地的成功经验，知道了太行军民抗击日寇的英勇事迹。

太行山是八路军总部所在地，朱德、彭德怀等就是在这里指挥着敌后抗日斗争的。在那个时候，太行山根据地的人民，只要一听说朱德、彭德怀来了，一听说八路军来了，心里就踏实了，信心就增加了。在整个抗战中，共产党及其领导的八路军和抗日力量所表现出的不怕牺牲、英勇顽强、无私奉献的太行精神，极大地鼓舞了根据地军民的革命斗志，极大地增强了根据地军民争取抗战胜利的信心。这就是精神的力量，是我们夺取革命胜利的法宝。我们共产党之所以能领导人民取得抗日战争的胜利，取得解放战争的胜利，取得社会主义建设的胜利，取得改革开放的胜利，就是因为我们有党的正确领导，有人民的大力支持，有像太行精神那样的革命精神。所以说，做任何事情光有物质没有精神是不行的。太行精神的力量是无穷的，没有这种精神，有再好的武器也打了不胜仗。

毛主席讲，精神变物质，物质变精神。在最困难的时期，我们的党、我们的军队就是靠思想教育、靠政治工作凝聚人心、鼓舞士气，夺取胜利的。抗日战争中培育的太行精神，在革命战争年代发挥了十分重要的作用，希望大家很好地研究总结一下，上升到新的高度，使它在新时期发挥更大的作用。不管是吕梁精神，还是太行精神，都是革命的精神，都是我们党宝贵的精神财富，都是革命、建设、改革、发展取之不尽、用之不竭的强大动力。我们要好好珍惜这些宝贵的精神财富，把它变为转型跨越发展的精神力量，以更好地促进山西经济社会又好又快发展。

（作者系中共山西省委原书记）

努力宣传好践行好发展好太行精神

□ 李春林

光明日报社能与山西省委、中央党校、中央党史研究室共同主办“太行精神研讨会”，我们感到很荣幸。我谨代表胡占凡总编辑和光明日报社，对这次研讨会的召开表示热烈的祝贺！向光临这次研讨会的各位领导、各位嘉宾表示衷心的感谢！向在弘扬太行精神、推动科学发展中取得优异成绩的山西省的领导和同志们表示崇高的敬意！

在庆祝中国共产党成立90周年之际，我们齐聚一堂，共同缅怀战斗在太行山区的革命先烈，共同研讨太行精神，有着非常重要的理论价值与实践意义。在“七一”重要讲话中，胡锦涛总书记指出：“精神懈怠的危险，能力不足的危险，脱离群众的危险，消极腐败的危险，更加尖锐地摆在全党面前，落实党要管党、从严治党的任务比以往任何时候都更为繁重、更为紧迫。”面对这样的形势，从太行精神中寻找资源和启示，对我们规避危险、经受考验、在前进的道路上永葆先进性，必将产生重大的作用。

围绕研讨会的主题，我谈几点体会。

一、太行精神是中国共产党和中华民族的宝贵精神财富

巍巍太行，孕育了优秀的太行儿女，也孕育了不朽的太行精神。在这片热土上，无数先烈曾经浴血奋战、留下忠骨；在这片热土上，太行精神始终动人心魄、熠熠生辉。太行精神浸透着历史的传统，流淌着英雄的血

汗，散发着民族的浩然之气。正如胡锦涛总书记指出的那样：“八路军和太行儿女为抗日战争的胜利作出了巨大牺牲和重要贡献。抗日战争中培育的太行精神，凝聚着中国共产党人的优秀品质，凝聚着中国人民的奋斗精神，永远是中华民族的宝贵精神财富。”

太行精神内容丰富、内涵深刻，2004年8月，中共中央政治局常委李长春同志在参观八路军纪念馆时指出：“太行精神是在国家和民族处于危亡的关键时刻，中国共产党领导太行儿女展现的不怕牺牲、不畏艰险的革命英雄主义精神，是在极其艰苦的条件下的百折不挠、艰苦奋斗的精神，是为民族的解放展现的万众一心、敢于胜利的精神，是为人民利益展现的英勇奋斗、无私奉献的精神。”“不怕牺牲、不畏艰险，百折不挠、艰苦奋斗，万众一心、敢于胜利，英勇奋斗、无私奉献”，这32个字就是太行精神的核心和本质。

太行精神是在民族危亡的历史关头孕育的，不怕牺牲、不畏艰险的精神表现得最为突出。一代抗日名将左权将军率部转战太行山区，最终以身殉国，就是这种精神的最好写照。

在封闭落后的太行山区坚持抗战八年，可以想象根据地军民遭遇和克服了多少艰难困苦。正是百折不挠、艰苦奋斗的精神，让根据地从小到大，从弱到强，赢得了战争，赢得了胜利。

中国共产党从抗战伊始就坚持全民抗战路线。八年抗战，太行根据地广大群众积极参与抗战，先后有近70万人参加八路军，110余万人参加民兵、自卫队、游击队。万众一心、敢于胜利，这是太行精神的深刻体现。

太行根据地为抗日战争的全面胜利作出了重大贡献，为全国各地的抗战作出了无私的奉献。在巨大的牺牲面前，太行人民不低头、不退缩，正是他们的英勇奋斗、无私奉献，成就了光辉的历史。

太行根据地是全国范围内创建最早、规模最大的抗日根据地。经过八年抗日战争，太行儿女接受了革命的洗礼，太行山也成为中国革命史上的一座丰碑。在这个历史进程中诞生的太行精神，凝聚着中国共产党人的优秀品质，凝聚着中国人民的坚强性格，凝聚着中华民族的历史传统。太行精神虽然产生于特殊的历史时期，但太行精神的内核不会随时间的推移而弱化，它是长盛不衰、历久弥新的。继承、弘扬和发展太行精神，对于我们与时俱进，开拓进取，不断书写中华民族历史新的光辉篇章，永远具有重要的意义。

二、太行精神具有重要的时代价值与现实意义

太行精神与井冈山精神、长征精神、延安精神等一样，丰富了中华民族精神的文化内涵，不仅具有强大的凝聚力、感召力，而且具有重要的时代价值与现实意义。在进行改革开放和社会主义现代化建设的今天，我们仍然需要太行精神。

第一，太行精神体现了社会主义核心价值的基本要求。太行精神既继承了以爱国主义为核心的民族精神的基因，又可转化为以改革创新为核心的时代精神，与社会主义核心价值体系建设的基本内容紧密相连。大力弘扬、努力践行太行精神，就是建设社会主义核心价值体系的重要载体。

第二，太行精神为加强思想道德建设提供了丰富内容。以优秀的榜样引导人，以高尚的精神塑造人，以高昂的士气鼓舞人，这是思想道德建设的重要途径。太行精神所表现出的理想信念、价值观念和道德规范，生动体现了社会主义精神文明的基本原则，大力弘扬、努力践行太行精神，对于提高人们的道德素质，促进良好社会风尚的形成，具有重要的作用。

第三，太行精神是社会主义现代化建设的强大精神动力。新中国成立后，太行地区涌现出的李顺达精神、红旗渠精神、申纪兰精神、右玉精神等等，与太行精神是一脉相承的。实践证明，太行精神是社会主义现代化建设的强大精神动力。我国还处于社会主义初级阶段，改革开放和社会主义现代化建设的进程充满曲折，任重道远。我们要获得新胜利、取得新辉煌，必须始终保持良好的精神状态，必须坚持埋头苦干，必须大力弘扬、努力践行太行精神。

第四，弘扬太行精神是加强和改进党的建设的客观要求。近年来，拜金主义、享乐主义在部分党员干部中有滋长蔓延之势，以权谋私、消极腐

败现象在一些地方也比较严重。在惩治和预防腐败、加强和改进党的建设过程中，我们迫切需要重温太行精神，牢记太行精神，克服消极思想，坚定理想信念，以良好的党风政风克服各种歪风邪气，进一步提高党组织的凝聚力、战斗力和创造力。

7月16日，也就是昨天，《光明日报》在一版刊发报道《太行精神：山西转型跨越的强大动力》，这是太行精神时代价值与现实意义的生动诠释。山西的经验告诉我们，太行精神魅力永存、威力永存，过去，在它的鼓舞下，我们取得了革命斗争的胜利；现在和将来，在它的激励下，我们一定能取得社会主义现代化建设的新胜利。宣传好、践行好、发展好太行精神，是我们加强思想文化建设，促进经济社会又好又快发展的一项重要任务，这项重要工作应该常抓不懈，常抓常新。

三、大力宣传太行精神是《光明日报》的重要责任

唱响主旋律，是主流媒体的重要责任。《光明日报》作为党中央指导意识形态领域工作的重要阵地，承担着引导思想、文化、理论的重要责任，在大力宣传太行精神方面，《光明日报》义不容辞，责无旁贷，一直有着高度的自觉。

多年来，《光明日报》立足自身定位与职责，积极主动地宣传太行精神。《光明日报》最早关于太行精神的宣传是1990年，刊发了理论文章《太行精神永存》。据不完全统计，20年间，《光明日报》关于太行精神的报道、专访和文章共有92篇，主要篇目有：《“让太行精神不断发扬光大”》、《“太行精神让我感动”》、《解读太行精神》、《走进太行传承精神》等。

作为宣传报道者，我们不仅传播了太行精神，自身也从中汲取了丰富的养料。在网络时代，平面媒体面临着前所未有的冲击，传统党报要迎难而上，勇于担当，有大作为和大贡献，同样需要大力弘扬、努力践行太行精神。太行精神也是我们办好报纸、服务大局的精神动力。

在太行精神的宣传报道中，我们充分发挥《光明日报》与知识界联系

密切的优势，组织专家学者，对太行精神的重大意义、基本内涵、时代特征和实践要求进行了深刻阐释；同时，组织普通群众，就太行精神畅谈亲身体会。此外，我们还报道山西有关太行精神的展览、研讨会和最新研究成果等，起到了很好的舆论引导作用。今后，《光明日报》将继续发挥优势，通过推出重点报道、先进典型、重点文章以及组织理论研讨会等多种形式，进一步把太行精神解读好、宣传好。

宣传好太行精神，要有更宽广的视野、更全面的内容，要做到理论联系实际。今天，作为一种精神动力，太行精神体现于经济社会发展和现代化建设的方方面面。大力宣传太行精神，最重要的就是要宣传报道好太行地区特别是山西省各项事业的发展，山西省各项事业的发展，就是太行精神结出的成果，就是太行精神现实意义的有力证明。《光明日报》高度重视对山西经济社会发展成就的宣传报道。仅2010年以来，《光明日报》关于山西的新闻报道就达到500多篇，关于长治的报道有40多篇，其中有相当一部分是有分量、有质量的重头报道。比如，2010年8月，我们在一版头条及重要位置，连续推出山西右玉坚持60年植树造林的系列报道《每一片绿色都是一块丰碑》、《新时代的愚公精神》、《一张蓝图绘到底》等，并配发本报评论员文章《让人感佩的政绩观》，产生了良好的社会效果，得到了中央领导的充分肯定。在典型宣传方面，我们先后推出山西省静乐县双路乡卫生院防疫员王元林、山西平陆县国有林场护林员荆保山等一批先进人物，在全国范围内产生了很好的反响。

山西既是资源大省也是文化大省，对《光明日报》来说，山西丰富的文化资源就是一座新闻宝库。我们跟踪报道了山西宣传、思想、文化领域的最新动态，深入报道了山西在文化体制改革、文化产业发展、文化活动开展等方面的最新进展，受到了广大读者的欢迎。7月16日，我们在要闻版上发表袁纯清同志的重要文章《在深化改革中推动文化大发展大繁荣》，此前，我们推出了一批重点报道和文章，如《文化体制改革极大调动出精品的积极性　文化奇葩竞放山西》、《最是一年春光好——山西大力推进文化体制改革》、《文化产业助推山西转型》、《长治城里好人多——山西长治市创建文明城市纪实》、《以高度的文化自觉引领文化创新——结合山西建设文化强省实践的思考》，等等，这些重要文章和报道都产生了良好的社会效应。

我们欣喜地看到，在科学发展观的引领下，在太行精神的激励下，一个新山西正在向世人走来。今后，《光明日报》将以更主动的态度，更充沛的热情、更出色的报道，继续做好太行精神的宣传，继续做好对山西的宣传，我们也期待与山西有更加紧密的合作。

最后，祝太行精神永放光芒，祝山西省在转变发展方式、推动科学发展上取得更多更大的成就，祝本次研讨会圆满成功！

（作者系《光明日报》副总编辑）

弘扬太行精神，建设美好家园

□ 田喜荣

在举国上下热烈庆祝中国共产党成立90周年之际，太行精神研讨会在我市召开，充分体现了党中央和山西省委、省政府对上党老区人民的关心和厚爱，必将有力地推动和促进我市的各项工作。

太行精神是中国共产党领导英雄的八路军和太行抗日根据地人民在长期革命斗争实践中孕育、铸就和发展起来的民族精神，是太行军民用鲜血和生命浇灌的精神之花、铸就的民族之魂。长治是太行精神的发源地和形成地，上党儿女对太行精神情有独钟。在艰苦卓绝的八年抗战中，八路军总部长期驻扎在长治，指挥着全国的抗日战争。上党这块英雄的土地，用盛产的小米养育着八路军，用自制的步枪源源不断地为前线补充着杀敌的武器。英勇的太行军民，用小米加步枪，演绎出一幕幕惊天地、泣鬼神、顽强抗击日寇侵略者的悲壮活剧，谱写了一篇篇万古流芳、壮怀激烈的英雄史诗。在血与火的战斗洗礼中，凝练出以“不怕牺牲、不畏艰险，百折不挠、艰苦奋斗，万众一心、敢于胜利，英勇奋斗、无私奉献”为主要内容的太行精神。在社会主义建设与改革开放新时期，长治人民继续大力弘扬太行精神，不畏艰险，艰苦奋斗，顽强拼搏，锐意进取，取得了经济社会全面发展的新胜利，上党老区发生了历史性变化，太行精神绽放出新的时代光芒。实践证明：太行精神已经成为贯通上党老区革命、建设和改革的精神血脉，成为上党老区人民永不枯竭的精神动力，激励着一代又一代上党儿女不断从胜利走向新的胜利。我们有决心、有信心让太行精神在上党大地上千秋永驻、永不褪色！

当前，深入贯彻科学发展观，认真落实省委转型跨越发展战略，已经在三晋大地形成广泛共识。我们深刻地认识到，转型跨越发展就是科学发展观在山西的具体化和本土化。转型是基础，跨越是依托，发展是目标。为此，我们结合长治的市情，提出了抓住综改机遇、推进“四化”建设、在转型跨越的伟大实践中重振上党雄风、再造一个新长治的宏伟目标，激发出全市人民的创业热情和冲天干劲。同时，我们也清醒地认识到，实现这一宏伟目标，既是一个长期艰苦奋斗的过程，也是一个不断实干苦干的过程，迫切需要进一步大力弘扬太行精神，让太行精神为我市率先实现转型跨越发展提供强大精神动力。

一、新时期弘扬太行精神，就是要把解放思想体现到具体工作上，破障碍、解难题、闯新路

“不怕牺牲、不畏艰险”是太行精神的根本内涵。在推进转型跨越发展的新形势下，特别是面对国家资源型经济综合配套改革试验区建设的重大历史性机遇，我们更需要拥有这种不怕牺牲、不畏艰险的信心和勇气。这种信心和勇气，源于思想的不断解放，体现为在工作实践上的大胆创新，是思想与行动的结合，是理论与实践的统一。在推进长治转型跨越发展的历史进程中，我们把解放思想体现到按照“三个有利于”开展工作上，把有利于长治经济社会全面协调可持续发展、有利于长治综合经济实力提高、有利于长治老百姓过上好日子作为开展工作的根本标准，团结带领全市人民，把长治的发展搞上去、把经济实力搞上去、把人民群众的收入搞上去。我们把解放思想体现到敢于打破传统、先行先试上，只要符合长治的实际情况、符合长治人民的利益、符合增加长治人民的幸福指数，就要敢于冲破一切妨碍发展的“樊篱”，冲破一切束缚发展的条条框框，先行试验、先行突破、先行发展。我们把解放思想体现到努力破解体制、土地、资金、人才等要素制约上，对发展中遇到的各种问题，不怨天尤人，不等待观望，以“非禁即入”的胆略和勇气，一往无前、大胆探索，

努力为长治加快转型跨越扫平障碍、杀出新路。

二、新时期弘扬太行精神，就是要把项目建设作为重要抓手，大上项目、上大项目、上好项目

“百折不挠、艰苦奋斗”是太行根据地军民在物质条件困难时期夺取胜利的重要法宝。长治作为经济欠发达地区，在转型跨越发展的进程中，同样需要大力弘扬“百折不挠、艰苦奋斗”精神，牢牢扭住项目建设这个抓手，切实把推进工业新型化、农业现代化、市域城镇化、城乡生态化作为加快转型跨越的重要依托，作为弘扬太行精神的重要阵地。在推进工业新型化上，我们坚持以煤为基、多元发展，在抓好传统产业改造、提升的基础上，重点培育、发展和壮大新兴产业，大力推进20个百亿元产值的非煤非电项目，力争到2015年，传统产业和新型产业各占半壁江山。在推进农业现代化上，重点支持30个龙头企业，带动优质玉米、小杂粮、设施蔬菜、食用菌、干鲜果、畜禽养殖6大高效特色产业板块建设，提高农产品加工转化率，加快建设现代农业科技示范园区和“一村一品”专业村。在推进市域城镇化上，围绕“一核双圈”的城镇空间布局，加快推进“1+6”上党城镇群路网建设工程，加快主城区旧城改造和新区建设，加快农民变市民城镇化发展步伐，力争把上党地区建成全省一流的城镇群，把长治建成中国最宜居城市。在推进城乡生态化上，主攻荒山、荒坡、荒地绿化，力争每年造林40万亩，到“十二五”末森林覆盖率达到37%，建成区绿化覆盖率达到50%。为确保“四化”建设和项目建设的顺利推进，成立了由四大班子领导和相关部门负责人组成的推进“四化”建设领导组，下设推进工业新型化、农业现代化、市域城镇化、城乡生态化和电力项目审批办、金融办、人才办、督察办八个办公室，出台了“四化”实施方案和配套措施，实施了项目建设领导承包、工期倒排和责任追究三项制度，把任务细化落实到了单位、部门和责任人，实现了“四化”建设的具体化、项目化、数量化和责任化。

三、新时期弘扬太行精神，就是要把创优环境、招商引资牢牢抓在手上，天天抓、月月抓、年年抓

“万众一心、敢于胜利”是太行精神的本质特征。当前，在地区竞争日趋激烈的大背景下推进转型跨越、加快“四化”建设，招商引资成为至关重要的一项工作。只有继续发扬“万众一心、敢于胜利”的太行精神，动员男女老少齐上阵、方方面面齐出动，才能打赢这场新时期全民创优环境、全员抓招商的“上党新战役”。在创优环境方面，我们明确提出：对吃拿卡要破坏发展环境者，有职务的一律撤职，没有职务的一律开除；凡是外地车辆进入长治市发生违章，只纠错，不罚款。在招商引资方面，我们坚持以商招商、拉长产业链招商、以资源禀赋招商、以情招商，明确要求各级领导干部要打头阵，天天抓、月月抓、年年抓、时时想、事事想、人人想，县市区委书记和县市区长每人每年至少引进一个亿元项目，各县市区、高新技术开发区每年招商引资签约项目不得少于15个，落地率不低于70%。目前，全市上下已经初步形成了领导带头抓招商、万众一心齐招商、瞄准高端招大商、创优环境引外商的浓郁氛围。

四、新时期弘扬太行精神，就是要打造一支干事创业、狠抓落实的干部队伍，苦干、实干、加油干

“英勇奋斗、无私奉献”是太行精神的珍贵本色。当年，八路军将士和各级领导干部一手拿枪、一手拿锄，冲锋在前、吃苦在先，自力更生、甘于奉献，极大地鼓舞了太行军民英勇顽强的斗志和勇气。今天，面对转型跨越发展的历史重任，我们更需要弘扬太行精神，打造一支政治素质高、创新能力强、善于攻关、敢打硬仗的干部队伍，带领广大人民群众始终保持自力更生、艰苦奋斗的优良作风，发扬不怕牺牲、无私奉献的献身精神，永葆与时俱进、开拓创新的精神状态，苦干、实干、加油干，为加快转型跨越步伐而不懈努力。近一段时间来，我们围绕发挥干部队伍在转型跨越发展中的引领、率先作用，创新干部考评机制，建立领导干部包项

目制度、重点建设项目督察通报制度、“三个三分之一”工作制度、考核奖惩制度和干部召回退回制度等，在加强干部队伍建设上作出了一些积极探索。今后，我们将进一步引导广大党员干部树立和坚持正确的世界观、人生观、价值观和政绩观，永葆共产党人的政治本色，以励精图治、奋发有为的精神干事业，以踏石留印、抓铁有痕的狠劲抓落实，在转型跨越的实践中锻造一支勇挑重担、善于攻坚的优秀干部队伍！

太行精神穿越时空、历久弥新，无论过去、现在还是将来，永远是激励我们奋勇前进的一座永不磨灭的丰碑，永远是鼓舞我们开拓创新的强大思想动力。我们一定要在省委、省政府的坚强领导下，深入贯彻落实科学发展观，不断发扬光大太行精神，使太行精神成为中国革命精神宝库里一朵越来越璀璨的精神之花！

（作者系中共长治市委书记）

代表农民感谢党

□ 申纪兰

在建党90周年的时候，召开太行精神研讨会，十分重要。我非常高兴、非常激动。

我自己文化水平低，但对党是有感情的。我说几句心里话，没有共产党就没有太行精神，也没有今天的幸福生活。

共产党多伟大呀，为了保卫国家、解放人民，经过八年抗日战争、三年解放战争，率领全国人民推翻了三座大山，解放了全中国，建立了新中国。新中国是用鲜血换来的，没有共产党就没有新中国。中国共产党真正是全心全意为人民服务的党，她领导全国人民从一个胜利走向另一个胜利，取得了一个成绩又一个成绩。特别是改革开放30多年来，国家面貌发生了巨大的变化，人民生活水平有了很大的提高。现在的农民生活很幸福，免了农业税，无儿无女的人也有人养活，低保、医疗都有，一年还能领不少钱。这一切都是党领导得好。有了党才有新中国、才有社会主义、才有人民的权利、才有今天的幸福生活。我代表农民感谢党。

太行精神就是党的精神，我们听党的话跟党走，就要发扬太行精神，党要干啥就干啥。听了胡锦涛总书记在建党90周年大会上的重要讲话，我很激动很兴奋，感到了旗帜的伟大作用，看到了复兴之路的辉煌前景。我们要永远听党话，永远跟党走，永远走社会主义道路。省委提出要转型跨越发展，要再造一个新山西。我作为一个老共产党员，要在太行精神的鼓励下，起好头，带好路，真正带领农民修好路、致好富、搞好农业迈大步，实现转型跨越发展。

（作者系全国劳模、全国人大代表）

太行精神植根于人民

□ 吕彤羽

山西是红军北上抗日的战略通道、前进出发地，是全国最早建立抗日民族统一战线，支撑华北敌后抗战的主战场、智慧中心，是保卫延安的坚固屏障、战略枢纽、交通要道，是八路军总部和三大主力师进行抗战的所在地，是太行精神的发源地，新中国成立后第一次授衔的1002位将帅在山西战场上浴血奋战过。人民群众是历史的创造者，当然是伟大精神的创造者。在艰苦卓绝的抗战中，太行军民在与各种敌人的斗争中、在与各种困难的斗争中，创造了伟大的太行精神。太行精神，不仅成为太行军民抗击敌寇的精神力量，而且成为保卫延安的铜墙铁壁。在八年抗战中，毛主席和党中央之所以没有离开过延安，就是因为八路军和山西抗日根据地起了重要作用。所以说，太行精神为中国革命作出了巨大贡献，太行人民为中国革命作出了巨大贡献。

我们的父辈都在山西战斗和工作过，他们在山西的工作岗位不一样，经历不一样，但对八路军的壮大、对根据地的发展、对抗战的胜利，都作了很大的贡献。我们的父辈们团结一心、顽强抗战令人感动，共产党能取得这么大的成就与他们的团结一心是有关系的。但我们都清楚，他们之所以能立下赫赫战功，之所以能赢得人们的敬仰，之所以能领导抗日军民取得一个又一个胜利，离不开太行山这块热土的养育，离不开太行人民的拥护和支持。

有一首诗叫《奶娘》，充分表达了我们“红二代”对太行人民的深厚感情：“太行山是我父辈战斗过的地方，那里是我终生难忘、日夜思念的故乡，那里有我童年的记忆，有我可亲可敬的奶娘。我跪拜、我祈愿，太行山我那亲爱的奶娘，下辈子还做你的儿郎。” 我们要继承父辈们的光荣传统，发扬伟大的太行精神，为太行人民作出我们应有的贡献。

（作者系开国上将吕正操之子、中国航天科工集团二院23所研究员）

对太行精神的几点思考

□ 李东朗

近年来，太行精神的研究和理论总结取得了重大的成果，为中国共产党历史、抗日战争史和中华民族发展史的研究，增添了新的、颇有分量的内容，学术意义、理论意义重大。但在相关问题的认识上，颇不相同，实际上这是深化研究的体现，有益于太行精神研究的深入。有鉴于此，我就有关问题提出自己的看法，求教学界。

一

太行精神是在抗日战争中培育形成的，实质上就是中国共产党领导华北敌后抗日军民英勇抗战精神的集中体现和反映。

第一，就太行精神的形成和内涵而言。抗日战争爆发后，中共中央确定敌后游击战的抗日军事方针，华北是党实行和坚持敌后抗战的主要地域。华北敌后军民和民族敌人浴血奋战，开辟了令日本侵略者惊恐不已的敌后战场，沉重地打击、消灭和消耗了日本帝国主义，创造了辉煌的战绩和无数奇迹，涌现出了无数可歌可泣的英雄。华北敌后抗战是党领导的敌后战场的主要组成部分，华北敌后军民在长期的抗日斗争中展现了崇高的思想品质和精神境界。太行精神就是他们思想、品德、意志和风貌的集中写照。

第二，就太行精神覆盖的地域而言。从地理概念上说，太行山北起北京的拒马河，南达豫北黄河水，东临华北大平原，西接黄河、秦岭，纵横河北、山西、河南3省间，绵延400余公里，并俯视京、津、冀、鲁、秦及塞外草原，自古以来战略地位十分重要，为兵家必争之地。它既是整个华北地区具有中心地位的山脉，又是具有华北象征性意义的地理概念。“千里太行”历来是一种泛称，“太行儿女”也是泛称。

抗战时期党领导的华北敌后抗战，首先开始于山西，基本以太行山为主要基地，而逐渐延伸和发展到整个华北，这就是众所周知的晋察冀抗日根据地、晋冀鲁豫抗日根据地、晋绥抗日根据地等。因此，以“太行精神”命名的华北敌后抗战精神，是对华北敌后军民抗战精神的总体反映。如果以抗战时期的“太行区”，或者狭义的、习惯上的“太行山区”来看待“太行精神”，则其覆盖率明显有局限性，不能完整地反映历史的真实。

在中国共产党人创造的革命精神总库中，其反映全局性精神风貌的，如苏区精神、长征精神、延安精神、西柏坡精神等，也有典型个案意义的，如井冈山精神、大寨精神、雷锋精神、铁人精神、红旗渠精神等。太行精神似乎应属于前者。

第三，从构成太行精神的主体而言。华北敌后战场是在中共中央全面抗战路线和敌后游击战战略方针指导下，由中共中央北方局、八路军总部具体领导八路军三个师和华北根据地人民在抗日斗争过程中开辟的。北方局、八路军总部的领导覆盖整个华北抗日根据地，抗日斗争的主体遍及根据地全体军民。在这个过程中形成的太行精神，体现和反映的是整个华北敌后抗日根据地党政军民的精神风貌。也就是说，创造太行抗战奇迹的、培育太行精神的，是整个华北敌后抗日军民。

第四，实际上，中央领导人明确指出了太行精神的创造者是党领导下的华北抗日军民。胡锦涛同志于2005年7月底考察山西时，指出：“八路军和太行儿女为抗日战争的胜利作出了巨大的牺牲和重要的贡献。抗日战争中培育的太行精神，凝聚着中国共产党人的优秀品质，凝聚着中国人民的奋斗精神，永远是中华民族的宝贵精神财富。”李长春同志2004年8

月考察八路军抗日根据地旧址，指出："太行精神是在国家和民族处于危亡的关键时刻，中国共产党领导的太行儿女展现的不怕牺牲、不畏艰险的革命英雄主义精神，是在极其艰苦的条件下展现的百折不挠、艰苦奋斗的精神，是为民族的解放展现的万众一心、敢于胜利的精神，是为人民利益展现的英勇奋斗、无私奉献的精神。太行精神凝聚着中国共产党人的优秀品质，凝聚着中国人民的坚强性格，凝聚着中华民族光荣的历史传统。"实际上，他们都指出了太行精神的来源和创造主体。胡锦涛在他的这段话中指出：太行精神是"八路军和太行儿女"创造的，是"八路军和太行儿女为抗日战争的胜利作出了巨大的牺牲和重要的贡献"的结晶。李长春在概括太行精神时，明确说明太行精神是"中国共产党领导的太行儿女展现的"。

二

太行精神是在抗日战争时期党领导华北敌后抗日军民在艰苦卓绝的抗日斗争过程中形成的。它有传承性，继承了党创立以来特别是土地革命时期培育形成的革命精神，同时也凝聚着中华民族的优秀文化传统；又在解放战争时期、新中国成立后发扬光大。但其内涵主要来自抗日战争时期华北敌后抗战，在时限上、地域上、活动人群上有其明确的界定，在历史背景方面有其特殊性。

总结太行精神，主要就要反映其独特点，体现其特殊性。大约有以下几个方面，应予以特别的考察。

第一，在外敌侵略、民族危难之际，共赴国难、保家卫国的高昂的爱国主义精神。

第二，在敌我力量非常悬殊、在长期频繁激烈战斗和生存状况十分恶劣的条件下，坚忍不拔、英勇斗争的英雄主义精神。

第三，军民同心、同仇敌忾的团结奋斗、勇于奉献的精神。

第四，全民动员、各方协力的全面抗战精神。

三

太行精神和在同一历史背景下形成的抗战精神、延安精神有密切的联系，但又有自己的鲜明特点。而我们提出、总结的太行精神，就应该侧重它的独特点，因此一定要深入挖掘其特殊的、不同于同一历史背景下产生的其他精神的内涵。

关于抗战精神，目前有几种总结：天下兴亡、匹夫有责的爱国精神，万众一心、共御外侮的大局意识，百折不挠、愈挫愈奋的必胜信念，不畏强暴、血战到底的英雄气概；不畏强暴的拼搏精神，舍身救国的奉献精神，统一抗战的团结精神，坚持到底的自强精神；不畏强暴、万众一心、和衷共济的团结精神，舍生忘死、前仆后继的牺牲精神，百折不挠、奋斗到底的坚韧精神等。

延安精神有多种概括，其内涵主要是：坚定正确的政治方向，解放思想、实事求是的思想路线，全心全意为人民服务的根本宗旨，自力更生、艰苦奋斗的创业精神。

另外还应注意考察东北抗联精神，一般概括其内涵主要包括：忠贞报国、勇赴国难的爱国主义精神；勇敢顽强、前仆后继的英勇战斗精神；坚贞不屈、勇于献身的不畏牺牲精神；不畏艰苦、百折不挠的艰苦奋斗精神；休戚与共、团结御侮的国际主义精神。

从目前研究、总结的太行精神的内涵看，与延安精神的重叠少，而和抗战精神、东北抗联精神的相同较多。有共性是必然的，因为它们产生的时代背景是相同的，活动主体在很大程度上是共同的（中国共产党和抗日军民为主体）。但既然分别称之，就是因为各有独特之处。如何使其特点更为突出、更加鲜明，是应该深入研究的一个方向。

（作者系中共中央党校教授）

学习和弘扬太行精神
不断加强党的建设

□ 李　蓉

太行山，是中国大地上雄奇壮观、气势恢弘、壁立千仞、巍峨秀美的山脉，是让人难忘历史、难忘中国抗战的所在，它被人们深情地誉为中华民族的脊梁。“群峰壁立太行头，天险黄河一望收，两岸烽烟红似火，此行当可慰同仇。” 太行精神，就是中国共产党在领导八路军和太行儿女，在国家和民族处于危亡的关键时刻，在抗日战争的烽火硝烟中铸就的民族之魂。同时，这个民族之魂又在新的历史条件下得到继承和弘扬，成为太行儿女、也成为全国人民的一笔宝贵的精神财富。

太行精神有着丰富而深刻的内涵。它是中国共产党人领导太行儿女展现的不怕牺牲、不畏艰险的革命英雄主义精神，是在极其艰苦的条件下展现的百折不挠、艰苦奋斗的精神，是为民族的解放展现的万众一心、敢于胜利的精神，是为人民利益展现的英勇奋斗、无私奉献的精神。太行精神的铸就，充分说明中国共产党是全民族团结抗战的中流砥柱，是中国人民争取民族解放的领导核心。

太行精神和井冈山精神、苏区精神、长征精神、延安精神、西柏坡精神一样，都是在中国革命、中国共产党的历史上逐渐形成、对党和人民的事业发展产生和发挥过重要作用的宝贵精神财富。这些精神充分体现了中国共产党是最广大人民根本利益的忠实代表，是中国工人阶级的先锋队，同时也是中国人民和中华民族的先锋队。其内容极为丰富。本文侧重于从深入学习、广泛宣传太行精神和增强党性、加强党的建设这项新的伟大工程的密切关系，作一初步的考察。

一、学习和弘扬太行精神，就要不断增强党性，加强党的建设

太行精神是中国共产党领导抗日军民创造的精神，更是中国共产党在抗日战争时期为着民族独立而奋斗的精神面貌的生动体现，是中国共产党代表人民和民族利益的党性要求。学习和弘扬太行精神，对于发扬党的优良传统作风，保持党的先进性，对于提高党的执政能力和水平，推进党的建设伟大工程，对于更好地发挥党在领导有中国特色社会主义事业中的领导作用，具有十分重要的意义。

党性，是一个政党对于党员的基本要求。凡是承认党的纲领，加入党的组织，成为中国共产党党员者，都应该具有党性。中国共产党的党员要求什么样的党性呢？用毛泽东同志的话来说，就是“共产党员无论何时何地都不应以个人利益放在第一位，而应以个人利益服从于民族的和人民群众的利益。因此，自私自利，消极怠工，贪污腐化，风头主义等等，是最可鄙的；而大公无私，积极努力，克己奉公，埋头苦干的精神，才是可尊敬的。”①用刘少奇的解释是：“为了党的、无产阶级的、民族解放和人类解放的事业，能够毫不犹豫地牺牲个人利益，甚至牺牲自己的生命，这就是我们常说的‘党性’或‘党的观念’、‘ 组织观念 ’的一种表现。这就是共产主义道德的最高表现，就是无产阶级政党原则性的最高表现，就是无产阶级意识纯洁的最高表现。”刘少奇强调：“共产党员应该具有人类最伟大、最高尚的一切美德，具有明确坚定的党的、无产阶级的立场（即党性、阶级性）。”②这正是在太行精神中展现的中国共产党及其领导下的人民军队不怕牺牲、不畏艰险的革命英雄主义精神，在极其艰苦的条

①《毛泽东选集》第2卷，第522页，北京，人民出版社，1991年。

②《刘少奇选集》上卷，第133页，北京，人民出版社，1981年。

件下百折不挠、艰苦奋斗，为民族的解放万众一心、敢于胜利，为人民利益英勇奋斗、无私奉献的精神。

太行精神是加强党性教育，推进党的建设伟大工程的极好教材。通过学习和弘扬太行精神，可以使党员干部受到很好的党性教育，可以通过党性教育，加强党员干部的党性观念。中国共产党一贯主张通过理论和实践、历史和现实的教育，使每位共产党员明白："一个共产党员，在任何时候、任何问题上，都应该首先想到党的整体利益，都要把党的利益摆在前面，把个人问题、个人利益摆在服从的地位。党的利益高于一切，这是我们党员的思想和行动的最高原则。根据这个原则，在每个党员的思想和行动中，都要使自己的个人利益和党的利益完全一致。在个人利益和党的利益不一致的时候，能够毫不踌躇、毫不勉强地服从党的利益，牺牲个人利益。"不论是新、老党员，都有一个党性教育的问题。党和人民的利益要求每个党员都能在任何情况下，"把自己个人的利益绝对地无条件地服从党的利益"，这既是"考验这个党员是否忠于党、忠于革命和共产主义事业的标准"①，也应该是党性教育是否达到目的的标准。如果每个党员在遇到个人利益和党的利益不一致时、相矛盾时，都能够把党的利益放在第一位，那么，就可以说是有党性或者党性强。反之亦然。

在中国共产党的历史上，曾多次强调党性和党性教育的问题。特别是在抗日战争时期，为着争取民族的独立、人民的解放，中共中央于1941年7月1日，也就是中国共产党成立20周年的纪念日，作出了《关于增强党性的决定》。决定指出："中国共产党经过二十年的革命锻炼，现在已成为全国政治生活中的重要的决定的因素，然而放在我们面前的仍然是伟大而艰难的革命事业。这样就要求我们的党更进一步的成为思想上、政治上、组织上完全巩固的布尔塞维克的党，要求全党党员和党的各个组成部分都在统一意志、统一行动和统一纪律下面，团结起来，成为有组织的整体。"

①《刘少奇选集》上卷，第130～131页，北京，人民出版社，1981年。

文件强调："没有这样坚强统一的、集中的党，便不能应付革命过程中长期残酷复杂的斗争，便不能实现我们所担负的伟大历史任务。""要求全党党员，尤其是干部党员更加增强自己党性的锻炼，把个人利益服从于全党的利益，把个别党的组成部分的利益服从于全党的利益，使全党能够团结得像一个人一样。"太行地区的党组织领导广大党员，认真贯彻和落实中央的要求，采取各种措施和方法，加强对党员的党性教育，通过学习提高党员的思想认识，达到全党的团结一致。

在抗日战争的艰苦岁月，中国共产党领导八路军和太行人民为抗日战争的胜利，进行了艰苦卓绝的斗争，付出了巨大牺牲，作出了卓越贡献，而其中的无数共产党员更是冲锋在前，发挥了模范带头作用，因而才会有太行地区的晋绥、晋察冀、晋冀鲁豫等抗日民主根据地的开辟和建设，才会有敌后战场的形成，才会有新民主主义的雏形，才会取得中国抗战的最后胜利。因此，学习和弘扬太行精神，就要不断增强党性，加强党的建设。

二、太行精神深刻地体现了中国共产党的先进性，融入了党性

中国共产党的先进性，要求她在民族危亡之际冲锋陷阵，在各方面发挥先锋模范作用。无论是不怕牺牲、不畏艰险的革命英雄主义，还是在极其艰苦的条件下百折不挠、艰苦奋斗，不论是为民族的解放万众一心、敢于胜利，还是为人民利益英勇奋斗、无私奉献，都贯穿着共产党员的党性。太行精神深刻地体现了中国共产党的先进性，融入了中国共产党的党性。

抗战时期，中共中央之所以提出要增强党性，就在于当时党内还存在若干不适应党实现纲领和路线的问题。在中国共产党成立20年后的1941年，当时大多数党员和党的干部还生活在广大的农村，处于长期分散的独立活动的游击战争的环境，党内小生产者及知识分子的成分占据很大的比重，因此容易产生某些党员的"个人主义"、"英雄主义"、"无组织的

状态”、“独立主义”与“反集中的分散主义”等等违反党性的倾向。不言而喻，这些问题在太行地区也有不同程度的存在。正如邓小平所指出：“我们同志对于我们在敌后斗争的一举一动都可以影响全国这种政治意义认识不够，所以往往缺乏全局观念，在言论行动上，政策决定上，都还有不慎重的地方，对中央的方针，还缺乏深刻的了解。这些就是中央指摘的闹独立性、党性不纯的主要表现。”①

面临党内的错误倾向和严重危险，中共中央及时地指出了纠正办法：（1）在党内更加强调全党的统一性、集中性和服从中央领导的重要性。不允许任何党员与任何地方党部，有标新立异，自成系统，及对全国性问题任意对外发表主张的现象。在党内开展反对“分散主义”、“独立主义”、“个人主义”的斗争。（2）更严格地检查一切决议决定之执行，坚决肃清阳奉阴违的两面性的现象。（3）即时发现，即时纠正，不纵容错误继续发展，才更能挽救干部，不使工作受到损失。反对当面客气，背后指斥。应当强调党内外团结互助，爱护干部，帮助干部在政治上进步，对于屡说不改者，必须及时预防，加以纪律制裁。（4）要在全党加强纪律的教育，因为统一纪律，是革命胜利的必要条件。要严格遵守个人服从组织，少数服从多数，下级服从上级，全党服从中央的基本原则。（5）要用自我批评的武器和加强学习的方法，来改造自己使适合于党与革命的需要。要求每个党员特别是每个负责领导的干部，都深刻反省自己的弱点，把党的利益看得高于一切，任何人都不应有自满自足，自私自利的观念。要提倡大公无私，忠实朴素，埋头苦干，眼睛向下，实事求是，力戒骄傲，力戒肤浅的作风。（6）从中央委员以至每个党部的负责领导者，都必须参加支部组织，过一定的党的组织生活，虚心听取党员群众对于自己的批评，增强自己党性的锻炼。②这些措施在今天看来仍然对党的建设具有指导意义。

①《邓小平文选》第1卷，第43页，北京，人民出版社，1994年。

②《中共中央关于增强党性的决定》1941年7月1日。中央档案馆编：《中共中央文件选集》第13册，北京，中共中央党校出版社，1991年。

太行地区的党组织认真而积极地贯彻落实中共中央对于增强党性的决定，对党的自身建设产生了重要而积极的作用。1941年4月15日，邓小平在讲到党与抗日民主政权问题时指出，“党的指导机关要定期讨论政策，讨论法令，检查党团工作，要有专门同志管理政府党团和政府机关支部的工作”。“党对政府工作同志的理论学习、个人操守和党性锻炼，必须注意，遇有错误，及时纠正。”[①]邓小平对党员党性锻炼的重视，由此可见一斑。全党更大规模的教育是1942年开展的整风运动。采取批评和自我批评的方法，反对主观主义以整顿学风，反对宗派主义以整顿党风，反对党八股以整顿文风，对于从思想上肃清教条主义的影响，树立实事求是的思想路线，对于增强党员特别是党的干部的党性，加强党的建设，乃至于对党领导中国革命取得胜利，都产生了深远的影响。太行地区的党组织也按中央的统一部署开展了整风运动，反对党内的不正之风，从而有效地提高了党员干部的思想觉悟，提高各级党组织的战斗力，这对于推动太行地区抗日斗争的发展，产生了深远影响，也对太行精神的铸就，产生了深刻的影响，具有重要意义。

三、学习和弘扬太行精神，是继承发扬党的优良作风的应有之义

党在全国执政的条件下，党的事业不断发展，党员队伍不断扩大，呈现出蓬勃的生命力和创造力。但党性教育不可能一劳永逸，也不是采取一种固定的模式就能奏效。特别是1949年以后，中国共产党成为全国的执政党，面临的新的考验就更为复杂和严重。正如曾经长期战斗在太行地区的邓小平所指出：“执政党的地位，很容易使我们同志沾染上官僚主义的习气”，“很容易在共产党员身上滋长着一种骄傲自满的情绪”。“针对这种情况，党必须经常注意进行反对主观主义、官僚主义和宗派主义的斗争，经常警戒脱离实际和脱离群众的危险。为此，党除了应该加强对于党员的思想教育之外，更重要的还在于从各方面加强党的领导作用，并且从

① 《邓小平文选》第1卷，第16页，北京，人民出版社，1994年。

国家制度和党的制度上作出适当的规定，以便对于党的组织和党员实行严格的监督”。[①]邓小平在这里实际上提出了三个非常重要的问题：第一，加强对于党员的思想教育；第二，从各方面加强党的领导作用；第三，从国家制度和党的制度上作出规定以便对于党的组织和党员实现严格的监督。

党员的思想教育，是党性教育的基本环节和常规内容，要有针对性地做好这方面的教育并不容易。而更为重要的是加强党的领导作用。党的领导作用首先是通过贯彻落实代表中华民族和人民利益的党的纲领、路线、方针、政策来实现的。谁来贯彻落实，还是要靠广大党员去组织发动人民群众加以实现。而国家制度和党的制度，谁来制定？谁来落实？离不开有强烈党性意识、有责任感的党员干部。所以，不断地对党员进行党性教育，采取具有时代特点的、求真务实的党性教育模式，就成为当务之急。学习和弘扬太行精神，既是继承和发扬党的优良传统作风，也是继承一笔宝贵的精神财富，为今天的中国特色社会主义事业提供精神动力。

中国共产党在全国执政以后，学习和弘扬包括太行精神在内的党的宝贵精神财富，仍然具有现实性和针对性。新的形势、新的任务，对党员的党性要求更高了。在处理党的组织和党员的关系、党的上下级关系、中央和地方的关系三个方面，都涉及加强党性的问题。在党的历史上，有的党员在自己的工作岗位上，爱好自成系统，自成局面，在政治上自由行动，不喜欢党的领导和监督，不尊重中央和上级的决定，甚至在他们处理一些应当由中央统一决定的重要问题的时候，也事前既不向中央和上级机关请示，事后又不向中央和上级机关报告，违背党的政策和纪律，危害党的统一。因此，对这种分散主义的偏向，必须进行不断的坚决的斗争，通过增强党性，实行民主集中制、加强集体领导和发挥积极性、创造性来克服这种倾向。在目前新的形势和新的任务条件下，党内也存在一些党员、干部对马克思主义信仰不坚定，对中国特色社会主义缺乏信心；贯彻民主

① 《邓小平文选》第1卷，第214页，北京，人民出版社，1994年。

集中制不力，对中央决策部署执行不认真，一些领导干部发生的腐败案件等等，严重削弱了党的创造力、凝聚力、战斗力，严重损害了党同人民群众的血肉联系，严重影响到党的执政地位巩固和执政使命的实现。学习和弘扬太行精神，就要进一步增强党性，自觉地克服党内存在的各种错误倾向，特别是加强廉政建设的制度和监督机制。

学习和弘扬太行精神，也是坚定理想信念和提升精神境界的途径。加强学习，历来是党性教育的一条行之有效的道路。学习太行精神，就要深刻理解不怕牺牲、不畏艰险，百折不挠、艰苦奋斗，万众一心、敢于胜利，英勇奋斗、无私奉献的精神。毛泽东在抗日战争时期曾提出："来一个全党的学习竞赛，看谁真正地学到了一点东西，看谁学的更多一点，更好一点。"[①]在太行精神的学习上也是如此。时任中共中央组织部部长的陈云曾把学习作为共产党员的6条标准之一，只有愿意学习的党员，才不愧是好党员，才不致玷污伟大而光荣的党员的称号。他反对那种"自高自大"、"自称高明"的倾向，反对那种不愿学习或者对学习没有信心的现象。

学习和弘扬太行精神，着眼于党的自身建设，这也是党的历史的主流和本质所在。在变化进步的世界中，在科学发展的形势下，在建设有中国特色社会主义的实践中，保持党的先进性，就要学习和继承包括太行精神在内的党的优良传统与作风，珍惜这笔宝贵的精神财富。这也是建设马克思主义的学习型政党的需要。大力弘扬英勇抗日的伟大的太行精神，激励着我们为建设中国特色社会主义事业作出新的贡献。只有这样，党的执政能力和水平才能不断提高，我们的事业才会不断发展。这也是学习和弘扬太行精神给我们的深刻启示。

（作者系中央党史研究室第一研究部副主任）

① 《毛泽东选集》第2卷，第533页，北京，人民出版社，1991年。

太行精神与中国特色社会主义

□ 昝瑞礼

中华民族是一个不屈不挠、自强不息、善于从历史中汲取前进的智慧和力量的民族。太行精神是国家和民族处于危亡的关键时刻,中国共产党领导太行儿女展现的不怕牺牲、不畏艰险的革命英雄主义精神,是在极其艰苦的条件下展现的百折不挠、艰苦奋斗的精神,是为民族的解放展现的万众一心、敢于胜利的精神,是为人民利益展现的英勇奋斗、无私奉献的精神,是数千年来中华民族精神的积淀和延续。抗日战争的硝烟虽然已离我们远去,但是太行精神所代表的民族精神并没有过时,相反却蕴含着丰厚的时代价值,映射出灿烂的时代光芒。中共中央政治局常委、国家和军委副主席习近平在太行八路军总部旧址,睹物思人,触景生情,语重心长地说:"太行精神虽然产生于抗日战争年代,但今天仍然具有强大的鼓舞力量和广泛的指导作用。"同时特别强调指出:"要结合新的实际,与时俱进地大力弘扬太行精神,坚定正确的理想信念,始终保持对党对人民对事业的忠诚;坚持执政为民的政治立场,始终保持同人民群众的密切联系;锤炼坚忍不拔、百折不挠的品格,始终保持知难而进、奋发有为的精神状态;坚守党的政治本色,始终保持艰苦奋斗的优良作风,为推动经济社会又好又快地发展提供强大的精神动力。"由此可见,今天,我们高举中国特色社会主义伟大旗帜,毫不动摇地坚持和发展中国特色社会主义,坚定不移地走中国特色社会主义道路,必须继承和弘扬太行精神。

一、高举中国特色社会主义伟大旗帜，毫不动摇地坚持和发展中国特色社会主义，坚定不移地走中国特色社会主义道路，必须继承和弘扬坚定正确的理想信念，始终保持对党对人民对事业的忠诚

回顾我们党90年光辉历程，我们可以清楚地看到，我们党及其领导的伟大事业，之所以能够从小到大，从弱到强，从挫折不断走向胜利，从根本上说是与一代又一代中国共产党人高举共产主义理想伟大旗帜分不开的。实现共产主义，是马克思主义最崇高的社会理想，是中国共产党的最高纲领和最终目标。发展中国特色社会主义，是党在社会主义初级阶段的基本纲领和我们的共同理想。在党90年的光辉历程中，一代又一代的共产党人为崇高的共产主义理想而奋斗，前赴后继、英勇献身，谱写了感天动地的壮丽篇章。在改革开放新的历史时期，中国共产党人胸怀远大目标，高举中国特色社会主义伟大旗帜，坚持中国特色社会主义道路和中国特色社会主义理论体系，脚踏实地为实现党在现阶段的基本纲领而奋斗，谱写了中国特色社会主义事业新的光辉篇章。

伟大的理想必然产生伟大的动力。目前，党所处的环境、所肩负的直接任务，与革命战争时期完全不同，与改革开放前也不一样，现在的环境要比过去复杂得多，现在的任务要比过去艰巨得多。正如胡锦涛总书记在庆祝中国共产党成立90周年大会上的重要讲话中所指出的那样，新的任务、新的环境给当代中国共产党人带来了“许多前所未有的新情况新问题新挑战，执政考验、改革开放考验、市场经济考验、外部环境考验是长期的、复杂的、严峻的。精神懈怠的危险、能力不足的危险、脱离群众的危险、消极腐败的危险，更加尖锐地摆在全党面前”。党能否成功地经受住这种挑战和考验，决定着中国现代化建设的成功和中国共产党自身的命运。党如何带领群众去战胜困难，完成自己肩负的历史重任?最根本的一条就是要坚定共产主义的理想信念，坚持社会主义道路。社会主义的共同理想、共产主义的远大理想代表最大多数人的利益，符合社会发展的客观规

律。它是共产党人奋斗的目标、前进的方向、力量的源泉。对于领导人民建设有中国特色社会主义事业的中国共产党人来说，只有树立共产主义最高理想和坚定中国特色社会主义共同理想，才能凝聚人心，集中全民族的雄心壮志，激发全民族的创造热情，以保证社会主义宏伟目标的实现。

在新的历史条件下，“中国要坚持社会主义制度，要发展社会主义经济，要实现四个现代化，没有理想是不行的”。[①]因此，与时俱进地大力弘扬太行精神，坚持执政为民的政治立场，始终保持同人民群众的密切联系，首要的是加强党的理想信念思想建设。我们党如果不着力加强理想信念建设，不从根本上解决共产党人的理想信念问题、精神支柱问题，就难以在复杂的形势面前经受住考验，就难以始终同人民群众保持密切的联系，就难以完成自己担负的伟大历史使命。正因为这样，在对外开放、发展社会主义市场经济的条件下，如何帮助人们满怀信心地建设有中国特色的社会主义，如何帮助人们树立崇高理想、坚定信念和道德风尚，这是一个重大的历史课题。全党都要认真研究、认真解决。胡锦涛总书记深刻指出：“崇高理想、坚定信念，是凝聚人心、催人奋进的伟大旗帜，是战胜困难、赢得胜利的力量源泉。”习近平强调：“要结合新的实际，与时俱进地大力弘扬太行精神，坚定正确的理想信念，始终保持对党对人民对事业的忠诚。”我们要认真落实这一时代要求，就必须把我们党的最高理想和共同理想统一起来。当代中国共产党人的事业观，科学地把党的最低纲领和最高纲领统一起来，是以共产主义远大理想和中国特色社会主义共同理想为目标的崇高的事业观。崇高的事业观要求党员干部科学地、自觉地把党的最低纲领和最高纲领统一起来，摆正本职工作与共同目标的关系。缺乏理想信念，就会失去精神动力；忘记了共同目标，就会迷失前进方向。只有树立共产主义远大理想和中国特色社会主义共同理想相统一的事业观，才能筑牢奋力开拓的强大精神支柱，增强做好本职工作的责任心、

①《邓小平文选》第3卷，第124页，北京，人民出版社，1993年。

光荣感和推动力，才能做到无论在任何艰难险阻的条件下，不畏浮云遮望眼，坚定理想信念，对党和人民的事业不动摇。

二、高举中国特色社会主义伟大旗帜，毫不动摇地坚持和发展中国特色社会主义，坚定不移地走中国特色社会主义道路，必须继承和弘扬不怕牺牲、不畏艰险的革命英雄主义精神

高举中国特色社会主义伟大旗帜，毫不动摇地坚持和发展中国特色社会主义，坚定不移地走中国特色社会主义道路，发扬太行精神中的不怕牺牲、不畏艰险的革命英雄主义精神，从实质上讲就是要树立信心和勇气。人们清楚记得，在革命战争年代太行军民用小米加步枪战胜了武装到牙齿的日本侵略者，靠的就是信心和勇气，是精神的力量给了太行军民的支撑。同样在今天全面建设小康社会的关键时期，我们要科学发展、和谐发展、安全发展，尤其是要又好又快发展，前进道路上是有困难的。克服困难我们靠什么，毫无疑问同样也要靠信心和勇气。弘扬太行精神，要有“明知山有虎，偏向虎山行”的勇气和斗志，以更大的信心和勇气推进经济社会全面发展。我们的信心和勇气来自哪里？来自太行精神所蕴涵的不怕牺牲、不畏艰险的革命英雄主义精神。

继承和弘扬不怕牺牲、不畏艰险的革命英雄主义精神，要有民族自信心。中国人要有自信心，自卑没有出路。过去自卑了一个多世纪，在中国共产党领导下站起来了。中国人民既然有能力站起来，就一定有能力永远岿然屹立于世界民族之林。中国特色社会主义事业符合社会发展规律，符合中国人民的根本利益，即使前进的道路艰难曲折，也丝毫动摇不了我们的事业。新中国成立60多年来，在苏联解体、东欧剧变，世界社会主义运动处于低潮的日子里，在西方敌对势力把和平演变的主要矛头对准我国的严峻考验面前，中国共产党始终高扬社会主义旗帜，坚定不移地走中国特色社会主义道路，使社会主义中国傲然屹立于世界的东方。新中国不仅经历过一次次险恶的国际风云的考验，而且也经受住国内各种风险的考验。

抵御亚洲金融风暴、国际金融危机和战胜“非典”、唐山地震、汶川地震、玉树地震等各种自然灾难，党中央一声令下，人民军队一马当先，全国人民紧随其后，一方有难，八方支援，灾难面前，中华民族焕发出百折不挠的惊天伟力。不管国际形势多么复杂，不管国内改革多么艰巨，不管面临的形势多么严峻，也不管前进的道路上还会遇到多少可以预料和难以预料的困难和风险，我们都能沉着、冷静、勇敢、果断，处变不惊，从容应对，善于变被动为主动，转不利为有利，化挑战为机遇，从而驾驭各种复杂局面。

继承和弘扬不怕牺牲、不畏艰险的革命英雄主义精神，要有民族自尊心。没有民族自尊心，不珍惜自己的民族独立，国家是立不起来的。要维护国家和民族的尊严，除了努力发展经济，增强国家实力，还必须敢于同侵犯我国主权和尊严的霸权主义行为作斗争，而绝不能在敌对势力面前卑躬屈膝、低三下四。邓小平指出：“要维护我们独立自主、不信邪、不怕鬼的形象。”我们绝不能示弱。你越怕，越示弱，人家劲头就越大。并不因为你软了人家就对你好一些，反倒是你软了人家看不起你。所以，继承和弘扬太行精神，要有民族自尊心。

继承和弘扬不怕牺牲、不畏艰险的革命英雄主义精神，要有民族自豪感。作为世界文明古国，中华民族曾对世界文明的发展作出过巨大贡献。新中国的发展更是令世人瞩目。尽管由于历史的原因，中国在经济上、文化上还比较落后，但不是一切都落后；一些国家在技术上、管理上比较先进，但并不是一切都先进。我们的社会主义制度尽管还不完善，又遭受了破坏，但是无论如何，社会主义制度总比弱肉强食、损人利己的资本主义制度好得多。并且，我们的制度将一天天完善起来，它将通过我们不断从世界各国吸收进步因素，成为世界上最好的制度，这是资本主义所绝对不可能做到的。所有这些，都是值得中华儿女十分自豪的。邓小平多次指出：“凡是中华儿女，不管穿什么服装，不管是什么立场，起码都有中华民族的自豪感。”

三、高举中国特色社会主义伟大旗帜，毫不动摇地坚持和发展中国特色社会主义，坚定不移地走中国特色社会主义道路，必须继承和锤炼坚忍不拔、百折不挠的品格，始终保持知难而进、奋发有为的精神状态

当代中国共产党人的事业观要求广大党员干部始终保持创业者和奋斗者的奋发有为、蓬勃向上的精神状态，正确对待苦与乐。当代共产党人以为国家富强、人民幸福而奋斗为快乐，以全面建设小康社会、实现中华民族的伟大复兴为快乐，以兢兢业业地工作、永远不辜负人民的信任和期望为快乐。这种幸福观、快乐观，是我们共产党人能够永葆蓬勃向上的生机活力和创造精神的不竭源泉。有了这种事业观，当代中国共产党人就能自觉清醒地、充满激情地沿着中国特色社会主义道路不断奋勇前进，为中国和世界的发展作出新的重大贡献。

邓小平强调指出：“我们现在所干的事业是一项新事业，马克思没有讲过，我们的前人没有做过，其他社会主义国家也没有干过，所以，没有现成的经验可学。我们只能在干中学，在实践中摸索。”高举中国特色社会主义伟大旗帜，毫不动摇地坚持和发展中国特色社会主义，坚定不移地走中国特色社会主义道路，是一个不断探索促进经济发展和社会全面进步规律的过程，没有现成的答案，没有可以直接借鉴的经验，还会遇到许多过去不曾遇到过的问题。我们只有坚持解放思想、实事求是，在实践中不断研究新情况、解决新矛盾和新问题，才能实现由必然王国向自由王国的飞跃，才能把建设有中国特色社会主义的伟大事业不断推向前进。要实现我国社会主义现代化建设的目标和中华民族的振兴，必须始终坚持解放思想、实事求是的思想路线，在走向自由王国的道路上永远锤炼坚忍不拔、百折不挠的品格，始终保持知难而进、奋发有为的精神状态。

永远锤炼坚忍不拔、百折不挠的品格，始终保持知难而进、奋发有为的精神状态，就是要敢闯敢试、开拓创新，在前人没有走过的路上开辟新事业、新天地。邓小平同志在《解放思想，实事求是，团结一致向前看》中指出：“干革命、搞建设，都要有一批勇于思考、勇于探索、勇于创新的闯将。没有这样一大批闯将，我们就无法摆脱贫穷落后的状况，就无法赶上更谈不上超过国际先进水平。”①实践充分表明，如果没有突破“一大二公”的束缚，敢于实行农村家庭联产承包责任制的改革，哪里会使农民走上脱贫致富奔小康的大道；如果没有冲破“改变颜色”的责难，敢于实行对外开放，搞特区建设，哪里会有深圳、珠海边陲小镇迅速崛起为现代化都市的奇迹；如果没有打破“水火不容”、“非此即彼”的两极思维，敢于提出并实践“一国两制”的伟大构想，哪里会有香港顺利回归及其繁荣稳定。

四、高举中国特色社会主义伟大旗帜，毫不动摇地坚持和发展中国特色社会主义，坚定不移地走中国特色社会主义道路，必须继承和弘扬万众一心、敢于胜利的精神

当一个民族面临危难的时刻，是最能体现其民族精神的时刻，也是最能显示其民族团结的巨大力量的时刻。近代以来，我们的国家积贫积弱，人民饱受欺凌。当时西方人普遍认为中国必然像奥匈帝国等多民族国家一样，分裂为无数的单一民族国家。但是，他们的预言失败了。中华民族不仅没有分裂，反而打败了侵略者，赢得了民族的独立、自由和统一。中华民族之所以能够浴血奋战、浴火重生，一个重要原因就在于各民族在反对共同敌人的斗争中形成了休戚与共、荣辱一体的命运共同体。在同仇敌忾、共御外侮的八年抗战中，太行山区有170,043人被日军打死打伤，2,262,680间房屋被烧毁，12,056,100石粮食被抢劫。②同时大批人力和物

① 《邓小平文选》第2卷，第143页，北京，人民出版社，1994年。

② 《太行革命根据地史稿(1937-1949)》，第270页，太原，山西人民出版社，1987年。

力被征调参战支前。解放战争时期，长治平均每县支前的劳力占到总劳力的30%至40%，个别县则高达60%至80%。为支援晋中战役，仅武乡县就向前线输送粮食120万斤，谷草50万斤，食油1万斤，木柴50万斤，民工和民兵3万余人。①为了阻止敌人破坏和克服劳力、生产资料的短缺，农民自愿组织起生产和参战相结合的民兵组织。民兵们“一手拿锄，一手拿枪，敌来打仗，敌走种田”，为互助组中劳动力和畜力短缺的农户和军烈属代耕收割，维护了正常的农业生产。1940年开始，武乡县树辛村李马保互助组配合八路军反“扫荡”，掩护群众转移，埋地雷、割电线，平时互助生产、抢种抢收，依靠人力变工完成了各项任务。互助组还以村为单位进行参战和生产大变工。例如涉县王金庄把全村互助组中所有的劳畜力分为三批轮流参战；未参战农民不仅替参战农民完成其农务，而且利用农闲时间开展运输业。②可见，在极其恶劣的自然条件和残酷的战争环境下，广大群众万众一心，形成合力，才足以抵御外界环境对生存的巨大威胁。太行精神这种万众一心、敢于胜利的精神，在我们高举中国特色社会主义伟大旗帜、毫不动摇地坚持中国特色社会主义、坚定不移地走中国特色社会主义道路的过程中，必须继承和弘扬。

我们这个民族经历诸多灾难而依然顽强地在这个世界上生存、繁衍、发展壮大，正是各民族的精诚团结才使我们从苦难中勇敢地走出来，面对各种天灾和人祸，依靠各民族的团结，坚定地走过来了。特别是在中国共产党的领导下，不仅推翻了压在中国人民头上的三座大山，而且抵御亚洲金融风暴、国际金融危机和战胜“非典”、唐山地震、汶川地震等各种自然灾难。实践再次证明，民族团结、万众一心是祖国统一、繁荣富强的根本前提。一个强大的国家，必然是一个万众一心、各民族团结统一的国家；万众一心、各民族的团结是中华民族的光荣传统，也是中华民族繁荣

① 魏晋峰主编：《武乡农业合作史》，第16页。

②《太行实行前后方大变工》，《解放日报》1947年2月23日。转引自《长治市农业合作化史料(1941—1994)》，第90页。

发展的重要保证。中华民族之所以能生生不息，靠的就是各民族团结友爱，共生互补，形成一种相互依存的局面，孕育了我国民族团结友爱的宝贵传统。

胡锦涛指出："我们在推进改革开放和社会主义现代化建设中所肩负任务的艰巨性和繁重性世所罕见，我们在改革发展稳定中所面临矛盾和问题的规模和复杂性世所罕见，我们在前进中所面对的困难和风险也世所罕见。"①面临在世界发展机遇与挑战中实现中华民族伟大复兴的发展难题，我们必须继承和弘扬太行精神这种万众一心、敢于胜利的精神，坚定信心，高举中国特色社会主义伟大旗帜，毫不动摇地坚持和发展中国特色社会主义，坚定不移地走中国特色社会主义道路。

五、高举中国特色社会主义伟大旗帜，毫不动摇地坚持和发展中国特色社会主义，坚定不移地走中国特色社会主义道路，必须继承和弘扬坚守党的政治本色，始终保持艰苦奋斗的优良作风

古往今来，一个国家，一个民族，如果不提倡艰苦奋斗，勤俭建国，人们只想在前人创造的物质文明成果上坐享其成，贪图享乐，不图进取，那么，这样的国家，这样的民族是没有不走向衰落的。艰苦奋斗，是共产党人的政治本色，是自尊、自立、自强的民族精神和无产阶级革命精神的集中体现，也是太行精神的又一鲜明特色。抗日战争爆发后，太行山的800万劳苦大众和广大人民动员起来了，工人、农民、知识分子和广大青年学生争先恐后地参加抗日武装，每个城镇和乡村都出现了"母亲叫儿打东洋，妻子送郎上战场"的动人事迹。"村村像军营，人人都是兵，抗日根据地，一片练武声"，抗日的烽火在太行山熊熊燃烧。在严峻的天灾人祸面前，根据地军民没有粮食自己种，没有衣物自己织，没有水源自己挖，没有蔬菜自己种。从八路军的总司令、部队首长、地方干部到普通士兵和老百姓，军民和衷共济、共渡难关，正是这种军民鱼水、艰苦奋斗的精

①《胡锦涛在纪念党的十一届三中全会召开30周年大会上的讲话》，《人民日报》2008年12月19日。

神，共产党才赢得了群众，赢得了战争。

艰苦奋斗是我党我军的优良传统和政治本色，是推进我们事业发展的强大精神力量。学习弘扬太行精神，必须筑牢艰苦奋斗的精神支柱。历史和现实表明，党以艰苦奋斗而兴，国以艰苦奋斗而强，军以艰苦奋斗而胜，人以艰苦奋斗而立。能不能艰苦奋斗，是一个人、一支军队、一个民族有没有志气、有没有力量、有没有希望的标志。我们讲艰苦奋斗，并不是说条件越差越好，生活越艰苦越好，不能把艰苦奋斗狭隘地理解为吃苦、过苦日子。艰苦奋斗作为一种革命精神，有着丰富的内涵。具体来说，发扬艰苦奋斗精神，在政治上，我们要始终胸怀共产党人的远大目标，矢志不移地为共产主义事业奋斗终生；在思想上，要有威武不屈、富贵不淫、贫贱不移的凛然正气，保持高昂饱满的斗志和拼搏进取的精神；在学习上，要刻苦钻研，勤学苦练，勤于理性思维，掌握保卫祖国、建设祖国的本领；在工作上，要积极进取，奋发图强，吃苦耐劳，勇于拼搏，努力创造第一流的工作成绩；在生活上，要始终保持艰苦朴素、勤劳节俭的生活习惯，反对奢靡之风，珍惜劳动成果，积累社会财富，以争取更加美好的未来。

历史和现实已经并将继续证明，一个没有艰苦奋斗精神作支撑的民族，是难以自立自强的。一个没有艰苦奋斗精神作支撑的国家，是难以发展进步的。只有发扬艰苦奋斗的革命精神，才能战胜前进道路上的任何艰难险阻，使事业最终成功。在我国进入全面建设小康社会全面推进社会主义现代化建设的今天，虽然环境、条件、任务发生巨大变化，但前进道路上仍然充满了艰辛和挑战，仍然需要继续保持和发扬艰苦奋斗的优良作风。我们一定要把这一优良作风贯穿于学习、工作、生活的各个方面，保持昂扬向上、知难而进的精神状态，脚踏实地，埋头苦干，为党和人民作出应有的贡献。

六、高举中国特色社会主义伟大旗帜，毫不动摇地坚持和发展中国特色社会主义，坚定不移地走中国特色社会主义道路，必须在新形势下与时俱进地大力弘扬伟大的太行精神

伟大的太行精神，是党和人民极为宝贵的精神财富。在新形势下，我们应立足新的时代条件，着眼于坚持走中国特色社会主义道路和推进中华民族伟大复兴事业的实践，在深化改革开放、加快转变经济发展方式的攻坚时期与时俱进地大力弘扬伟大的太行精神。

把伟大的太行精神升华为发展中国特色社会主义的共同理想信念。坚持走中国特色社会主义道路，是伟大的太行精神在当代中国展示科学价值的内在要求。更好地弘扬伟大的太行精神，一个重大的现实课题就是把这种精神升华为发展中国特色社会主义的共同理想信念。应联系中国共产党成立90年来的光辉历程，联系新中国成立以来特别是改革开放以来我国经济社会发展的巨大成就，把加强伟大的太行精神教育与加强中国特色社会主义教育有机地结合起来，唱响共产党好、社会主义好、改革开放好、伟大祖国好、各族人民好的时代主旋律，进一步深刻认识中国特色社会主义道路是实现中华民族伟大复兴的唯一正确道路，进一步增强发展中国特色社会主义的自觉性和坚定性。

把伟大的太行精神转化为实现“十二五”时期经济社会发展各项目标任务的实际行动。“十二五”时期，我国经济社会发展既面临难得的历史机遇，也面对诸多可以预见和难以预见的风险挑战。伟大的太行精神所包含的不怕牺牲、不畏艰险，百折不挠、艰苦奋斗，万众一心、敢于胜利，英勇斗争、无私奉献等内涵，是实现“十二五”时期经济社会发展各项目标任务的重要保证。广大党员干部特别是各级领导干部必须以强烈的使命感和责任感，把伟大的太行精神转化为推动科学发展、加快转变经济发展方式的实际行动，团结带领全国人民努力实现“十二五”时期经济社会发展的各项目标任务，为全面建成小康社会打下具有决定性意义的基础。

把伟大的太行精神贯彻到党的建设的各个方面和各个环节。伟大的太行精神既是党的先进性在特定历史条件下的重要体现，也从坚持马克思主义政党的根本宗旨、奋斗目标、理想追求、思想路线、革命精神和工作作风等方面为加强党的建设提供了思想资源。应紧密结合党坚持科学执政、民主执政、依法执政的实践，围绕提高党的领导水平和执政水平、提高拒腐防变和抵御风险能力两大历史性课题，把伟大的太行精神贯穿于党的建设的各个方面和各个环节，努力保持和不断发展党的先进性。

把弘扬伟大的太行精神与弘扬时代精神有机地统一起来。我们党在领导革命、建设和改革事业的历史进程中，每个时期都培育出具有鲜明时代特征的伟大精神。这些精神既一脉相承又各具特色，构成了异彩纷呈的巨大精神宝库。随着党领导的改革开放和社会主义现代化建设事业的不断发展，在新的实践基础上形成了以改革创新为核心的时代精神。更好地弘扬伟大的太行精神，需要着眼于时代发展，把弘扬伟大的太行精神与弘扬时代精神有机地统一起来，不断培育和弘扬有利于经济发展、民主健全、文化繁荣、科技进步、社会和谐、生态良好、人民安居乐业的新理念、新道德和新风尚，为不断推进中国特色社会主义伟大事业、实现中华民族伟大复兴提供不竭的精神动力。

（作者系国防大学马克思主义教研部研究员）

抗日战争与太行精神的形成

□ 于兴卫

抗日战争是中国近现代史上最重大的历史事件之一，它在中共党史、中国革命史、中华民族发展史、中国反侵略战争史和世界反法西斯战争史中，都占有举足轻重的地位。抗日战争中，中国共产党人在领导太行儿女与日本侵略者浴血奋战中，形成了“不怕牺牲、不畏艰险，百折不挠、艰苦奋斗，万众一心、敢于胜利，英勇奋斗、无私奉献”的太行精神。这种精神与井冈山精神、长征精神、延安精神、西柏坡精神等精神一样，都是党在各个时期领导人民进行革命、建设和改革的实践中形成和积累的宝贵的精神财富，是数千年来中华民族精神的积淀和延续。

一、太行精神孕育在抗日战争这个生死存亡的历史关头

太行精神的产生有其特殊的历史背景。它孕育在国家和民族处于危亡的关键时刻，在日本的侵略使中华民族处于生死存亡的历史关头，在中国共产党倡导的统一战线旗帜下，国共两党摒弃前嫌，合作抗日，开始了全民族抗战。太行精神所表现的是一种强烈的爱国主义精神和革命英雄主义精神。

自1840年鸦片战争以来，中国不断遭到来自西方列强的侵略，国家和民族面临被侵略、被蹂躏的命运。亚洲的日本在1868年明治维新后效法西方，实行资本主义改革，迅速走上对外侵略扩张的军国主义道路，把侵略矛头指向中国。1871年12月，琉球国的渔船在台南海岸触礁沉没，船员

被台湾居民杀死54人。日本以为有机可乘，于次年强迫琉球国王向日本称臣，然后以琉球人为日本国民为名，借机向清政府发难。清政府早已向日本表明，琉球是中国藩属，人民被害与日本并不相干。1874年2月，日本政府通过《台湾蕃地处分要略》，无视台湾作为中国固有领土的事实，妄称“台湾土著部落，为清国政府政权所不及之地……为无主之地”。[①]4月，日本成立“台湾蕃地事务局”，并派兵侵犯中国台湾。清政府得到消息后，立即照会日本政府提出质问，并命令福州船政大臣沈葆桢率兵前往台湾布置防务。由于遭到台湾民众的坚决狙击，日本侵占台湾的目的未能达到。但清政府却对日采取妥协政策，与日本签订了《北京专条》，被日本勒索白银50万两，以此换取侵台日军的撤退。

此后，日本加紧扩军备战，伺机再次发动对中国的侵略战争。1894年，朝鲜爆发农民起义，朝鲜政府请求清政府派兵援助，日本也乘机出兵。7月25日，日本海军对航行在黄海上的中国舰队和运兵船只发动突然袭击，清政府被迫对日宣战，史称“甲午战争”。由于清政府的腐败无能，中国军队在战场上接连战败，清政府被迫与日本签订了丧权辱国的《马关条约》，条约规定中国赔偿日本军费2亿两白银和日本在中国获得许多特权外，中国还被迫将台湾全岛及其所有附属各岛屿以及澎湖列岛割让给日本。1900年，日本作为主力参加八国联军侵华战争，获得了在中国京、津及北京至山海关沿线的驻兵权。1904年，日本为同俄国争霸东亚，在中国东北发动了历时19个月的日俄战争，夺取了俄国在中国东北南部的权益，随即建立了殖民统治机构和侵华武装关东军。1914年第一次世界大战爆发后，日本帝国主义乘西方列强无暇东顾之机，侵占青岛和胶济铁路，夺取了德国在中国山东的特权。1915年日本公然向中国袁世凯政府提出灭亡中国的“二十一条”。

1927年日本内阁召开东方会议，炮制“田中奏折”，制定了独占中

① 东亚同文会编：《对华回忆录》，38页，北京，商务印书馆，1959年。

国、称霸世界的战略构想。为加快实现大陆政策的既定目标，日本帝国主义乘世界发生经济危机和中国国民党政府忙于“剿共”内战之机，于1931年制造震惊中外的九一八事变，侵占我国东北地区，炮制伪“满洲国”。1937年7月7日，日本侵略者挑起卢沟桥事变，接着很快占领了北平、天津，并兵分数路向中国内地进攻，叫嚣“三个月灭亡全中国”。在整个14年之久的侵华战争中，日本帝国主义肆意践踏中国大地，在政治上“以华制华”，大力扶植汉奸伪政权，制造伪满洲国和汪精卫等伪政权，培植亲日汉奸势力，对中国东北及其他占领区强化殖民统治；在军事上施以法西斯暴行，发动细菌战、化学战，实行“三光”政策，制造南京大屠杀、重庆大轰炸等惨案，残杀中国同胞达几千万人；在文化上大肆摧残中国传统文化，实施奴化教育，培养效忠天皇的“顺民”；在经济上“以战养战”，疯狂掠夺中国的各种战略资源，中华民族面临亡国灭种的危险。

中华民族有着深厚的爱国主义传统，历来崇尚正义，热爱和平，不畏强暴，勇于反抗外来侵略。日本发动侵华战争，把中华民族逼到濒临亡国灭种的危难地步，却唤起了全民族的危机意识和使命感，迅速促进了全国人民的觉醒和团结。在中华民族生死存亡的危急关头，随着中日民族矛盾的上升，中国共产党从国家、民族的根本利益出发，迅速调整自己的方针政策。九一八事变后，中国共产党首先提出武装抗日的爱国主义主张和倡导建立抗日民族统一战线的思想。此后，中国共产党为建立抗日民族统一战线进行了艰辛的努力，逐步调整政策，将“抗日反蒋”改变为“逼蒋抗日”，从而促成西安事变的和平解决，推动了国共两党的第二次合作，达成了“联蒋抗日”，最终促成了抗日民族统一战线的建立，实现了全民族抗战。与此同时,国民党也开始逐步调整政策，由对日妥协转向强硬。西安事变后，国民党采取联共抗日的政策。卢沟桥事变后，作为执政党的国民党有条件地开放党禁，承认共产党和其他党派的合法地位，接受了中国共产党提出的抗日民族统一战线的方针政策，中国社会出现了多党合法并存的政治氛围，从而出现了空前的全国性团结一致救亡的高潮。中国共产党领导的红军改编为八路军、新四军后，八路军主力部队挺进抗日前线，在“保卫山西，收复平津”的口号下，紧急动员广大群众争取山西以及全国的持久抗战，把山西建成敌后游击战争的战略支点，以抵御日寇对西北与中原的进攻，支援全国的对日作战。

太行精神就是在这伟大的抗日战争中孕育诞生的。在民族危亡的关键时刻，共产党领导八路军以高度的民族责任感和义不容辞的使命感，挺进抗日前线，救民众于水火，挽国运于倒悬，充分展示了中华民族不屈强权，不怕牺牲，追求自由，热爱祖国的伟大精神。

二、太行精神孕育在抗日战争中具有独特地位的太行地区

抗日战争一开始，日本侵略者凭借其优势的兵力和先进的武器装备，在东北、华北、华东、华南等战场先后取得了许多战役战斗的胜利，但这并不能使中国人民屈服。而且日本是以小国临大国，受兵力所限，要想彻底征服中国，使中国人民屈服，也非一时一世之功。无论是中国共产党的领导人毛泽东，掌握国民政府大权的蒋介石，对战胜日本的侵略都抱有很强的信心。

面对日本的侵略，蒋介石认为，“敌如欲尽占我四千万方里之土地，宰割我四万万之人民，所需兵力，当为几何，敌之武力，终有穷时”。国民政府依据中国幅员广大、人口众多，可以支持长期战争的特点，提出以“持久战”为基本主旨，即实行“持久消耗战略”①，国民党视之为最高战略，指出：“敌之最高战略为速战速决，而我之最高战略，为消耗持久。”②其基本思想是：“利用我优势之人力与广大国土，采取持久消耗战，一面消耗敌人，一面培养国力，俟机转移攻势，击破敌人，争取最后

①《中日战争史略》（上册），第169页，台北，台湾正中书局，1968年。

② 何应钦：《日军侵华八年抗战史》，第13页，台北，台湾黎明文化事业股份有限公司，1982年。

胜利。”①

与国民党蒋介石的被动的“持久消耗”不同，中国共产党人提出持久战的战略方针，并把抗日游击战争提到战略地位。为此，毛泽东于1938年5月发表了具有代表性的指导中国抗日战争纲领性的文献——《论持久战》，指出：“指导战争的人们不能超越客观条件许可的限度期求战争的胜利，然而可以而且必须在客观条件的限度之内，能动地争取战争的胜利。”②毛泽东同志科学地分析了中日双方互相矛盾着的四个基本特点：敌强我弱，敌小我大，敌退步我进步，敌寡助我多助。日本是一个帝国主义强国，其军力、经济力和政治组织力虽强，但其国小，人力、物力、财力不足，加之战争的非正义性、野蛮性，必然失道寡助。中国虽是殖民地、半殖民地半封建的弱国，但处于进步的时代，有共产党及其军队为团结抗战的核心，加之地大物博、人多兵多，以及战争的正义性，必然能得到全民的支持和国际上的援助。中日双方的优劣短长，决定了抗日战争是持久战，战争最后胜利属于中国。中国共产党深知，装备先进的日军企图按自己擅长的方式，通过大兵团的正面较量迅速打败中国。若按这种常规的战争方式，仅在正面与日军作战，中国将始终处于被动挨打的境地，持久抗战和人民战争也都无从谈起。毛泽东同志指出：要想取得抗战胜利，就必须发挥中国的地理优势，创造广阔的战场空间，形成有利于我而不利于敌的战争格局。为此，毛泽东着眼中日战争的全局，创造性地提出中国抗日游击战争的战略地位问题，指出：抗日战争中正规战争是主要的，游击战争是辅助的，那为什么提起游击战争的战略问题呢？这是因为中国是一个大而弱的国家，它被另一个小而强的国家所攻击。但是这个大而弱的国家处于进步的时代，在这样的情况下，敌占区面积甚广和战争的长期性的状况发生了。因此抗日游击战争就主要地不是在内线配合正规军的战役作

① 何应钦：《日军侵华八年抗战史》，第13页，台北，台湾黎明文化事业股份有限公司，1982年。

②《毛泽东军事文集》第2卷，第306页，北京，军事科学出版社、中央文献出版社，1993年。

战，而是在外线单独作战，并且由于有中国共产党领导的坚强军队和广大人民群众存在，游击战争就不是小规模的，而是大规模的，规定了游击战争不能不做许多异乎寻常的事情。太行山区为毛泽东的抗日游击战争理论的实践提供了适宜的地理环境。

太行山位于晋冀豫三省边界，海拔1500米以上。其地理形势在中国占有十分重要的位置。其山脉纵贯南北，高山连绵、地势险要，西有吕梁山、北有五台山，南临黄河，东接冀鲁平原，是华北的一个战略要地，出太行山东南而下，立刻能对河北、河南形成致命冲击。由于特殊的地形，使太行山居高临下，易守难攻，在历次战争中都占据着重要位置。太行山以西的山西属于高原地形。东面有海拔2000米左右的太行山与华北平原交界；西面有吕梁山脉和黄河把陕西隔绝在外；南面有太岳山、王屋山、中条山雄视华北平原，隔黄河与河南毗邻；北面有长城和海拔3000米的五台山及海拔2000米的恒山与蒙古高原相连，形成我国北方防御型地形最完整的区域，对周边的冀、鲁、豫、陕、内蒙古等省(区)，都具有居高临下的战略优势。这种山河环绕、易守难攻的地理环境，提供了军事防御的便利条件。当条件不成熟时，可以在其中保境安民，而条件一旦成熟，就可利用居高临下之优势，东下河北、沿石太路出兵，扼守娘子关。进占石家庄，沿京汉线进逼北京；或北经大同、沿京包线立下京津；或由大同西溯，直达包头，连络塞外。而且，山西位于南北东西交通要冲，同蒲路纵贯南北、石太路横穿其东西，凭借平型关、雁门关、娘子关等雄关险隘和滔滔黄河，其地理形势可谓进可以攻，退可以守。这种优越的地理环境，使太行山附近地区成为中华民族文明的发源地之所在，也使山西成为中国地上文物保存最为丰富的省份。

特殊的地理环境，赋予了太行山区在中国革命战争中的特殊地位和特殊使命。当历史推进到20世纪30年代，这里又成为中国共产党抗击日寇的一个主要战场。平型关大捷是八路军依托太行山区的有利地形，集中较大兵力对日军所进行的一次成功的伏击战。在日军长驱直入、国民党军节节后退的形势下，八路军在平型关地区利用有利地形设伏，首战告捷，打击了日军的疯狂气焰，挫伤了日军的锐气，打破了日军不可战胜的神话，从而极大地振奋了全国的民心、士气。1937年11月，八路军总部、第一二九师根据中共中央的指示东渡黄河，来到山西、建立了以太行山、太岳山为依托的抗日根据地。在抗日战争的烽火硝烟中，八路军总部和中共中央北方局等领导机关，长期驻扎在太行山区潞城的北村和武乡的砖壁、杨家峪等地，朱德、彭德怀、左权、刘伯承、邓小平、杨尚昆等八路军将领在这里指挥军民粉碎了日军的“九路围攻”。神头之战、长乐之战、关家垴歼灭战、黄崖洞保卫战、围困沁源、解放段村等著名战斗，留下了永不磨灭的光辉业绩。

三、中国共产党及其领导的敌后抗日军民是锻造太行精神的主体

太行精神是中国共产党领导的八路军和敌后抗日军民用鲜血和生命浇灌的精神之花。它表现了党和人民群众的血肉联系，表现了人民军队与人民群众的骨肉深情。它凝聚成为中华民族面对外敌入侵团结、奋斗、抗争的铮铮铁骨，融汇成为根据地军民心连心、手挽手、肩并肩共同抗击日寇的滚滚洪流。

中华民族有着深厚的爱国主义传统，历来崇尚正义，热爱和平，不畏强暴，勇于反抗外来侵略。日本发动侵华战争，把中华民族逼到濒临亡国灭种的危难地步，却唤起了全民族的危机意识和使命感，迅速促进了全国人民的觉醒和团结。它使各阶级、阶层、政党、地方实力派和不同军事集团的利益，在抗日问题上找到了契合点，使爱国主义在理论与实践上实现了高度统一。在抗击日本侵略面前，中国共产党表现了高度的民族自觉性和爱国主义精神，它毅然与过去的革命敌人——国民党蒋介石抛弃前嫌，合作抗日。在国民党军队在正面战场节节败退，华北即将沦陷之际，中国

共产党领导的八路军主力部队挺进抗日前线，开展敌后游击战争。在中国共产党的领导下，八路军、新四军与根据地军民一起，创建抗日根据地，开展了长期的敌后抗战，有力地打击了日军的疯狂进攻，扼制了日军对中国全境的侵略，鼓舞了全国人民的抗战热情，推动形成了风起云涌的全民抗战高潮。

鸦片战争以后，几代国人前仆后继地抗击外敌入侵，但始终摆脱不了屡战屡败的命运。其中，落后的经济力量和军事力量固然限制了中国御侮能力的发挥，但根本原因是缺乏先进阶级和政党的领导，政治组织力薄弱，始终不能集中全民族的力量同外敌抗争。尽管许多有识之士已经意识到，贫弱的中国欲战胜日本强敌，非唤起全国民众、凝聚全民族的力量不能成功，但长久以来难以克服国人一盘散沙的痼疾。正如毛泽东所说，“日本敢于欺负我们，主要的原因在于中国民众的无组织状态”[①]。九一八事变爆发后，经过十年革命斗争实践锻炼、代表中华民族根本利益的中国共产党，首先发出武装抗日的号召，率先提出建立抗日民族统一战线的主张，积极组织领导人民开展抗日斗争；并且毅然捐弃前嫌，从民族大义出发，全力促成西安事变的和平解决，推动了全国抗日民族统一战线的初步建立。全国抗战爆发后，中国共产党继续作出了不懈的努力，促成了抗日民族统一战线的正式建立，从而实现了近代以来不曾有过的全民族共同抗敌的崭新局面。在整个抗日战争中，正是由于中国共产党的积极倡导、努力推动、模范实践和坚定维护，并坚持正确的方针与策略，抗日民族统一战线才得以建立和坚持下来，成为取得抗日战争胜利的决定性因素。

为了推进全国抗战，中国共产党还制定了一整套正确的方针、政策和策略，处处以民族大义为重，极力维护国共合作抗日的大局。全国抗战进入战略相持阶段后，随着日本对华政策的变化，国民党逐步实行消极抗日、积极反共的政策，在统一战线内部不断制造摩擦事件，国内出现了妥

①《毛泽东选集》第2卷，第511页，北京，人民出版社，1991年版。

协、投降、分裂和倒退的危险倾向。中国共产党明确提出“坚持抗战，反对投降；坚持团结，反对分裂；坚持进步，反对倒退”的三大政治口号，并确定：在抗日民族统一战线中，贯彻又联合又斗争，以斗争求团结的原则；在与各党派相互关系上，提出“发展进步势力，争取中间势力，孤立顽固势力”的策略方针；在与国民党顽固派斗争时，坚持“有理、有利、有节”的原则。这一系列正确的策略方针的制定与贯彻，有效地阻止了时局出现的逆转，维系了国共合作抗战到底的局面。共产党及其领导的人民军队成为全民族共御外侮的中流砥柱。

在艰苦卓绝的抗日战争中，中国共产党建立了广泛的民族统一战线，最大限度地调动各个阶层的人们投入抗击日本侵略者的积极性。八年抗战，太行山区根据地广大群众积极参与抗战、支持抗战，先后有近70万人参加了八路军，110余万人参加了民兵、自卫队、游击队；源源不断地供应了抗战所需要的粮食、被服和军需物资，承担了庞大的战争费用和繁重的战勤任务。在共产党的领导下，根据地军民一方面与日本侵略者进行顽强殊死的军事斗争，另一方面大力发展经济，恢复生产，在根据地挖渠打井、修桥筑路、开展贸易，努力提高人民群众的生活水平，保障战时军需供应。在抗日战争最艰苦的岁月里，面对敌人的“扫荡”围剿和旱灾、蝗灾、洪灾等严重自然灾害，党积极组织军民开展生产自救和互助运动。党员和群众，干部和战士，军队与老百姓，从八路军总部和北方局最高领导到普通士兵，都是一手拿枪、一手拿锄，靠自己的双手开荒种地、纺线织布，实现了粮食等物资的自给自足。同时，八路军将士还勒紧裤带，把省出来的粮食物资拿出来救济群众，甚至甘冒生命危险，把自己的粮食送给最需要的老人、儿童。根据地群众从八路军将士的身上看到了中国共产党以人民利益为重的高尚品格，从而紧紧地团结、凝聚在党的周围，形成了人民战争的汪洋大海，铸就了共同抵御侵略者的铜墙铁壁。

抗日战争是中国共产党领导下的波澜壮阔的人民战争。而军民团结，万众一心的精神正是人民战争能够取得最后胜利的根本所在，也是太行精神熠熠生辉、光焰照人的根本所在。敌后根据地军民在抗击日本侵略者过程中，表现出了不怕牺牲、不畏艰险、敢于战斗、敢于胜利的英雄气概。特别是在敌人将战略重点由正面战场转向敌后根据地、由国民党正规军转向八路军游击队之后，这种不畏牺牲、舍我其谁的精神表现得更加绚丽。日军先后发动了“三路围攻”、“八路围攻”、“九路围攻”，实施“囚笼政策”、“蚕食政策”、“三光政策”，发动“百万大战”、“铁壁合围”，对根据地进行了疯狂的“扫荡”。面对日军的猖狂进攻和残酷杀戮，根据地军民有钱的出钱，有粮的出粮，有力的出力，纷纷投入到抗击日寇的战斗之中，取得了平型关大捷，进行了“夜袭阳明堡”、“百团大战”等一系列战斗、战役，以鲜血与生命同日本侵略者进行了顽强殊死的抗争，给进攻根据地的敌人以沉重打击。活跃在敌后的成千上万的八路军、新军、游击队指战员和抗日民众英勇战斗，血洒疆场，宁死不屈，大义凛然。八路军副参谋长左权等人在太行山区的抗日战争中为捍卫民族尊严献出了宝贵的生命。

中国共产党领导的八路军和敌后抗日军民在太行山战斗的历史证明，中国共产党是全民族团结抗战的中流砥柱，太行精神是共产党人领导太行儿女展现的不怕牺牲、不畏艰险的革命英雄主义精神，是在极其艰苦的条件下展现的百折不挠、艰苦奋斗的精神，是为民族解放展现的万众一心、敢于胜利的精神，是为人民利益展现的英勇奋斗、无私奉献的精神。太行精神充分体现了中国共产党是最广大人民群众根本利益的忠实代表，是中国工人阶级的先锋队，同时也是中国人民和中华民族的先锋队。

（作者系军事科学院战争理论和战略研究部助理研究员）

太行山，民族精神的脊梁

□ 王　科

太行精神孕育、形成于艰苦卓绝的抗战时期，是在中华民族处于生死存亡的关键时刻，我们党以民族独立和人民解放为己任，领导全国人民不屈不挠、奋勇抗争的伟大壮举的生动体现，是八路军与太行根据地人民同甘共苦、浴血奋战的英雄史实的真实写照，是我们党、人民军队和中华民族在抗战时期全部革命精神的集中反映，它与井冈山精神、长征精神、延安精神、西柏坡精神一样，是中华民族精神在革命斗争岁月中的锤炼和升华，是我们党革命传统的重要组成部分，更是我们开创中国特色社会主义事业新局面的强大精神动力。

一、孕育太行精神的沃土太行山

太行山，巍峨耸峙，山水交错，易守难攻，物产丰富，历来是兵家争夺的战略要地。在这片神奇的土地上，流传着中国最古老的神话故事，积淀着中华民族优秀文化的无尽内涵，反映了古人与自然顽强抗争的不屈不挠的拼搏精神。我们的祖先炎帝在这块古老的土地上开荒创世，开拓耕耘，繁衍生息，用勤劳和智慧创造了辉煌灿烂的华夏文明和顶天立地的民族精神。古哲先贤的遗风流传、源远流长的历史积淀，形成了太行人们汲取不尽的力量源泉。

1. 太行自古天下脊。太行山纵贯晋冀豫三省，高山连绵，地势险要，西有吕梁山，北有五台山，南临黄河，东接冀鲁平原，具有“表里山河”之胜，是扼守华北的战略要地。由于特殊的地形，居高临下，关山险固，易守难攻，自古以来都占据着重要的地理位置，更是敌强我弱的情况下开展游击战争的理想战场。东汉冯衍在给上党太守田邑的信中写道：“上党之地，聚天下之肩脊，当河朔之咽喉，有四塞之固。”唐玄宗立足潞州，建立王业时，称潞州为“晋之东南绝境，一夫当关，万夫难越，我出则易，彼来则难”。

“慷慨悲歌燕赵地，兵刃血火太行山。”正是由于地理位置的重要，太行山区一直为历代建功立业者所倚重，成为历代兵家必争之地，有“得上党而望中原”之说。从春秋战国至明清的两千多年间，太行山烽火不断，干戈不息，一幕幕争战在这里展开，一场场为国家为民族而进行的战争，把太行山越发凝铸得刚毅庄严。

长治市居太行山之巅，此地地形最高，与天为党，古称“上党”，素有上党自古天下脊的说法。1949年1月陈毅同志路过太行山时，写下了《过太行山书怀》。在这首诗的第一段中，陈毅浓墨重彩，真实描绘了太行山的壮美：“太行山似海，波澜壮天地。山峡十九转，奇峰当面立。仰望天一线，俯窥千仞壁。”为中国革命事业走南闯北，经历过无数令人难以想象的艰难险阻的陈毅，也被太行山的雄险深深打动，禁不住以诗书怀。可想而知，祖祖辈辈生活在这里的太行儿女，被太行山的雄险磨炼出的意志是多么的坚强。

2.上党盆地丰富的物产。上党盆地位于太行山南段高险绝峻之处，状似宝盆，镶嵌在太行巨龙的顶端。毛泽东在《关于重庆谈判》一文中说：“太行山、太岳山、中条山的中间有一个脚盆，就是上党区。”上党盆地的地理方位大致是东经112° 01′ 至113° 40′ ，其核心区域包括长治市的城区、郊区、长治、长子、屯留、襄垣、潞城、平顺、壶关、黎城、武乡、沁源、沁县等13个县（市、区）。全境东西长150千米，南北宽140千米，总面积约1.4万平方千米。

上党盆地底部平坦，地面平均落差仅有30米左右，盆地底部和冲击带平原，以及盆地内侧坡地覆盖着很厚的一层黄土，土质优良，优土面积达

62%以上，富含碳酸钙，有机物丰富，且质地均匀，疏松多孔，保肥保水，透气性好。太行山区独特的小气候，非常适合农作物生长，盛产党参、花椒、小米等。此外盆地里蕴藏着丰富的煤、铁、铜等战略资源。在抗战时期，为打破敌人的经济封锁，提供了有利的物质保障。

3.黄土里长出来的倔强。中华民族在几千年漫长的发展中，创造了丰富而灿烂的民族文化，形成了独特而鲜明的民族传统。这些优秀的文化传统，是中华民族赖以生存、得以延续的精神血脉。在历史的长河中，尽管中华民族经历了无数次的内忧外患和艰难坎坷，但正是靠着这条传承不断的精神血脉，维系着民族的团结和国家的统一，从而战胜了一个又一个苦难，克服了一重又一重险阻，使我们这个伟大的民族屡经劫难而不衰，一次次地获得新生。从这条精神血脉流淌着的血液中，我们便可以找到太行精神的最初基因。

古老的土地，久远的历史，在太行山区这一片神奇的土地上，积淀着中华民族优秀文化的无尽内涵。从古至今，我们的祖先在这块古老的土地上开荒创世、繁衍生息，用勤劳和智慧创造了光辉灿烂的文化，在中华文明史上书写了壮丽的篇章，留下了极为丰富的历史遗产。可以说，中国的历史有多么悠久，上党文明的渊源就有多么深远；太行山上的黄土有多么深厚，上党的文化底蕴就有多么厚重。从女娲造人补天到神农尝百草，从大禹治水到精卫填海，从后羿射日到愚公移山。太行之巅流传的这些神话传说，向世人言说着太行儿女的创造精神、献身精神、抗争精神，显示了太行儿女的勤劳、勇敢和智慧。走进太行山，就是走进了源远流长的历史长河，走进了洪荒远古和真实今天交接的时空隧道。这些古老的传说，神奇、雄浑、浪漫、世代流传，无时不在净化着人们的灵魂。太行山人民承先祖之业绩，扬高山之雄风，用自己艰苦卓绝的抗争，用热血和生命，把许多源于太行山的古老的神话传说，演绎成万古流芳的太行精神和博大精深的太行文化，同时也铸就了太行人民那种粗犷豪放、疾恶如仇、刚毅坚强的性格，这正是太行人民斗天斗地斗敌人的精神源泉。

按照马克思主义的基本原理，社会存在决定社会意识，一定的主观精神是一定的客观物质存在的反映，太行精神的形成具有深刻的历史渊源。她根植于中华民族优秀文化的沃土，产生于中国共产党播撒的革命火种。巍峨的太行山，有神奇瑰丽的自然景观，有多种多样的丰富资源，有美丽的神话传说，有炎帝发明农业的古老的华夏文明，其中所蕴含的刚烈强悍、大智大勇、不屈不挠、无私无畏的民族性格，是太行精神产生的沃土。

二、点燃太行精神的火种八路军

20世纪30年代，日本帝国主义为了摆脱国内空前规模的经济危机，发动了蓄谋已久的侵华战争，中华民族遭遇了一次近百年来最大规模的凶残侵略。山西因其独特的地理优势，成了日本帝国主义抢夺华北进而占领全国的首攻目标，也由此成为了中国共产党进行华北抗战的主战场。中国共产党领导的八路军深入太行山区，开辟以太行山为依托的晋冀鲁豫抗日根据地，从此在高山连绵的太行山区便出现了一支与人民群众同甘共苦的革命队伍，实现了由正规战争向敌后游击战争的战略转移。

1937年7月，日本侵略者大举向中国进犯，开始了全面的侵华战争。卢沟桥事变之后，日本增兵50万来华，日军在快速占领北平和天津后，做出了“欲占领中国，必先占领华北，欲占领华北，必先占领山西”的战略部署，并狂妄提出了“一个月拿下山西，三个月灭亡中国”的战略目标。在短短十几天内，连续攻占山西雁北11个县域，一路烧杀抢掠，疯狂至极。迫于形势，8月20日，蒋介石接受了中国共产党的建议，将陕北的红军主力改编为国民革命军第八路军，任命朱德为八路军总指挥，彭德怀为副总指挥，共辖3个师，总兵力4.5万人。

8月25日，中共中央军委主席毛泽东，副主席朱德、周恩来发布《关于红军改编为国民革命军第八路军的命令》，宣布将前敌总指挥部改为第八路军总指挥部，以朱德为总指挥，彭德怀为副总指挥，叶剑英为参谋长，左权为副参谋长，总政治部为第八路军政治部，任弼时任主任，邓小平任副主任。下辖一一五师、一二〇师、一一二九师3个师。从1937年8月底至10月初，八路军各师遵照中共中央和中央军委的命令，先后由陕西韩城和潼关渡过黄河，开赴抗日前线。

八路军从洛川会议后挺进山西，到太原失守后两个多月中，以山西为中心，与日军进行了100余次战斗，歼敌1.1万人，毁敌飞机24架、汽车400余辆，缴获步枪1500余支、机枪76挺、骡马2000余匹及大批其他军用物资，占领了广大乡村，有力打击了日军，支援了国民党正面战场，致使日军在山西遭到了前所未有的打击，从而为开辟以太行山为依托的敌后抗日根据地提供了决定性条件。

在中国共产党的英明领导下，有马克思主义毛泽东思想的理论武装，紧紧地和中国人民站在一起，具有一往无前的革命精神，有一个很好的内部和外部团结，有一个正确的争取敌军官兵和对待俘虏的政策，形成了为人民战争所必需的一系列的战略战术和政治工作。八路军开赴山西前线，挺进太行山，无疑为太行精神的产生撒下了火种。

三、太行精神的实质

1.太行精神是太行军民用鲜血和生命孕育的精神之花，她的产生是历史的必然。在华北沦陷的危急关头，中国共产党挺身而出，在四面受敌的太行山区建立起抗日根据地。从此，抗日的烽火燃烧在太行山上。太行军民在党的领导下，始终保持誓死不做亡国奴，为民族的独立而战，为工农大众的自由而战的理想信念。太行精神的形成具有深刻的时代背景，它植根于中华民族优秀文化传统的沃土，在中国共产党领导八路军和太行人民抗击日本帝国主义的伟大斗争中应运而生，体现的是一种不怕牺牲、不畏艰险，百折不挠、艰苦奋斗，万众一心、敢于胜利，英勇奋斗、无私奉献的革命精神。

北华收复赖群雄，猛士如云唱大风。

自信挥戈能退日，河山依旧战旗红。

朱德同志当年写的这首诗，正是太行军民理想信念和革命英雄主义的豪放表达。这种坚定不移的理想信念，是太行军民战胜一切困难的力量源泉，也是太行精神最主要的精神内涵。

2.太行精神是太行军民为抗击外敌入侵而激发的一种不怕牺牲、不畏艰险的英雄气概。这种精神的产生有其特殊的历史背景，就是日本帝国主义侵吞我河山、屠杀我人民，中华民族处于生死存亡的危急关头，成千上万太行儿女挺身而出，在中国共产党和八路军的带领指挥下，面对强敌，身处困境，发扬一不怕苦、二不怕死的革命精神，同凶残的敌人进行了长期的浴血奋战。

恨不抗日死，留作今日羞。

国破尚如此，我何惜此头。

抗日英雄吉鸿昌英勇就义前，以树枝作笔，以大地为纸，写下浩然正气的《就义诗》，彭湃在敌人的严刑拷打下总是给以严厉的回答：“我们共产党是代表工农人民大众的。全国的工农大众，在共产党的领导下，一定要向你们讨回血债！”“只要我还有一口气，我就要为共产主义事业奋斗到底！”，正是这些革命烈士上演了惊天地泣鬼神的悲壮活剧，谱就了万古流芳、壮怀激烈的英雄史诗，从而塑造了太行军民不怕牺牲、不畏艰险的英雄群体形象和伟大精神。

3.太行精神是太行军民在残酷的环境中锤炼出的一种百折不挠、艰苦奋斗的坚强意志。太行革命根据地地处偏僻，地势险要，再加上敌人的重重包围封锁，日军集中大半兵力对根据地进行“扫荡”，实行“三光政策”、“囚笼政策”、“铁壁合围”等战术，条件之艰苦、环境之险恶是难以想象的。特别是1941—1943年抗日斗争进入关键时期，根据地遭受了前所未有的旱、蝗、洪灾，大片土地绝收，数十万灾民流离失所，根据地的生存遭到了严重的威胁。太行军民没有气馁，积极开展互助和自救运动，从总部最高领导到普通士兵，都是一手拿枪、一手拿锄，靠自己的双手开荒种地，不但实现了粮食自给自足，而且还从牙缝里省出粮食救济受灾群众。根据地军民紧紧团结在中国共产党的周围，在极其艰苦的条件下，充分发扬中华民族勤劳勇敢、吃苦耐劳的优良传统，与天地争，与敌人斗，不但使根据地坚如磐石，而且有力地捍卫了抗战成果。同时，党也在领导大生产中积累了宝贵的经验，催生和锤炼出百折不挠、艰苦奋斗的太行精神，并提升到了新的境界和高度。

4. 太行精神是太行军民用鱼水情深凝结成的一种万众一心、敢于胜利的宝贵品质。抗日战争是在中国共产党领导下开展的一场人民战争，而万众一心、敢于胜利正是人民战争的本质所在。七七事变的硝烟中，中国共产党率先吹响抗战的号角，高擎起统一战线的旗帜，把一个醒来的民族凝聚在一起。手挽手肩并肩，年轻的学生、白发苍苍的教授、爱国的社会各界人士，打着要求抗日的横幅，集会游行、街头演讲、散发宣传品：

“抗日则生，不抗日则死，抗日救国，已成为每个同胞的神圣天职！”

“平津危急！华北危急！中华民族危急！只有全民族实行抗战，才是我们的出路。”

“坚持抗战，坚持持久战，坚持统一战线，最后胜利必然是中国的。”

抗日根据地建立起来之后，抗日军民在中国共产党的领导下，太行人民积极广泛地参战，团结一心。“正太线30个团，平汉线卢沟桥到邯郸段15个团，同蒲线大同至洪洞段12个团，津浦线天津至德州4个团……参战兵力共计105个团”这就是盛况空前的百团大战。八路军在地方武装和广大人民群众的紧密配合下，共作战1824次，毙伤日军2万余人、伪军5000余人,俘日军280余人、伪军1.8万余人，拔除据点2900多个,破坏铁路470余公里、公路1500余公里，缴获各种炮50余门、各种枪5800余支(挺)。八路军也付出了伤亡1.7万余人的代价。日军在遭受打击后惊呼：“对华北应有再认识。”全国人民为抗击日本侵略者这一共同的目标而不懈奋斗，民族的凝聚力得到空前增强，体现出了同心同德、同甘共苦、不怕牺牲、敢于胜利的崇高精神。一块块为英烈颁发的“舍生取义”的牌匾、“狼牙山五壮士”、手持红缨枪、边放羊边站岗放哨的“抗日小英雄”在敌人面前筑起了一道真正的铜墙铁壁，使敌人完全陷入了人民战争的汪洋大海之中。

5. 太行精神是太行军民以激情和生命培育成的一种英勇奋斗、无私奉献的高尚情怀。太行人民历来就有着不甘落后、争强好胜的斗争激情和为国分忧、先人后己的奉献热情。在革命战争中，这种优秀的民族品格经过党的正确引导和抗日烽火的锤炼，不断演进而升华为英勇奋斗和无私奉献的革命情怀，并深深地熔铸在全国人民的血脉里。在抗击日本帝国主义的斗争中，太行军民为国家和民族无私奉献，作出了巨大的牺牲，以英勇奋斗、无私奉献的情怀凝聚了全国人民的爱国热潮，为抗战胜利提供了强有力的支持和保证。

70多年前，中国共产党领导八路军和太行儿女同仇敌忾、浴血奋战，谱写了中华民族抗击日本侵略者的光辉篇章，铸就了光耀千秋的太行精神。八路军在太行山的奋斗历史证明，中国共产党是全民族团结抗战的中流砥柱，是中国人民争取民族解放的领导核心。

四、太行精神的科学内涵

在抗日战争中孕育、产生的伟大的太行精神，凝结着中国共产党人的优秀品质，凝结着中国人民的坚强性格，凝结着中华民族的光荣传统，是极其宝贵的精神财富。李长春同志在山西考察时，专程来到太行山西麓的八路军抗战根据地，参观八路军太行纪念馆，瞻仰八路军将士浴血奋战的英雄业绩，对太行精神进行了高度评价和科学概括。他深刻指出，太行精神是在国家和民族处于危亡的关键时刻，中国共产党领导八路军和太行儿女展现的不怕牺牲、不畏艰险的革命英雄主义精神，是在极其艰苦的条件下展现的百折不挠、艰苦奋斗的精神，是为民族的解放展现的万众一心、敢于胜利的精神，是为人民利益展现的英勇奋斗、无私奉献的精神。这种精神充分体现了中国共产党是拯救和振兴中华民族的领导核心，是最广大人民根本利益的忠实代表，是工人阶级的先锋队，同时也是中国人民和中华民族的先锋队。这种精神体现了太行儿女的英雄气概，体现了中华民族是不可战胜的民族。

太行精神在不同的历史时期兼容并蓄了不同的时代内涵。新中国成立后，太行人民仍保持和发扬这种精神，在社会主义建设中不甘落后、自强不息、艰苦奋斗，并涌现出了以李顺达、申纪兰等为代表的一大批誉满华夏的全国劳模，更使得太行精神光照八方。可以说，太行精神已成为中华民族精神的重要组成部分。在新的世纪，我们进入全面建设小康社会阶段，如何继承发扬太行精神并赋予其新的时代内涵，需要对其有一个科学的理解和认识，需要紧密联系我们改革发展的新的实践。太行精神产生于伟大革命斗争的实践，太行精神的生命活力又深深植根于不断发展前进的新的实践之中。不断赋予太行精神以新的时代内涵，不断在新的实践中继承和发扬太行精神，太行精神才有根本，大力弘扬太行精神才有意义。紧密联系我们改革发展的新的实践，就是要紧密联系培育和弘扬民族精神的实际，紧密联系加强和改进未成年人思想道德建设的实际，紧密联系全面建设小康社会的实际。在改革开放和现代化建设的关键时期，在全面建设小康社会的新的发展阶段，我们要把太行精神运用于新情况和解决新问题，不断推进中国特色社会主义伟大事业。做好这个结合，最基本的是坚持解放思想、实事求是、与时俱进；最核心的是坚持改革开放和发展社会主义市场经济，树立和落实科学发展观；最重要的是坚持求真务实、开拓创新；最根本的是坚持以人为本、全面发展；最关键的是坚持立党为公、执政为民。紧紧围绕这些新的实践主题，从思想观念和精神状态的层面不断进行提炼，熔铸具有深刻时代内涵和鲜明时代特征的太行精神。进一步增强解放思想、实事求是，深化改革、扩大开放，以人为本、全面发展，求真务实、开拓创新，艰苦奋斗、无私奉献等观念意识和精神作风。

五、大力弘扬太行精神

在社会主义市场经济条件下，社会的形态、结构、环境以及人们的思想状况都发生了深刻变化，太行精神是否已经过时？是否还有提倡的必要？对此，我们必须旗帜鲜明地回答，太行精神的形成有着深刻的时代背景和深厚的实践基础。因此，它的形成是历史的必然，它的发展有现实的依据，它必定具备强大的生命力。

现实意义一，是要赋予太行精神更多的科学进步理念。斗转星移，沧海桑田。在改革开放和现代化建设新的历史时期，我们正在为全面建设小康社会高歌猛进。在新的历史条件下，我们面临的形势和任务与抗日战争时期有着天壤之别，但太行精神仍然具有极其旺盛的生命力，是全面建设小康社会应当注重发掘和运用的重要精神资源。这是因为，我们虽然已经实现了现代化建设“三步走”战略的第一、二步目标，人民生活总体上达到了小康水平，但我国仍处于并将长期处于社会主义初级阶段，现在达到的小康还是低水平的、不全面的、不平衡的小康。特别是我们的社会主义市场经济体制还不完善，民主法制建设和思想道德建设还存在一些不容忽视的薄弱环节，致使收入分配不公、贫富差距过大、腐败现象滋生、社会道德失范等问题仍然比较严重。要从根本上解决这些问题，就思想理论和精神状态层面而言，既需要在科学发展观重要思想的指引下，与时俱进、开拓创新，不断研究新情况，也需要继续发扬党的优良传统，从井冈山精神、长征精神、延安精神、太行精神、西柏坡精神中不断汲取精神动力。这意味着，我们要克服和战胜全面建设小康社会前进道路上的诸多困难和阻力，必须大力弘扬太行精神，不畏艰险、艰苦奋斗，万众一心、无私奉献。尤其要注重把握和实践太行精神的实质，在全面建设小康社会的实践中充分发挥党的领导核心和先锋队作用，促使各级党组织和广大党员干部为实现人民利益而不懈奋斗，鞠躬尽瘁，确保太行精神一代一代永远相传。发扬太行精神不是要重新钻进深山，去肩挑背扛、原始苦干，而是要适应时代要求，使其重新焕发青春。我们不要怕为更高目标奋斗拼搏的艰苦，而耽于现状的安乐知足；不要怕为更大成功去奉献牺牲，而苟且于落后的故步自封。要以强烈的历史使命感和紧迫感，以自强不息、奋发图强的精神状态，以充满智慧的头脑和坚忍不拔的意志，充分利用一切条件，千方百计创造一切条件，去快速持续地实现新的现代化目标。

现实意义二，是要赋予太行精神更多的改革开放的观念。在全面建设小康社会的新的实践中，我们要从继承和发扬革命优良传统，实现革命先辈振兴中华遗愿的高度，认识和弘扬太行精神；要从培育和弘扬民族精神，丰富未成年人思想道德建设内容，确保红色江山永不变色的高度，认识和弘扬太行精神。在全面建设小康社会的征程中，对于太行精神的内容、实质、形成过程、历史地位和重大意义，要从理论和实际的结合上作出令人信服的科学诠释，要充分运用各种传播媒介和教育方式，灌输给广大干部群众，使他们对太行精神的认识和理解，从朴素的感性了解升华到科学的理性高度，从局部的内容认知扩展到系统的深入把握，使太行精神真正深入人心，不断增强弘扬太行精神的自觉性和积极性。现在我们还处于社会主义初级阶段，发展先进的生产力，建设完善的社会主义市场经济，还面临着巨大的困难和障碍，不发扬百折不挠、艰苦奋斗的太行精神，发展先进生产力就成为一句空话；发展社会主义先进文化，核心是培育民族精神，而英勇奋斗、无私奉献是社会主义思想道德建设需要着力培育的重要内容；维护和发展好最广大人民群众的根本利益，尽快使我们的发展向先进地区靠拢，更需要万众一心、敢于胜利的太行精神。因此，新时代的太行精神决不是封闭、隔绝、排外的闭门造车，而是借鉴的、大度的、豁达的有容乃大。我们不仅要会低头拉车，更要会抬头看路；不仅要立足现实，更要能着眼长远。大胆利用争取一切可以利用的外援、外资、技术和人才等。

现实意义三，是要赋予太行精神更多的创新赶超意识。我们在各种竞争日趋激烈的条件下，实现全面建设小康社会的目标任重而道远。太行精神是我们加快发展的传家宝。先辈们为了家乡由弱到强、由贫到富、由落后到先进而进行了不屈不挠的斗争和探索，清楚了解我们今天的非凡成就和幸福生活都是先辈们靠不怕牺牲、不畏艰险的气概打出来的，是靠百折不挠、艰苦奋斗的意志拼出来的，是靠万众一心、敢于胜利的品质创出来的，是靠英勇奋斗、无私奉献的情怀干出来的。太行精神永远是我们太行老区的“魂”，是太行老区的“本”。我们要将弘扬太行精神落实到各方面的实际工作中去，努力以新的实践探索和工作成绩不断丰富太行精神的时代内涵。弘扬太行精神不是一句口号，而是一种包括丰富内容和严格要求的实际行动，必须同各方面的实际工作紧密结合起来，必须使太行精神成为搞好各方面工作的动力、规范和标准。对太行精神弘扬得怎么样，只能看其在实际工作中能否不畏艰险、艰苦奋斗、敢于胜利、无私奉献，只能看其能否真正为人民群众谋利益，真正为党和国家排忧解难，而绝不能用其他什么抽象虚幻、形式主义的东西来判断。还必须强调的是，太行精神不是一个静止、封闭的终极性范畴，而是随着时代和实践的发展不断赋予新的内涵。昨天的历史和今天的事实已经告诉我们明天的答案，太行精神不但不会随着历史的前进而消散，而且必将闪耀出更加璀璨的光芒，引领我们踏上快速发展的新征途。我们要顺应改革开放和现代化建设的客观要求，努力探索在改革开放和发展社会主义市场经济以及基本实现小康社会的形势下，继续坚持艰苦奋斗、无私奉献精神的新思路和新方式；努力探索在社会主义民主政治体制和法制规范不断健全的形势下，继续发扬革命英雄主义精神的新思路和新方式。我们必须保持昂扬向上的精神状态，既要脚踏实地认清现状，又要大胆创新、奋力赶超，有敢为天下先和敢后来居上的勇气和决心，早日实现我们的宏伟目标。同时，也只有具有创新赶超意识和科学发展观的太行精神，才能永葆蓬勃朝气、昂扬锐气和浩然正气，才能保证永续发展，挺立时代潮头。

伟大的事业需要崇高的精神，崇高的精神推动伟大的事业。一个民族、一个国家的发展与壮大，不仅需要高度发达的物质文明，还应具备高度发达的精神文明。社会越进步,就越需要培育和激发全体国民的民族精神,为实现全面建设小康社会的宏伟目标，就要进一步鼓舞和激励人民继承和弘扬太行精神，坚定信念、开拓创新，艰苦奋斗、勇于胜利，继承和弘扬伟大的太行精神，在建设中国特色社会主义事业的道路上不断取得新的成就！

（作者系中共长治市委党校主任科员）

弘扬太行精神，全面建设小康社会

□ 高建雨

20世纪三、四十年代，党领导人民军队、太行儿女，在抗击日本帝国主义全面侵华战争中所培育的太行精神，是一种跨越时空的宝贵精神财富，它不仅鼓舞中国人民在那个时期取得了抗击日本侵略者的一个个胜利，谱写了一曲曲可歌可泣的英雄篇章，使得太行山成为“抗日最前线的象征”、成为粉碎日军侵略的重要战场，为最终战胜日本帝国主义奠定了坚实基础，而且在随后的解放战争中，以及在新中国成立后的社会主义革命和建设伟大历程中，继续成为巨大的、不竭的精神动力，引领和激励广大太行儿女战胜各种艰难险阻，创造出一个个奇迹、取得一次次新的胜利。

解放战争时期，在党的坚强领导下，人民军队和太行儿女继续发扬太行精神，首先取得了上党战役的重大胜利。这一战役揭开了解放战争的序幕，为捍卫抗日战争胜利成果、鼓舞解放区军民战胜国民党反动派的信心、加强我党在重庆谈判中的地位、争取和平民主斗争的胜利，发挥了重要作用。这一战役中，与敌军相比，我军装备差、弹药少、兵员少，连一个完整的、编制充实的团都没有，但是，我党我军信念坚定、士气高昂、军民团结、作战顽强，参战的地方干部、民兵、自卫队、民工达6.1万人，平均每名战士有1.7名地方人员配合，民兵和自卫队成排成班地参加部队，最终取得了干干净净消灭侵占上党之敌的重大胜利。这中间，“万众一心、团结奋斗，不怕牺牲、大义凛然，艰苦奋斗、开拓进取，不畏艰险、乐于奉献”的太行精神发挥了重要作用、体现得淋漓尽致。

在此后进行的邯郸战役、陇海战役、定陶战役中，以及刘邓大军千里跃进大别山、华北根据地各边区大批干部响应党的号召而北上南下或西进，都使得经历血与火洗礼的太行精神，在更大范围、更多的领域得以传播、发扬光大，放射出更加璀璨的光辉，成为推动中国人民解放事业的强大精神动力。

新中国成立后，在开展社会主义革命和建设的伟大历程中，太行精神继续得到积极传承，英雄的太行儿女在这一精神鼓舞下，着眼于建设美好家园、创造美好生活，在发展壮大集体经济、改善山区生态环境、开展农田基本建设、推动科学技术进步等方面，不断创造出新的奇迹、新的业绩。

这中间，比较典型的事例包括大家熟知的：河北省邢台前南峪人以坚忍不拔的毅力几十年如一日进行山区小流域治理，使这里成为“太行明珠”、“太行山最绿的地方”；山西省昔阳的大寨人，秉持自力更生、艰苦奋斗、爱国家、爱集体理念开展建设，成为自力更生进行农田基本建设的样板，向全国农村推广；河南省林县人民在生产力水平相当低的条件下，凭着双手，修建起举世闻名的红旗渠；李顺达带领山西省平顺县西沟村的乡亲们成立互助组，在全国率先提出改革农业技术、使用新式农具和发展农副业的生产竞赛计划，并大力调整产业结构，使全村形成全面发展农林牧副的多种经济结构；石圪节煤矿人艰苦奋斗、勤俭办矿、科技兴矿，先后对矿井进行五次大的技术改造，将一个年产万吨的小煤窑发展到最高年产150万吨的现代化矿井，等等。

在改革开放的新的历史时期，我们党确立了全面建设小康社会奋斗目标，致力于实现中华民族伟大复兴。在这一进程中，以史为鉴、以史育人，继续大力弘扬太行精神，尤其是在太行山一线的河北、山西等省人民中弘扬太行精神，至关重要。从中所激发出的缅怀先辈、无愧先辈、开拓进取、建设家乡、再创辉煌的精神动力，是巨大的、由衷的、持久的。

因为，太行精神是基于太行儿女内在品行的，是长期以来植根于太行儿女心中和展现在广大太行儿女们行动上的。山西省、河北省的人民，对太行精神都有一种由衷的情愫，都有深切的感受，都在通过多种形式大力弘扬前辈们缔造、培育的这种伟大精神，来化做今天继续开拓进取、建功立业、报效祖国、建设家乡的动力源泉。从网上搜索“山西+太行精神”、“河北+太行精神”等字样，就能浏览到相关的海量信息，这些信息，这些弘扬太行精神的活动，就是这种心声的表达。

还因为，我们党开创并带领全国人民进行的，是前无古人的伟大事业，今天的世情、国情、党情、民情，已经发生了深刻变化，我们党面对四大考验、四大危险，即执政考验、改革开放考验、市场经济考验、外部环境考验；精神懈怠的危险、能力不足的危险、脱离群众的危险、消极腐败的危险，党和国家建设事业所面临的困难、问题、险阻、挑战，是极其复杂、严峻、长期的。而且，广大人民对美好生活的新期待不断增长，这种增长是包括物质的、精神的多层面全方位的，这就需要我们党团结带领全体人民满怀探索的勇气、奋斗的激情、团结的胸怀来推进。而太行精神包含的万众一心、团结奋斗的爱国主义精神，不怕牺牲、大义凛然的英雄主义精神，艰苦奋斗、开拓进取的创业精神，不畏艰险、乐于奉献的为民精神，恰恰是极其适合提供这种精神动力的。各级党组织和广大党员都要倍加珍视、积极实践和弘扬这一精神所蕴含的多种优秀品格，强化全心全意为人民服务的根本宗旨，始终保持蓬勃朝气、昂扬锐气、浩然正气，发挥好先锋模范作用和示范带动作用，带领广大人民群众，团结奋斗，艰苦奋斗，英勇奋斗，克服困难，战胜险阻，不断夺取全面建设小康社会的新胜利。

来自各方面的丰富信息，使我们深切地感受到在新的历史时期，太行儿女继续珍视和传承、弘扬太行精神的情怀。

从实际行动看，河北省的河北农业大学以“艰苦奋斗，无私奉献，求真务实，爱国为民”的精神，开辟“太行山道路”，矢志不移地推进太行山区综合开发；河北省井陉县、赞皇县、武安市等太行山一线人民群众近年来矢志不移地绿化造林，使得“巍巍太行，越来越绿”；山西省太旧高速公路五万多名建设者们以高度的责任感、事业心，以顽强的意志，克服了施工条件艰苦恶劣、资金短缺等多种不利状况，全身心投入，不计名利、不计报酬、日夜奋战、忘我工作，高效率高质量完成山西公路建设史上这一地质条件极差、施工难度极大的工程；山西省陵川县锡崖沟人矢志不移、纷纷慷慨解囊并投义务工，经过几代人接连30多年的不懈奋斗终于在悬崖峭壁上建成了7.5公里长通向外部世界的“挂壁公路”等等，都是宝贵的太行精神的鲜活展现。

从舆论氛围看，河北省以纪念抗战胜利65周年为契机，大力弘扬抗战精神和太行精神，激励全省人民在新时期的建设事业中奋勇前进；山西省组织开展“太行精神进高校”主题教育活动，举办《太行精神光耀千秋——纪念中国人民抗日战争胜利60周年》大型专题展览，广泛、深入弘扬太行精神；尤其这次以中共山西省委名义在庆祝中国共产党成立90周年之际，召开太行精神研讨会，充分体现出对太行精神的高度重视、深入研讨、大力弘扬的品格；山西省的苑桂生老人多年来投身弘扬太行精神，“拿出6万多元积蓄，购买相关器材设备，将拍摄的图片和记录的文字制作成展板和画册，在不同场合免费展出一百多次，观众达三十多万人”（摘自阳泉新闻网2008年9月26日）；“走过八百里太行，寻遍晋冀豫65县市，找到散落在崇山峻岭的1100座烈士墓碑和纪念碑，搜集整理的无数‘红色故事’成为全民国防教育教材”（摘自《解放军报》2008年9月20日）等事迹，也令人钦佩、感怀。

中央政治局委员、中央书记处书记、中宣部部长刘云山同志指出，党的一系列优良传统和作风，滋养了党的发展进步、成就了党的事业辉煌，始终是我们战胜困难、开拓前进的强大精神力量。伟大的太行精神也正是如此。它凝聚着中国共产党人的优秀品质，凝聚着中国人民的奋斗精神，永远是中华民族的宝贵精神财富。在推进新时期的建设事业中，我们倍加需要这种精神动力的激励、鼓舞，去勇敢地迎接各种挑战，取得各方面更加辉煌的建设成就。

为更好地研究和弘扬太行精神，我们提出以下思路：

1. 成立太行精神研究会。太行山的地域范围涉及北京、山西、河北、河南，这四省市太行儿女对太行精神的形成都有贡献，从中所受到的感召都极为深挚，当地的官方以及专家学者一直都高度重视、深入研究、积极弘扬太行精神，为此建议太行精神研究会的规格相对高一些，会员的地域范围也至少包括这四个省市的有关人士（从研究、缅怀、传播太行精神的角度说，规格和范围应该更高一些），从目前看，山西省弘扬太行精神的工作影响力更显著，研究会设在山西为宜。研究会每年组织年会，以增进交流。太行儿女同宗同源，通过对太行精神的研讨、弘扬这一纽带的联结，便于太行山区各省市人民在当今时代各项建设事业中携手共进。

2. 创办以研究和弘扬太行精神为主题的期刊。当今时代，文化的感召力深入人心。目前学界对太行文化（细分为历史文化、革命文化、建设文化、旅游文化）的研究越来越深入，太行精神无疑是太行文化的精髓。期刊是文化的载体，为更好地研究和弘扬太行精神，建议创办一个主题期刊（也可同步创办相关的网站，实现更快捷通畅的信息传播与互动交流），刊载各地各层面人士以多种形式研究和弘扬太行精神的文艺作品、学术观点、实践活动，以该期刊为载体，组织联谊、采风、征文、研讨等活动。通过这个期刊持续的编辑、广泛的赠阅，有助于推动太行精神更深更广地扎根广大太行儿女心中。

3. 放眼更宽泛的领域来研究太行精神。新时期，经济、政治、文化、社会建设，党的建设以及生态文明建设，是我国发展建设事业的一个个重点领域，太行精神从中都能发挥巨大的感召、激励作用。而且更加紧密地联系各方面的建设发展来研讨、弘扬太行精神，也有利于使太行精神更加深入人心。比如通过积极发展太行山区的红色旅游、绿色旅游等旅游业，吸引更多人前来实地感受、认知太行精神的伟大，就有利于更好地传承、弘扬这一精神。比如当今时代太行山区总体农田基本建设、生态环境保护的形势依然严峻、任务依然艰巨，这同样需要发扬太行精神中万众一心、团结奋斗、艰苦奋斗、开拓进取、不畏艰险、乐于奉献等品格来加以推进，等等。为此建议在对太行精神开展深入学术研究的同时，结合当今时代各地各领域发展建设实践，更广泛地研究从中如何有效弘扬太行精神，使太行精神的时代价值展现得更充分。

（作者系中共河北省委宣传部副调研员）

精神的传承：从井冈山到太行山

□ 黄宗华　卫平光

任何事物都有其生成背景、发展历程，绝不会凭空产生。太行精神同样如此，也有着其深厚的孕育土壤。这个土壤，一般来说包括中华民族的文化传统、中国共产党的精神传统、抗日战争的时代背景和太行山的特定地域文化等方面。本文将从中国共产党的精神传统这一主要视角兼及太行精神的时代价值对太行精神进行梳理，以求对其相关方面有一基本的展现。根据党史界的研究，井冈山精神是中国共产党精神链条中的首要一环，是“中国共产党优良革命传统的源头”①，因此，太行精神的源泉须回溯到井冈山精神。

一、太行精神与井冈山精神的基本内涵

太行精神和其源泉——井冈山精神，都是在特定的历史阶段，由中国共产党带领广大党政军民共同创立的精神财富，都具有丰富的、相对固定的表述。对它们的内涵进行把握，是梳理“从井冈山到太行山”这一精神传承的必要前提。

（一）太行精神具有丰富的内涵

太行山根据地是中国共产党在抗日战争时期建立的重要根据地之一。70多年前，中国共产党领导的八路军和太行儿女同仇敌忾，浴血奋战，谱写了中华民族抗击日本侵略的光辉篇章，培育并铸就了伟大的太行精神。

① 余伯流、陈钢：《井冈山革命根据地全史》，第444页，南昌，江西人民出版社，2007年。

党和国家领导人对太行精神进行了高度评价和科学阐释。2004年8月，李长春同志在专程对太行山西麓的八路军抗日根据地旧址进行考察时，对太行精神给予了高度评价。他指出："太行精神是在国家和民族处于危亡的关键时刻，中国共产党领导的太行儿女展现的不怕牺牲、不畏艰险的革命英雄主义精神，是在极其艰苦的条件下展现的百折不挠、艰苦奋斗的精神，是为民族的解放展现的万众一心、敢于胜利的精神，是为人民利益展现的英勇奋斗、无私奉献的精神。太行精神凝聚着中国共产党人的优秀品质，凝聚着中国人民的坚强性格，凝聚着中华民族光荣的历史传统。太行精神同伟大的井冈山精神、长征精神、延安精神、西柏坡精神一样，是中华民族精神的重要组成部分。"2005年7月，胡锦涛同志在山西考察时指出："八路军和太行儿女为抗日战争的胜利做出了巨大的牺牲和重要的贡献。抗日战争中培育的太行精神，凝聚着中国共产党人的优秀品质，凝聚着中国人民的奋斗精神，永远是中华民族的宝贵精神财富。"胡锦涛和李长春同志对太行精神的深刻内涵、历史地位和现实价值进行了高屋建瓴的概括，指出了太行精神的精髓。

（二）井冈山精神具有丰富的内涵

以毛泽东为主要代表的中国共产党人，在艰苦卓绝的井冈山斗争中，不仅创造与积累了政治、军事、经济等诸多方面的丰富经验，而且构筑和培育了伟大的井冈山精神。井冈山精神是无数革命前辈和先烈在井冈山血与火的拼搏中用生命和鲜血凝聚而成的一种无产阶级的革命精神，是毛泽东等老一辈无产阶级革命家倡导和培育的中国共产党的宝贵精神财富，是具有原创意义的民族精神。

中共两任总书记江泽民、胡锦涛都十分重视井冈山精神，并对井冈山精神的内涵作了精辟概括。1993年4月，时任中央政治局常委、中央书记处书记的胡锦涛视察井冈山时，就明确指出：井冈山精神有丰富的内涵。在新的历史条件下，发扬井冈山精神尤其要弘扬以下三个方面："第一，实事求是、敢闯新路的精神；第二，矢志不移、百折不挠的精神；第三，艰苦奋斗、勇于奉献的精神。”2001年8月，江泽民总书记视察江西时，对井冈山精神的内涵作了“24个字”的概括，即“坚定信念、艰苦奋斗，实事求是、敢闯新路，依靠群众、勇于胜利”。两任总书记对井冈山都充满着感情，实事求是地指出了井冈山精神的特点，科学地概括了井冈山精神的丰富内涵。

余伯流等苏区史专家将井冈山精神的内涵概括为五个方面：一是实事求是，敢闯新路的精神；二是坚定信念，矢志不移的精神；三是艰苦奋斗，百折不挠的精神；四是顽强拼搏，无私奉献的精神；五是依靠群众，勇于胜利的精神。[①]应该说，余伯流等人对井冈山精神的提炼很好地概括了两任总书记对井冈山精神的表述，抓住了井冈山精神的精髓，是对井冈山精神科学、严谨的抽象。总体看来，在井冈山精神的丰富内涵中，敢闯新路是核心，坚定信念是灵魂，艰苦奋斗是基石，无私奉献是要义，依靠群众是根本。这五个方面是一个完整、有机的统一体，各具特色，相互依存，浑然一体，密不可分。

（三）两种精神的内涵均有相对固定表述

任何精神形态的东西都很难也几乎不可能用语言来穷尽其内涵，但最根本、最核心的内涵是可以提炼出来并相对固定的。井冈山精神和太行精神的内涵表述也同样如此。井冈山精神的内涵可以概括地表述为：实事求是、敢闯新路，坚定信念、矢志不移，艰苦奋斗、百折不挠，顽强拼搏、无私奉献，依靠群众、勇于胜利。而太行精神的内涵可以概括地表述为：不怕牺牲、敢于担当，百折不挠、艰苦奋斗，团结协作、无私奉献，开拓创新、敢为人先，万众一心、敢于胜利。

二、太行精神与井冈山精神之比较

太行精神由井冈山精神发展、衍变而来，又与抗日战争的伟大实践和太行儿女的精神传统、太行山的地域文化紧密融合。因此，它同井冈山精

① 余伯流、陈钢：《井冈山革命根据地全史》，第438页，南昌，江西人民出版社，2007年。

神既具有一脉相承的继承关系，又有着自己的核心特质。

（一）太行精神的最重要源泉是井冈山精神

太行精神作为一种精神形态的产品，有着丰富的源泉和构成要件，其中最重要的源泉就是发轫于江西的井冈山精神。在中国革命的历史长河中，中国共产党人真正独立自主地领导革命战争是在土地革命战争时期。井冈山精神正是在土地革命战争时期孕育而成的。在土地革命战争之前，中国共产党的工作重心主要放在领导城市工人运动和投入国共合作的北伐战争。只有到了土地革命战争的风暴兴起后，以毛泽东为代表的中国共产党人，才从井冈山的斗争中，找到中国革命的新方向、新道路——井冈山道路，才形成了中国共产党精神的完备原型——井冈山精神。[①]而且，“井冈山精神奠定了中国共产党精神的基础。在中国现代史上雄伟壮丽的革命精神之长河中，人们可以清晰地看到一种‘源’与‘流’的大势：井冈山精神是‘源’，而继后形成的苏区精神、长征精神、延安精神、西柏坡精神等等，都是‘流’，都是井冈山精神在革命战争年代不同时期的继承、深化和发展。”[②]太行精神是“以井冈山精神、长征精神为代表的中国革命精神的延续和升华、继承和发扬”。[③]学术界的上述论述，清晰地绘就了太行精神由井冈山精神发展而来的路线图。从井冈山精神和太行精神的基本内涵来看，井冈山精神的基本要义都在太行精神中得到了体现，涵括了太行精神的基本内容，比如，“实事求是”、“敢闯新路”、“艰苦奋斗”、“无私奉献”，等等。而太行精神又是对井冈山精神在抗战的时代背景下、在太行特定地域文化下的丰富和发展，比如，在民族处于生死存亡之际，共产党以一己之力“敢于担当”救国重任。因此，太行精神一方面“无不闪耀着井冈山精神的璀璨光辉，无不体现着井冈山精神的革命风

① 余伯流、陈钢：《井冈山革命根据地全史》，第444页，南昌，江西人民出版社，2007年。

② 同上，第445页。

③ 中共山西省委党史办公室：《太行精神：中华民族抗战精神的伟大象征》，《党史文汇》2009年9期，第26页。

貌”[①]，同时又有着自身发展了的特质。

（二）太行精神同井冈山精神具有一致的创造主体

太行精神作为由井冈山精神衍变、发展而成的一种既有共产党精神形态的共性，又具有鲜明个性的精神形态，同其他精神产品一样具有自己的创造主体。太行精神由抗日根据地党政军和包括太行人民在内的各敌后根据地人民的鲜血和生命铸就，体现在抗日根据地党政军、各阶层人民群众的对敌斗争和经济建设、政治建设、文化建设等方方面面，是朱德、彭德怀、刘伯承、邓小平等老一辈无产阶级革命家精心培育和浇灌成长起来的精神硕果。也就是说，其创造主体涵盖了共产党领导的八路军高层领导、一般官兵、根据地抗日政府，以及以太行儿女为主要代表的全国各抗日根据地人民。他们在抗日斗争这一伟大旗帜之下，艰苦奋斗，百折不挠，以自己的革命实践和救国热血孕育了太行精神。

井冈山精神是由毛泽东、朱德等在中国革命遭受重大挫折，前途迷茫之际，以实事求是、敢闯新路的勇气和智慧，带领根据地军民克服万千困难培育出来的宝贵精神。其创造主体在高层主要以毛泽东、朱德为代表，在军队主要以红四军为代表，民间则是广大民众。

将太行精神和井冈山精神的创造主体两相比较，就会清晰地看出，两种精神的创造主体，在人员构成上高度一致，在气质形态上高度一致，在文化渊源上高度一致。首先在党政高层基本一致，一个主要体现于朱德、彭德怀、刘伯承、邓小平，一个主要体现于毛泽东、朱德。而事实上，在太行精神孕育之时，毛泽东已经是党内公认的领袖，从这个意义上说，太行精神是在毛泽东思想的指导下孕育、发展起来的。而且，朱德作为井冈山斗争和太行斗争的主要领导者之一，也毫无疑问是两种精神在高层的主要创立者和培育者之一。因此，两种精神形态在高层的创立主体是一致的。从军队方面来看，纵横驰骋于太行山的抗日军队是由井冈山斗争时期的红军发展壮大起来的，同井冈山时期的军队有着一脉相承的军魂。因

① 余伯流、陈钢：《井冈山革命根据地全史》，第445页，南昌，江西人民出版社，2007年。

此，两种精神在军队的创造主体是一脉相承的，是一致的。从另一个创造主体民众方面来看，井冈山精神根植于井冈山这一特定地域，与井冈山民众深深地融为一体，井冈山民众是井冈山精神的重要创造主体。而太行精神同样根植于太行山，与太行人民水乳交融，太行人民是太行精神的重要创造主体。由于地域文化、传统习俗的不同，井冈山人民和太行人民有着客观存在的区别，但他们都深受中国优秀传统文化的沁润，都有着百折不挠、艰苦奋斗的精神，从根本上来说，他们的精神气质是一致的。

总之，从创造主体的角度来看，太行精神同井冈山精神具有相似甚至一致的创造主体。

（三）太行精神与井冈山精神面对着类似的历史使命

太行精神在抗日战争的洪流中孕育而生，承担着抵御外族入侵，挽救民族危亡的历史使命。1937年，日本发动全面侵华战争，狂妄叫嚣“三个月灭亡中国”。国民党实行片面抗战路线，数十万军队节节败退，一泻千里。平津沦陷，河北、山东、山西、绥远大片国土很快成为敌占区，中华民族面临着近代以来最严重的生存危机，中华民族到了最危险的时候。中国共产党领导下的太行军民和其他抗日根据地的军民，胸怀高度的民族责任感，不怕牺牲、敢于担当、不畏艰险、百折不挠、艰苦奋斗，不仅巩固了太行山根据地，而且以实际行动诠释了中国共产党的抗日主张，扩大了中国共产党在国际国内的影响力，体现了中国共产党中流砥柱的历史地位，增强了全国人民的信心。

井冈山精神在探索革命新道路的井冈山斗争中孕育而生，担负着寻求革命新道路，拯救民族的历史使命。大革命失败后，以城市为中心的革命理论宣告破产，共产党人和其他进步人士对中国革命的前途和中华民族的命运深感忧虑，陷入迷茫。以毛泽东为代表的共产党人引兵井冈，发扬实事求是、敢闯新路的精神，团结带领湘赣边界群众，开辟了一条拯救国家和人民命运的新路。而且，在这一开创性的实践中，孕育而生了伟大的井冈山精神。这种精神对于巩固和发展井冈山革命根据地，坚定革命信念，开创革命新路发挥了巨大的精神激励和方向引领作用。这种精神也从其孕育生成的那一刻起，担负着为中国革命寻求新路，拯救民族的伟大历史使命。

可以说，太行精神和井冈山精神虽然生成的核心地域不一样，孕育而生的革命阶段不一样，但她们都担负着救国救民，开辟新路，拯救民族的历史重任。在革命战争年代是这样，就是新中国成立后，在建设社会主义的伟大实践中，太行精神和井冈山精神同样承担着类似的、重大的历史使命。我们在改革开放和现代化建设实践中，必然遇到很多前所未有的困难，没有敢闯新路、敢于担当、艰苦奋斗的精神就不可能实现社会主义建设的伟大目标，就不可能实现经济社会的跨越式大发展，中华民族的伟大复兴就是一句空话。

（四）太行精神和井冈山精神各有其核心特质

太行精神由井冈山精神发展、衍变而来，太行精神是“流”，井冈山精神是“源”，这一立论可以通过两者内涵的比较得出，这一论断也是毫无疑问的。但是，既然提出太行精神是一种具有独特个性的精神形态，或者说它能够成其为一种独立的精神形态，表明它具有区别于包括井冈山精神在内的其他精神形态的特质。

至于太行精神的核心，史耀清认为：“自力更生，艰苦奋斗的创业精神是太行精神的核心所在。”[①]其他学者也从不同角度予以了阐释。笔者认为，一种精神形态的核心应该是其区别于其他精神形态的独特个性，否则这种精神就很难成其为一种独立的精神形态。基于此点认识，太行精神的核心或者说最突出的特点恐怕是“敢于担当”的历史责任感和民族责任感。当日本帝国主义大举入侵，国民党及其领导下的军队一溃千里，共产党及其领导的人民军队，迎着国民党的溃军，挺进太行山，像一把利剑刺进日军心脏，为着国家和民族的利益，敢于牺牲、勇于奉献，以远小于国

① 史耀清：《民族精神的瑰宝——论太行精神的深刻内涵和时代价值》，《前进》2005年第7期，第10页。

民党军队的实力，来担当历史和民族的重任。两相比较，国民党政府和军队的实力远强于共产党及其领导的人民军队，但其缺乏敢于担当的精神，因此在抗战的伟大战争中，不能起到中流砥柱的作用，而共产党及其领导的人民军队虽然装备和实力既逊于国民党军队、更逊于日本军队，但怀着强烈的历史责任感和民族责任感，怀揣敢于担当的精神，毅然决然地挑起了抗战的重担。因此，太行精神的核心是“敢于担当”的精神。

井冈山精神的核心则应该是“敢闯新路”的开拓精神。当大革命失败后，中国革命的前途陷入迷茫，毛泽东从中国革命的实际出发，创造性地提出“上山”的思想，做“革命的山大王”的思想，建立“军事大本营”的思想，实行“工农武装割据”的思想，红色政权“波浪式推进”的思想，“星星之火，可以燎原”的思想等等。并对井冈山斗争的丰富实践经验进行科学的理论概括，撰写出《中国的红色政权为什么能够存在？》、《井冈山的斗争》、《星星之火，可以燎原》等光辉著作，创立了中国革命红色政权的理论，丰富和发展了马克思列宁主义，为中国革命的胜利找到了一条新道路。可见，一切从实际出发，实事求是，既尊重马克思列宁主义经典，又不照搬照抄，善于和客观实际相结合，走开拓创新，敢闯新路，与时俱进的新路子，是井冈山精神的核心。因此，井冈山精神的核心就是“敢闯新路”，没有敢闯新路这一条，井冈山精神就立不起来，就不可能发挥在革命和建设中的巨大作用，也就失去了作为独特精神形态的价值。

总之，太行精神虽然由井冈山精神发展而来，同井冈山精神存在一脉相承的关系，但太行精神的核心特质和井冈山精神的核心特质是不同的，前者是“敢于担当”，后者是“敢闯新路”。

三、太行精神与井冈山精神之间存在若干发展阶段

太行精神由井冈山精神发展、衍变而来，但这种变化不是一蹴而就的，其间经过了多次与时俱进、升华和沉淀。在中国共产党的精神链条

中，太行精神与井冈山精神之间至少存在苏区精神、长征精神两个重要的发展阶段。这两个阶段，对井冈山精神发展至太行精神产生了重要影响。

从苏区精神的内涵和核心特质来看，其前承井冈山精神，后启长征精神和太行精神等。石仲泉、郭德宏、黄少群等人，从不同角度归纳了苏区精神的内涵。①多数人认为，苏区精神包括为民精神、实事求是精神、廉洁精神、坚定的革命精神、进取精神和开拓精神等。但是，也有人认为苏区精神的核心就是古田会议精神。笔者认为苏区精神是土地革命战争时期，以毛泽东为代表的中国共产党人在解决中国革命的当前任务、创建和发展各革命根据地的斗争中形成的特殊的精神形态，优良的政治品格、宏阔的胸怀视野、无私的献身精神和求实的科学态度，是这一精神形态的本质特征和基本内涵，“苏区干部好作风”是其核心特质和突出表现。将苏区精神与井冈山精神相比较，可以看出，两者在很大程度上类似，井冈山精神的基本要义在苏区精神中都得到了体现，只是苏区时期，我党已经开始了局部执政，干部的作风问题成为苏区时期不同于井冈山时期的一个突出亮点，成为苏区精神的核心特质。将苏区精神与太行精神相比较，可以看出，两者的基本要义大致也相同，而且两者都处于相对稳定的局部执政时期。从这个意义上看，苏区精神更多地表现在新政权的新风貌，体现在苏区干部的好作风，而太行精神更多地表现在太行军民开拓创新，创造性地实施经济建设、民主政治建设和文化建设的实践中。

在第五次反“围剿”失利之后，中央红军开始长征，期间历经重重困难，千辛万苦，于1936年10月在甘肃省会宁地区实现中国工农红军第一、二、四方面军会师，宣告长征胜利结束。红军指战员在长征途中表现出了对革命理想和事业无比的忠诚、坚定的信念，表现出了不怕牺牲、敢于胜利的无产阶级乐观主义精神，表现出了顾全大局、严守纪律、亲密团结的

① 石仲泉：《中央苏区与苏区精神》，《中共党史研究》2006年第1期；郭德宏：《苏区精神的内涵和特点》，《中国井冈山干部学院学报》2006年第1期；黄少群：《论苏区精神》，《中国井冈山干部学院学报》2006年第1期。

高尚品德。这些构成了伟大的长征精神：不怕牺牲、前赴后续的精神，勇往直前、坚忍不拔的精神，众志成城、团结互助的精神，百折不挠、克服困难的精神。将长征精神与太行精神相对比，可以看出，两者的基本要义也是相同的，只是由于特定的环境，长征精神更突出的特质体现在不怕牺牲、勇往直前，而太行精神更突出地体现在敢于担当的历史责任感和民族责任感。可以说，没有长征的锤炼，太行精神的创造主体特别是党政军系列，就不可能具有特定的精神气质，就不可能创造出太行精神，就不可能在实践中体现出太行精神。

总之，太行精神不是凭空产生的，它的源泉是井冈山精神，而井冈山精神也不是一蹴而就地发展至太行精神的，期间受过血与火的洗礼，经过苏区时期和长征阶段的锤炼，苏区精神和长征精神是井冈山精神发展至太行精神的重要桥梁。

四、太行精神必将更显光芒

太行精神作为中国共产党精神链条中的重要一环，根植于井冈山精神，来源于井冈山精神，发展锤炼于苏区时期和长征阶段，又与抗战的伟大实践和太行地域文化紧密相联系。太行精神不仅在当时的特定历史环境下发挥了积极、伟大的作用，而且对于我们当前的改革开放和现代化建设具有特别重要的意义，其精神的光芒必将更加耀眼。

（一）“敢于担当”的责任感必将增强广大党员干部的使命感

在日军大举进攻，大片国土沦丧，国民党军队一溃千里，全国人民陷入迷茫之际，共产党及其领导的人民军队挺进太行山，勇敢地担负起对国家、对民族、对人民的责任，而当时的共产党及其军队在经过九死一生的长征之后，真可谓积贫积弱，但共产党敢于担当。正因为共产党及其军队敢于在民族危亡之际勇敢地站出来，担负起拯救国家和民族的责任，才获得了广大民众的广泛认可和积极支持，才为抗战的胜利奠定了坚实的民意基础和精神基础，共产党和人民军队也才在抗日战争中得到发展壮大。

时至今日，我们改革开放和现代化建设已经取得了巨大成就，经济总量跃居世界第二，全国人民生活水平大幅度提高，国家的国际影响力与日俱增。但同时，我们也要看到，我们国家处于并将长期处于社会主义初级阶段的基本国情没有变，我们的人均收入还在世界上处于较后的位置，改革进入攻坚阶段，很多矛盾和问题凸现出来，前进的道路并不平坦。面对这样一个机遇与挑战并存，光明的前途与曲折的道路同在的历史时期，我们广大党员干部，一定要继承并发扬太行精神，敢于担负起改革、发展、稳定的历史重任，遇到问题不绕弯，不推脱，不懈怠，敢于直面发展中的矛盾，勇于解决发展中的问题，时刻想到自己敢于担当还是遇事退缩的精神状态，关系到党的形象、党的执政地位、民众的信心、改革发展的前途、国家和民族的兴旺。在当前的改革和建设实践中，大力弘扬太行精神中的“敢于担当”精神，加强对党员干部的精神教育，必将增强他们的历史使命感，使得他们以千斤重担一肩挑、舍我其谁的豪情和责任感投入全面建设小康社会和实现中华民族伟大复兴的伟大事业之中去。

（二）艰苦奋斗的创业精神必将激发广大党员干部群众的建设热情

太行革命根据地地处偏远，地势险要，再加上敌人的重重包围封锁，条件非常艰苦。特别是1941—1943年抗日斗争进入关键时期，根据地遭受了前所未有的旱灾、蝗灾、洪灾，造成大片土地绝收，数十万灾民流离失所，根据地的生存遇到严重威胁。在生死存亡时刻，八路军总部积极领导全体军民抗险救灾，开展互助和自救运动，靠自己的双手开荒种地，不但实现了粮食自给自足，而且省出粮食救济受灾群众。这种艰苦奋斗的创业精神成为太行根据地军民克服艰难困苦、夺取最后胜利的强大精神动力和思想优势。

时至今日，我们虽然在改革开放和社会主义现代化建设上取得很大成就，但艰苦奋斗的精神不能丢。只有坚守艰苦奋斗的精神，才能使得广大干部群众倍加珍惜来之不易的改革开放和现代化建设成就，才能使得大家仍然保持创业的激情，才能使得全面建设小康社会和实现中华民族伟大复兴具有深厚根基。在当前，我们大力宣传和弘扬艰苦奋斗精神，能够有效地抵御奢侈腐化的风气，能够更好地激发广大干部群众的建设激情，能够为当前的建设和长远的奋斗提供强大的精神动力和智力支持。

（三）开拓创新的进取意识必将跨越式地推进改革开放的进程

在抗战最艰苦的岁月，太行军民不但面临日军的疯狂进攻，而且还遭受着百年不遇的天灾。无所作为就等于坐以待毙，只有打破常规、开展自救，才能冲出一条生路。因此，抗日军民开创性地采取了开垦荒地、以工代贩、精简机构的非常措施，并制定颁布了著名的“滕杨方案”，终于绝处逢生，战胜了灾荒，粉碎了敌人的围攻。在对敌斗争中，抗日军民在敌强我弱的形势下，创新打法，如防不胜防、千变万化的地雷战，昼伏夜出、全面开花的破击战，空室清野、抢粮断水、日夜骚扰的围困战，等等，很多创新战法载入了史册。如果没有开拓创新的经济建设、政治建设和军事斗争，太行根据地在极端困难的情况下是很难挺过来，并取得对敌斗争胜利的。因此，开拓创新对太行抗日根据地的巩固和发展起到了极大的作用。

当前，我们处于改革发展的攻坚阶段，很多事情按照老办法、老思维非但解决不了问题，而且很多时候还将事情复杂化，使得本不突出的矛盾激化，老同志遇到新问题，老办法解决不了新问题是经常遇到的情况。因此，只有坚持开拓创新，我们才能找到解决前进中存在问题的钥匙，才能冲破固有的认识禁区从而实现思想的解放，才能推进我们的事业实现跨越式大发展。在当前，大力弘扬开拓创新精神，必将有力地解放大家的思想，跨越式推进改革开放进程，更好地促进各项事业大发展、大繁荣。

当然，太行精神的内涵是极为丰富的，它带给我们的启示和现实价值远不止上述三点，例如，它的团结协作精神就对于我们当前建设社会主义和谐社会、和谐世界具有重要启示。创立太行精神的时代已然远去，但丰富和发展太行精神的历史进程正在继续，而且永远不会停止。同样，太行精神的历史价值已被历史所证明，太行精神的现实意义正在改革开放和现代化建设的各行各业得以体现，太行精神的未来影响将因它融入民族血液的秉性而更显强大。

五、结语

太行精神是抗日战争年代以太行抗日根据地为核心区域的军民以及其他根据地的军民共同谱写的一曲爱国主义的时代凯歌，是“中国共产党认识和解决中国革命问题的又一独具特色的精神财富”。[①]太行精神有着丰富的内涵，得到中央领导和社会各界的广泛关注，在改革开放和现代化建设的伟大实践中显现出强大的现实价值。

正如任何事物都有其发展轨迹一样，太行精神也同样如此。她由井冈山精神这一共产党的精神源泉发展、衍变而来，继承了井冈山精神的精髓。同时，太行精神也不是由井冈山精神一蹴而就地发展来的，其间经过了苏区时期和长征阶段的洗礼，历经了苏区精神和长征精神的沉淀，最终成就了伟大光辉的太行精神。

我们正在从事的全面建设小康社会和推进中华民族伟大复兴的事业，是一项充满艰辛、充满创造、充满希望的伟大事业。伟大的事业需要崇高的精神，崇高的精神支撑和推动着伟大的事业。我们要倍加珍惜革命前辈为我们留下的宝贵精神财富，让太行精神在改革开放和社会主义现代化建设的实践中焕发出更加耀眼的光芒！

（黄宗华：中共江西省委党史研究室助理研究员）
（卫平光：中共江西省委党史研究室副主任科员）

① 张民省：《太行精神：抗战烽火铸就的民族魂》，《党史文汇》2005年第10期，第20页。

论太行精神与红旗渠精神

□ 牛安生

一、红旗渠精神：太行精神的重要体现

当年八路军和太行人民为抗日战争的胜利，进行了艰苦卓绝的斗争，付出了巨大牺牲，作出了卓越贡献，孕育了伟大的太行精神。如果说，太行精神“是在极其艰苦的条件下展现的百折不挠、艰苦奋斗的精神，是为民族的解放展现的万众一心、敢于胜利的精神，是为人民利益展现的英勇奋斗、无私奉献的精神。”[①]那么，新中国成立以后，太行精神又孕育了许多新的精神，红旗渠精神则是太行精神在建设时期的重要体现。这是因为：

第一，两种精神地域相同，与山同在。红旗渠精神与太行精神一样，是孕育于太行山区。虽然一个产生于战争年代，一个产生于建设年代，但是，太行精神和红旗渠精神都是与太行山密切相连的山的精神，山的性格，是太行山地域孕育的精神。

第二，两种精神实质相同，内容有别。太行精神是革命和战争年代孕育的百折不挠、艰苦奋斗的精神，红旗渠精神则是太行人民在建设年代为改变贫穷落后面貌而展现的艰苦奋斗、万众一心、无私奉献的精神，二者精神实质相同，只是因为时代变化而在内容方面有所区别，红旗渠精神是太行精神在建设年代的新的体现。

第三，两种精神同出一源，文化同根。红旗渠精神与太行精神一样，

①《中共中央政治局常委李长春在长治市视察工作》，《长治日报》2004年8月20日。

都有着深厚的传统文化渊源，那就是中华民族优秀的文化传统。中华民族历来以吃苦耐劳而著称于世，在争取民族独立抗击日本侵略者、在为自身翻身做国家主人的解放斗争的过程中，在争取自身解放、改变一穷二白落后面貌的过程中，整个中华民族孕育了许多优秀的文化传统和道德传统，成为中华民族不断前进不竭的精神动力，百折不挠、艰苦奋斗，自力更生、艰苦创业，万众一心、无私奉献等就是民族优秀传统的重要内容。

当今时代，太行精神和红旗渠精神的背景发生了很大变化。中国农村发生了翻天覆地的变化，中国农村正处于一个由传统农村向现代化农村发展的转型时期。弘扬太行精神和红旗渠精神的要求也必然发生重大变化。这种变化特点是：第一，农村已经是相对开放的农村，它与城市越来越近，好多农村已经成为城镇，感受城市现代化越来越容易；第二，农村已经是社会主义市场经济的农村，中国农村的产业结构正在调整；第三，中国农民的文化、眼界、素质越来越高了；第四，农村出现了社会生活多样化，农村发展有很大的差别，一些地方农村现代化步伐加快，出现了一大批中国社会主义新农村的先进群体等。这些都要求在弘扬太行精神和红旗渠精神时，必须紧密结合山区、农村发生的变化，与时俱进，不断开拓太行精神的新境界和新天地。

二、自力更生、艰苦创业：太行精神的时代特征

与任何精神财富一样，太行精神的内容也随着时代的发展而发展，作为太行精神的主要内容，百折不挠、艰苦奋斗和英勇奋斗、无私奉献，是其时代特征的重要内容。我们认为，在今天建设社会主义新农村的伟大事业中，自力更生、艰苦创业作为红旗渠精神的基本内容，也反映太行精神的时代特征。

（一）红旗渠精神的实质是自力更生、艰苦创业的精神

艰苦奋斗精神是我们党的优良传统。胡锦涛总书记指出：“艰苦奋斗是我们的传家宝。我们党靠艰苦奋斗起家，我们的事业靠艰苦奋斗发展壮

大，我们的幸福生活和美好未来也要靠艰苦奋斗去开创、去实现。全党全国各族人民要长期奋斗、顽强奋斗、不懈奋斗。”[①]最能够彰显红旗渠精神的是自力更生、艰苦创业，没有它，就没有红旗渠，就没有红旗渠精神。这是红旗渠精神的灵魂和主线。英雄的林县人民，当年在林县县委的领导下，在极其艰苦的条件下，不向国家伸手，不向上级伸手，凭着自己的一双手，用极为简陋的工具，靠着每天6两粮食，奋战了10个春秋，自力更生，战天斗地，艰苦创业，硬是在太行山凿出了人工天河“红旗渠”，完成了“引漳入林”的工程。在修建红旗渠的10年中，工程总投资达7000多万元，但没有发生一起贪污挪用现象。今天，这也恰恰是太行精神的时代要求和特征。

（二）社会主义新农村只能由千百万农民群众去创造

建设社会主义新农村，弘扬太行精神和红旗渠精神，必须发扬艰苦奋斗，自力更生，团结协作，无私奉献的精神，这是社会主义现代化建设宝贵的精神财富，是建设社会主义新农村宝贵的精神财富，是今天弘扬太行精神必须高度重视的问题。马克思主义历来认为，人民群众是实践的主体，人民群众是历史的创造者，人民群众是真正的英雄。建设社会主义新农村，必须依靠亿万农民群众。

凭自力更生、艰苦创业建设社会主义新农村，也是由中国的国情所决定的。中国农业人口多，底子薄，这些年，中央加大对“三农”的投资，拿出更多的资金支持新农村建设，这是十分英明的决策，对于中国社会主义新农村的建设无疑具有极大的推动作用。但是，这些投资，对于整个中国社会主义新农村建设的浩大工程，也是杯水车薪。毫无疑问，我们需要中央和上级的投资，但立足点应该放在自力更生、艰苦创业上，如果完全躺在中央和上级的支持和投资上，这种思想方法是不正确的。我们看到，在一些农村，通过上级投资办成了一些项目，但由于自我管理基础差，缺

① 胡锦涛：《在纪念党的十一届三中全会召开30周年大会上的讲话》，《人民日报》2008年12月19日。

乏自主创新的能力，不长时间项目垮台了，又返回贫困。所以，立足点要放在自力更生、艰苦创业上，放在提高自身自我创新能力上，放在提高农民素质上。《国际歌》唱得好："从来就没有什么救世主，也不靠神仙皇帝。要创造人类的幸福，全靠我们自己。"列宁也说过："生气勃勃的创造性的社会主义是由人民群众自己创立的。"[①]缺乏自力更生、艰苦创业精神，中国农村的各项事业就难以发展，中国农村就难以进步，建设社会主义新农村就是一句空话。太行精神中的百折不挠、艰苦奋斗的精神，在逆境中、在困难时期修建红旗渠的自力更生、艰苦创业精神，即使到今天我们综合国力大大增强、取得巨大成就的时候，仍然有十分重要的现实意义。

（三）新形势下自力更生、艰苦创业精神的时代特点

今天，自力更生、艰苦创业精神与当年林县人民修建红旗渠的时代已经有了很大的不同，与当年孕育太行精神的时代背景也发生了重大变化。由于社会主义新农村建设的内容、对象、要求都发生了重大变化，弘扬太行精神和红旗渠精神，必须注重自力更生、艰苦创业精神的新特点，主要有：

1. 立足于自己，依靠自己，充分发挥自身优势，通过自力更生、艰苦创业来建设社会主义新农村。新农村建设靠中国的新式农民自己创造，这是立足点，这也是各先进农村的基本经验。

2. 自力更生创造条件和环境，力争上级和国家的各方面支持。自力更生、艰苦创业并不拒绝上级支持，为了加快发展，还要利用政策、用足政策，争取上级的各种支持，争取国家和上级的投资。但争取支持的工作必须与上级投资的政策相吻合，因为国家投资有政策性、导向性、资助性特点。作为基层党组织，要努力创造上级投资的条件和环境。创造条件和环境的过程，也是自力更生、艰苦创业的过程。

3. 更加重视自力更生、艰苦创业过程中提高农民自身创新能力。当今

① 《列宁全集》第26卷，第285页。

时代，谁有更强烈的创新精神，谁有更多的创新成果，谁就拥有未来。建设社会主义新农村，是一场农民用自己双手改变千百年来传统落后的生活方式、打造美好生活的深刻革命，受益主体是农民，建设主体也是农民，坚持科学的发展观，坚持以人为本，必须坚持以农民为主体建设社会主义新农村的基本观点，为此，必须提高农民自身的素质，提高农民自我创新的能力。否则，就没有可持续发展的人文基础，建设社会主义新农村的宏图大业就很难完成。

4. 更加注重改革、调整产业结构。当年修红旗渠时，正处于我国经济极其困难时期，物品短缺，生活艰难，还没有解决温饱问题，饿着肚子战天斗地，那时候艰苦奋斗的主要目的是解决吃水用水、解决温饱问题。现在，温饱问题已经解决，要解决全面小康问题，比过去层次高了。因此，艰苦创业的要求也高了，这种高要求就是要建设社会主义新农村，为实现农村的全面小康而努力奋斗。

为此，在弘扬太行精神、红旗渠精神的过程中，要下决心深化改革，推进农村产业结构调整，转变农村发展方式，推进农村经济体制和政治体制改革，完善村民自治制度，通过发扬基层民主，调动广大农民的积极性。改革也是艰苦创业的重要内容。在改革中，要不断推进农村制度创新。这里，不仅要改革传统的体制，而且要改变传统观念，培育与时代相适应的新文化、新思想、新传统，培育社会主义新型农民。这是十分艰难的过程，任重而道远，仍然需要自力更生、艰苦创业的精神。

三、尊重科学、实事求是：太行精神的升华

红旗渠精神是非常尊重科学的精神，没有严格的科学精神指导红旗渠的修建，就不会创建世界奇迹，就不会有人工天河——红旗渠。今天，弘扬太行精神和红旗渠精神，必须与全面贯彻科学发展观的要求紧密结合起来，把百折不挠、艰苦奋斗，万众一心、敢于胜利，英勇奋斗、无私奉献的太行精神与严格的求实精神和严谨的科学精神紧密结合起来，深入调查研

究，总结经验，从实际出发，把握规律，提高实践科学发展观的水平。这既是红旗渠精神一贯坚持的，也赋予了太行精神新的内容，是太行精神在新形势下的升华。弘扬太行精神，强调尊重科学，实事求是，对于应对经济全球化背景下的各种危机，对坚持中国特色的发展道路，有着十分重要的现实意义。当前，尤其要重视生态环境规律和人自身发展的规律。

（一）注重生态危机，重视科学用水

毛泽东指出："'实事'就是客观存在着的一切事物，'是'就是客观事物的内部联系，即规律性，'求'就是我们去研究。"①科学发展观要求人类发展必须与生态环境协调，尊重自然发展规律，这就要求从事物的本质规律出发，而不是从现象出发。人不能改变自然，只能顺应自然，依照自然的规律行动。弘扬太行精神和红旗渠精神，要立足太行，放眼全球，进一步把我国的发展问题与全球生态环境紧密联系起来。

1.强化危机意识。当年修建红旗渠面对的是大自然，今天我们实践科学发展观面对的也是大自然。当今时代，密切联系全球环境面临的严重挑战，顺应自然规律，统筹人与自然的和谐发展，是牢牢把握落实科学发展观、弘扬太行精神和红旗渠精神必须高度重视的问题。当今时代，全球生态环境不容乐观，必须强化危机意识。

一是重视全球气候变暖的生态环境危机。21世纪人类面临的最大威胁是地球变暖。北极圈冰盖面积已经低于500万平方公里，可能在最近10内年全部融化，变成孤岛；而集中了地球上90%冰的南极冰盖，也正在迅速融化，南极的冰架正在迅速崩塌，此外，地球上许多冰川正在缩小。联合国政府间气候变化专门委员会2007年11月17日发表第四份气候变化评估报告的最后一份重要报告，宣称气候变化已经开始并恐怕将对地球造成无可逆转的影响。联合国秘书长潘基文2007年11月17日甚至发出警告："世界正处于重大灾难的边缘。"这些年，联合国对全球气候变暖问题予以高度重视，多次召开国际会议讨论研究全球气候变暖问题。2009年12月，哥本哈

① 《毛泽东著作选读》上册，第478页，北京，人民出版社，1986年。

根联合国气候变化大会上，192国代表正式会商“救地球”，这是二战以来最重要的国际会议。为此，在发展过程中，不能不结合全球变暖的危机来考虑我们的发展问题。

二是重视水资源缺乏、土地沙漠化的危机。这是影响今后我国可持续发展的重大问题。目前世界上100多个国家和地区缺水，我国属于28个严重缺水的国家和地区之一。我国的人均水资源量只有2300立方米，仅为世界平均水平的1/4，是全球人均水资源最贫乏的国家之一，而我国又是世界上用水量最多的国家。据水利部门统计，全国669个城市中有400个面临缺水问题。随着社会经济的发展，对用水的要求会更高，缺水威胁还可能进一步加剧。

由于缺水，土地沙漠化的加速发展，成为当今世界人类面临的一个重大环境及社会问题，是地球的癌症，对我国的危害也十分惊人。我国沙漠化面积大、分布广，发展速度快，态势严峻，据网上资料，20世纪70年代，我国土地沙化扩展速度每年1560平方公里，80年代为2100平方公里，90年代达2460平方公里，21世纪初达到3436平方公里，相当于每年损失一个中等县的土地面积。而且，强沙尘暴的发生频率愈来愈高。特别是在2000年春季，北京地区遭受了12次沙尘暴袭击，实属罕见。不仅危害到北京的经济活动，污染环境，使首都的形象受损，而且殃及天津、上海、南京等地，并引起邻国的恐慌。

此外，大量物种灭绝、能源匮乏、极端气候、空气污染、极端自然灾害等，都是人类面对的生存危机。

2.尊重规律，科学用水。今天，弘扬实事求是、尊重科学的精神，就要强化尊重自然、服从自然的观念，顺应自然规律，把我国有限的水资源保护好、用好，从我国有限的水资源出发，来考虑可持续发展，考虑未来，留福于子孙。要像当年修建红旗渠那样，积极推动科学用水事业的发展，这也是落实科学发展观的必然要求。科学用水，必须把护水、节水、净水、改革和教育结合起来，配套进行。

一是必须护水。如果说当年为了解决林县人民长期面临的干旱，修建红旗渠重点是为了引水，那么，今天面对人类面临严重缺水的共同问题，面对我国水资源严重缺乏的状况，发扬太行精神和红旗渠精神，重点是要解决科学用水的问题。让有限的水资源充分地、准确地、能够惠及子孙地科学使用，从而为我国可持续发展奠定水利基础。为此，必须保护好我国有限的水资源。

二是必须节水。全国用水量逐年增加，而水资源没有增加，这就必须强调节约用水。在农村，主要是节水灌溉，大量推广喷灌等先进灌溉技术。在城镇主要是工业和生活用水两个方面。现在城市用水浪费现象依然严重，例如各城市洗浴和洗车用水浪费现象严重，生活用水浪费现象也非常严重。必须采取各种手段，包括教育、制度、法规来强化节约用水。

三是必须净水。我国不仅水资源缺乏，用水量增加，而且水质被大量污染。我国1/3的国土被酸雨侵蚀，7大江河水域劣五类水质占41%，1/4人口喝不上合格水，1/3的城市人口呼吸着严重污染的空气。根据环境部门对全国河流、湖泊、水库的水质状况的监测，由于近年来工业废水和城镇生活污水的排放等原因，我国主要水系的水体都遭到了污染，对人民的健康造成严重影响。在严重缺水的国度里，防止水污染刻不容缓。要进一步列入党委和政府的议事日程，把排污治污作为民生建设的重要内容，进一步加强污水处理。在农村，必须调整农业产业结构，走节水农业可持续发展之路。随着农村城镇化发展，农村生活用水的处理也必须引起高度关注。每个村、每个乡镇都要建设水处理的设施。

四是必须改革水利管理体制。在城市，要加强水资源的规划管理，与其他规划同时进行。例如实行定额用水，合理开发、综合利用，水资源节约化，污水处理规范化。在农村，要调动村民自治组织的积极性，让群众自己决定该如何办，把水利建设变成农民的意愿，使广大群众理解、参与和支持，同时，把县、乡、村三级工程统筹考虑，科学规划。政府要发挥引导、扶持、服务、监督的作用，同时引导、扶持农民自我管理，对条件成熟的也可适度引入市场机制，并加强管理和监督。

（二）注重以人为本，培育新型农民

1.科学发展观的核心是以人为本，紧紧围绕尊重人、为了人、依靠人、以人为标准、发展人的要求，不断推进中国特色社会主义事业，这是弘扬太行精神和红旗渠精神的新要求。《共产党宣言》认为，共产主义就是要得到人的自由发展。“代替那存在着阶级和阶级对立的资产阶级旧社会的，将是这样一个联合体，在那里，每个人的自由发展是一切人的自由发展的条件。”①可见，未来社会的本质规定，是在自由人的联合体中实现人的全面和自由发展。建设社会主义新农村，说到底，是中国农民的解放过程，是农民人的“自由发展”的过程。当然，马克思同时认为：“当人们还不能使自己的吃喝穿住在质和量方面得到充分供应的时候，人们就根本不能获得解放。”②而这种“充分供应”不能依靠恩赐，更主要的要凭自己的智慧、凭自己的劳动去争取，这个过程，也是“人”的解放过程。太行人民也正是在弘扬太行精神的过程中，改变环境，改变自身生存的条件，同时也不断改造着自身。实际上，自力更生、艰苦创业是农民自主发展的重要途径，也是自我改造的重要途径。劳动创造生产力，劳动也解放人的自身，农民群众在自力更生、艰苦创业中改变自己，提高自己的素质，这是人的自由发展的基本途径。

2.培育社会主义新农民，全面提升农民的素质，需要高度重视对农民的教育。党依靠人民群众，但绝不是、也不可能代替人民群众包打天下。党的领导作用就是依靠群众，正确地为人民群众指明斗争的方向。作为执政党，就要使党的路线、方针、政策符合人民群众的利益诉求，帮助群众、组织群众、发动群众，去争取和创造自己的幸福生活。为此，迫切需要培育新型的农民，提高农民素质，使农民在建设社会主义新农村过程中，尽可能实现自我，实现农民个人的全面发展。

①《马克思恩格斯选集》第1卷，第294页，北京，人民出版社，1995年。

②《马克思恩格斯全集》第42卷，第368页，北京，人民出版社，1979年。

现在，严重的问题仍然是教育农民。中国人口多，底子薄，大多数人口分布在农村。从整体上说，中国农民的思想观念、文化科技素质、民主法制素质等，都亟待提高。中国几千年封建传统的落后意识，在中国农村和农民中影响更深，农村相对来说还比较封闭、不开化，落后愚昧的东西更多。这是建设社会主义新农村最困难的地方。从某种意义上说，建设社会主义新农村，就是农民素质、能力的提高的问题，就是对农民的教育问题。

对农民的教育不能孤立地进行。要采取多种形式，加强对农民的文化科技、经济、管理、法律等方面的培训，赋予太行精神、红旗渠精神以更加丰富的内容。要宣传党和国家的方针政策，宣传先进典型，进行传统教育，提升农民的文化道德素质、科学素质、民主素质、法律素质等，要营造太行农民弘扬太行精神建设社会主义新农村的浓厚氛围，发展基层民主，激发广大农民群众的主体意识，调动农民自发建设社会主义新农村的积极性、创造性和主动性。在建设社会主义新农村中提升农民的素质，在提升农民素质的过程中提高建设社会主义新农村的境界。

（作者系中共河南省委党校教授）

红旗渠精神与太行精神一脉相承

□ 郝建生　李　蕾

中共山西省委在纪念建党90周年之际隆重召开太行精神研讨会，是一件很有意义的事情。我能应邀参加并向与会领导、各位专家汇报太行精神与红旗渠精神的历史渊源与现实思考，分外荣幸。下面，我就太行精神与红旗渠精神的历史渊源、相得益彰、精神实质三个小题目汇报如下——

历史渊源

太行山，一座古老而年轻的山！它承载着中华民族远古的意志和近代一百年来民族复兴的希冀，堪称民族的脊梁！

太行山，南起黄河，北至北京，东眺大海而渺泰山，西接太岳而牵吕梁。太行山自东向西横亘排列着南北走向的五大系列主脉，河南省林县（今林州市）就位于太行山东麓，有太行门户之称。

太行山最动人的古老篇章是《愚公移山》。它既反映了中华民族改造自然、重新安排河山的豪情壮志，又有唤起民众、感天动地的深厚蕴含。

太行山最光辉的近代乐曲是中国共产党领导的太行抗日根据地烽火燎原。听吧：那雄壮高亢的《在太行山上》、《黄河大合唱》，凝聚着中华民族不屈不挠，奋起反抗，有同自己的敌人血战到底的英雄气概，有在自力更生的基础上光复旧物的决心，有自立于世界民族之林的能力的复兴希望！

1937年，林县民兵就参与了保卫山西的战役。1938年，朱德总司令与蒋介石协商把林县一分为二，划出林北县归入我党领导的太行抗日根据地，建立了林县中心县委，隶属太行区党委的五地委。1939年，刘伯承、邓小平指挥第一次反顽战役，曾在林县太行山区临阵指挥。1943年，太行军区五分区司令员皮定钧、高扬、谷景生、黄镇等军政首长住在林县合涧山区，领导抗日军民修建了“爱民渠”；1944年林北县抗日政府领导抗日军民修建了抗日渠，为后来的红旗渠建设奠定了共产党领导人民治山治水的政治基础。刘伯承、薄一波、杨秀峰、李雪峰等老一辈无产阶级革命家都曾对林县党组织和林县人民在太行抗日根据地发挥的积极作用给予高度赞赏。

相得益彰

林县人民永远不会忘记，修建红旗渠的整个过程，始终得到了山西省委、省政府和全省人民的宝贵支持；红旗渠建成之后，两省人民共同保护，共同受益，相互支持，相得益彰，谱写了太行精神与红旗渠精神相互辉映的新篇章。

林县土薄石厚，水源奇缺，十年九旱。史料记载，从明朝正统元年到新中国成立513年，林县干旱300多年，大旱100多年，颗粒无收50年，人吃人5年。除夕之夜因为一担水儿媳妇悬梁自尽的真实故事，至今听来还让人流泪、心酸。“水缺贵如油，十年九不收，豪门逼租债，穷人日夜愁。”历代封建统治，谁管人民死活？

“一唱雄鸡天下白”，共产党创建新中国。党的八大后，30岁的县委书记杨贵代表林县县委发出了“全党动手，全民动员，苦战5年，重新安排林县河山”的豪迈誓言！1956年，引从山西省壶关县进入林县的淅河水修建英雄渠和弓上水库；1958年又把从陵川县流进林县的淇河水蓄起来修建了要子街水库和从平顺县流入林县的露水河蓄起来修建了南谷洞水库。可遇上1959年大旱，逼着林县人不得不到山西引来浊漳水，修建红旗渠。1960年1月27日，农历腊月二十九，杨贵派人持河南省委、省人委致山西省委、省人委的信赶赴太原，他又直接给抗日战争时期曾任太行五分区政委在林县住过的山西省委第一书记陶鲁笳写信打电话，请求山西省委同意林县引用浊漳河水修建红旗渠。2月1日农历正月初五，陶鲁笳召集省委书记王谦、副省长刘开基等领导专题研究林县引漳入林问题，并指示晋东南地委、平顺县委给予大力支持。2月6日，王谦、刘开基致信河南省委，“同意林县修建引漳入林工程，建议从平顺县侯壁断下引水并按此设计”。

这样，伟大的红旗渠工程于1960年2月11日动工了！

20年后，陶鲁笳同志参观红旗渠后到北京对杨贵感慨地说，抗日年代，我在林县战斗过，知道林县缺水的苦难。我以为你杨贵引漳入林，也不过是修条小渠解决吃水，没想到你竟然修了那么大一条人造天河，被周恩来总理称为新中国的奇迹！你为林县人民办了件大好事。我多次给晋东南地委和平顺县委的同志讲要支持红旗渠，林县有什么困难一定要支持。

在这里，我完全可以说，如果没有历届山西省委、省政府以及晋东南地委、平顺县委和山西人民的宝贵支持、团结协作，就建不成红旗渠。林县人民永远不会忘记！

在这里，如果有时间，我还想讲讲我在林县见到李顺达、陈永贵两位劳模和他们支持保护杨贵与红旗渠的亲历往事。

那是1964年，我刚刚10岁。杨贵和县委邀请李顺达劳模回林县老家传经送宝，在林县一中作报告。我上小学四年级，有幸聆听了他的报告。李顺达原籍林县东山底村，幼年随父母逃荒上山西到平顺西沟安家。旧社会林县十年九旱，大旱年份颗粒无收，只能离乡背井上山西讨水、讨饭。林县民间流传着“不上山西逃荒，林县没有时光，不吃山西饭，不能长大汉”的民谣。林县60年代发展林果业，苹果树苗大部分都是从平顺西沟村引进的。在修建红旗渠过程中，李顺达和平顺县委、石城公社、王家庄公社的沿渠社队干部群众都给予了宝贵支持。“文化大革命”中杨贵被打成“走资派”惨遭批斗，他的母亲孩子无处藏身，李顺达、申纪兰帮助安置在西沟村避难几个月。

山西长治、平顺普通干部群众对红旗渠的一往情深更使我为之感动，难以忘怀。那是2006年深秋，我带广东一名摄影家徒步红旗渠拍摄照片。在渠首所在的崔家拐村老支书崔三支家里，他向我说起1960年修建渠首拦河大坝时，他腾出自己家的三间东厢房给林县民工住。那时他弟弟家的小闺女刚刚满月，一听到修渠放炮，就找一个“柳牁㮁”扣在头上，怕震聋耳朵，可小妞后来还是有点失聪。有人让他找林县干部说事，他说，修红旗渠那么大的工程不容易，再说新中国成立以来咱二三十个村的油盐酱醋日用品都是林县供给的，咱不能找人家麻烦。1967年杨贵被打得无处藏身，跑到山西避难途经崔家拐，崔三支跑过去问寒问暖。后来几十年里，崔三支一直与杨贵保持着联系并自觉维护红旗渠正常通水，自觉维护山西与河南、平顺与林县人民的世代友谊。

从崔三支家出来，我们沿着红旗渠在漳河南岸行走，正赶上石城、王家庄十几个村的乡亲们割水稻、浇白菜。乡亲们对我说：要不是修成红旗渠，我们沿渠乡村咋能一户一年吃到自家种的五六百斤大米？长出这样好的大白菜？红旗渠在山西21公里，给我们留了24个放水闸。俺想啥时候开闸浇地，就啥时候开闸浇地。一个青壮汉子对我说，俺村大半多户人家都和林县人成亲，我们外出打工都在林县人的工地，可赚钱了！

听到这些朴实而又滚烫的话语，我为山西人民与河南人民的世代友好，相互支持，共同受益，共同发展，相得益彰，由衷地欣慰。但是，当看到公路上一处处把红旗渠水用来高压水枪清洗汽车大量浪费水时，我的心里又不禁流泪，因为红旗渠的每一滴水，都是林县人民前赴后继奋战十年洒下的一滴滴汗、一滴滴血啊！

精神实质

一篇论文，不能没有丰厚的历史资料和丰富的作者情感，更不能没有理论思考和哲学升华。现在，我想就我的思考谈谈太行精神与红旗渠精神的融会贯通及其精神实质。

太行精神与红旗渠精神形成的历史背景和地域方位虽不尽相同，但它都是中国共产党带领中国人民翻身求解放、民族争自由、发展生产力，挣脱社会压迫和自然束缚谋幸福的。所以，二者本质上是一致的，融会贯通的。我认为，太行精神与红旗渠精神的共同本质有四点：

（一）为了人民，依靠人民是太行精神和红旗渠精神的本质

毛泽东同志在中国共产党第七次全国代表大会的闭幕词即《愚公移山》中开宗明义指出：我们开了一个很好的大会。我们做了三件事：第一，决定了党的路线，这就是放手发动群众，壮大人民力量，在我党的领导下，打败日本侵略者，解放全国人民，建立一个新民主主义的中国。这既是太行精神的起始，更是太行精神的本质。为了人民，依靠人民，同样是红旗渠精神的本质。干旱缺水，是历史上长期困扰林县人民生产生活的症结所在。可历朝历代的封建统治只顾压迫榨取人民血汗，只有中国共产党想人民之所想，急人民之所急，全心全意为人民办实事。20世纪五六十年代的林县县委领导成员，都曾带领过群众打日寇，搞土改，与群众风雨同舟，血肉相连。他们不忍心建国后林县人民政治上翻了身还忍受干旱缺水的煎熬。修建红旗渠既代表了人民的根本利益，又代表了先进生产力的发展要求，为了人民修渠，依靠人民修渠，党的任务、人民的利益、改造自然发展生产力，实现了有机结合，辩证统一。修渠过程中，党员干部身先士卒，与修渠民工同吃、同住、同劳动，同克服困难、解决问题，十年修渠没有发现任何行贿受贿、贪污浪费和工程质量问题，真正同人民群众打成了一片，拧成了一股劲。数以万计的老党员在红旗渠工地流汗流血，更多的优秀儿女又奔赴工地在修渠中入党。十年修渠，夫妻比肩，父子同行，几年后孙子孙女又上阵，老中青三代前赴后继参加过红旗渠建设的达30多万人。

所以，只要领导一心为人民，就能赢得万众一条心。为了人民和依靠人民是一体的，一致的。党的领导和群众路线，既是太行精神和红旗渠精神的根本，又是太行精神和红旗渠精神的主体。如果没有为人民、靠人民

这个根本和主体，太行精神和红旗渠精神就都成了抽象的空壳。

这一点，对于我们今天进一步加强党的领导，改进干部作风，贯彻群众路线，密切干群关系等诸多方面都有很强的现实针对性。

（二）敢想敢干，实事求是是太行精神和红旗渠精神活的灵魂

敢想敢干与实事求是辩证统一，坚定性与灵活性相辅相成，战略藐视与战术重视和谐对应。这既是中国共产党不畏任何艰难险阻、敢于面对任何强大敌人而无往而不胜的最基本的思想方法和工作方法，也是太行精神和红旗渠精神的活的灵魂。

李长春同志站在红旗渠青年洞前感慨地说，没有解放思想，红旗渠连想都不敢想。解放思想，敢想敢干，是修建红旗渠的思想基础和前提，而实事求是，根据实际情况不断调整战略决策和部署，是红旗渠得以建成的关键。

（三）自力更生，艰苦奋斗是太行精神和红旗渠精神的集中体现

自力更生，艰苦奋斗，不仅仅是困难时期克服困难的手段，也不仅仅是创业时期才需要，而是由共产党全心全意为人民服务的性质决定的，是人民群众自己解放自己的历史使命决定的。自力更生，艰苦奋斗，既是我们党和中华民族的优良传统，更是一种品质和气节——行得正，立得端，不点头哈腰祈求人，全凭自己的钢筋铁骨一双手，自立于世界民族之林。（见红旗渠史料集《杨贵与红旗渠》，422页。）

红旗渠具体、生动、形象地体现了自力更生，艰苦奋斗的伟大精神，胜过一切空洞说教，也使一切诋毁中国人民和中国共产党的种种诽谤相形失色。在当今国际各种势力、各种因素复杂多变的今天，加强对全党、全军、全国各族人民特别是青少年自力更生、艰苦奋斗精神的教育，无论是发达地区上台阶还是西部地区大开发，都尤为迫切和深远。当前一些地方和一些领导干部中存在着“自力更生、艰苦奋斗是没能耐，伸手要钱、要官是有本事”，不愿艰苦奋斗的浮躁倾向；在一些青少年中崇尚“向往大城市，追求好房子，吃穿要名牌”的观念；近年来，除了国家重点投资的

大江大河治理外，县以下农田水利基本建设投入不足，质量不高，致使不少地方旱涝灾害频发。诸如此类现象，必须引起我们高度重视。

（四）开拓创新，科学发展是太行精神和红旗渠精神的结晶

钱正英同志曾风趣地说过，红旗渠是用最科学的土办法修成的。总干渠8000米降1米的流速；山西段用钱买出渣占地到一干渠出渣不见渣；在红旗渠配套工程中，以渠带库、以渠带路、以渠带林、以渠带电、以渠带工、以渠带副、以渠带卫生、带文化、带教育等“一渠十带”，带出了一个科学发展、全面进步的社会主义新山区。50年来，林县人民相继唱响了十万大军战太行、出太行、富太行、美太行四部曲，生动体现了解放思想、科学发展。这对于我们全面建设小康社会，实施“十二五”规划，特别是中西部地区脱贫致富、全面发展具有很强的现实针对性。

结论：过去不少同志从不同角度对太行精神和红旗渠精神作过不同的概括，今后也还会有人对它研究提炼。但无论怎样表述，为了人民，依靠人民是它的根本；敢想敢干，实事求是是它的灵魂；自力更生，艰苦奋斗是它的体现；开拓创新，科学发展是它的结晶。山西、河南干部群众说得好：太行精神和红旗渠精神有党的宗旨，又有群众路线；有解放思想，又有实事求是；有思想方法，又有工作方法；有物质文明，又有精神文明。改革开放离不开它，党和人民丢不掉它，就是到了共产主义也别忘了它！

（郝建生：河南省红旗渠精神研究会常务理事）
（李　蕾：《百家讲坛》红旗渠故事演播人）

太行精神和右玉精神

□ 陈小洪

民族精神是一个民族赖以生存和发展的巨大精神支柱。在面临民族存亡的生死关头，在艰苦卓绝的抗日烽火中，在社会主义建设的热潮中，生活在黄土地上的三晋儿女在中国共产党的领导下，以其独有的勤劳、勇敢、坚毅、顽强、拼搏、奉献、创新精神，谱写了一曲曲惊天地、泣鬼神、撼人心的壮丽诗篇，成为中华民族的宝贵精神财富。这其中就有以民族脊梁、万众一心、艰苦创业、百折不挠、改善生态、追求美好生活而著称的太行精神和右玉精神。

太行精神是在抗日战争时期形成的一种不畏强敌、誓死保家卫国，具有革命意义的伟大民族精神。爱国主义精神贯穿始终，既有强烈的时代感，又有显著的民族特征，是中国共产党领导英勇的八路军和太行儿女用鲜血和生命谱写而成的壮丽史诗。在伟大的抗日战争期间，八路军总部和中共中央北方局长期驻扎在太行山区，朱德、彭德怀、刘伯承、邓小平、左权、杨尚昆、薄一波、陈赓等老一辈无产阶级革命家领导和指挥敌后抗日军民建立了晋绥、晋察冀、晋冀鲁豫三大块抗日根据地，为抗击日寇、民族解放、建立新中国，进行了空前的艰苦卓绝的斗争，孕育形成了伟大的太行精神。

新中国成立60多年来，右玉县历届县委、县政府团结带领全县人民坚持不懈植树造林、改善生态，使昔日的不毛之地变成了今天的塞上绿洲，铸就了“执政为民、尊重科学、百折不挠、艰苦奋斗”的右玉精神。太行精神是在国家和民族处于生死危亡的危急关头，中国共产党领导太行儿女展现的不怕牺牲、不畏艰险的革命英雄主义精神。右玉精神是蕴含着社会主义建设汗水和改革开放考验条件下，坚持落实科学发展观和践行正确政绩观的实践创新成果，是建设社会主义核心价值体系的生动鲜活的教材，是党的建设特别是思想建设、作风建设的一面旗帜。太行精神和右玉精神都是在极其艰苦的条件下展现的百折不挠、艰苦奋斗的精神，是万众一心、无私奉献的精神，是伟大民族精神的具体体现，是党和人民的宝贵财富，值得我们永远传承和弘扬。

一、右玉精神是太行精神的传承发展

八年抗战中，中国共产党领导八路军和太行儿女同仇敌忾、浴血奋战在巍巍太行山上，用生命、热血和钢铁般的斗志，同侵华日寇展开殊死搏斗。在极其艰难、复杂、曲折、险恶的斗争环境中，依靠广大人民群众的拥护与支持，谱写了中华民族抗敌御侮的光辉篇章，培养、锻炼了一大批治党、治国、治军的文武英才，铸就了光耀千秋的太行精神。

太行精神是在国家和民族处于生死存亡的关键时刻，在抗日战争的烽火硝烟中，用鲜血和生命铸就的民族之魂。太行精神的核心是共产党人领导太行儿女展现的不怕牺牲、不畏艰险的革命英雄主义精神，是在极其艰苦的条件下展现的百折不挠、艰苦奋斗的精神，是为民族解放展现的军民一家、鱼水依存、并肩作战、敢于胜利的团结奋斗精神，是为人民利益展现的百折不挠、万众一心、无私奉献的精神。太行军民用鲜血和生命孕育而成的这种不怕牺牲、不畏艰险，百折不挠、艰苦奋斗，万众一心、敢于胜利，英勇顽强、无私奉献的革命精神将永远激励每一位炎黄子孙为民族事业而奋斗和抗争。

1937年7月7日卢沟桥事变后，日本侵略者发动全面侵华战争，兵分数路向中国内地进攻，并狂妄地叫嚣“一个月拿下山西，三个月灭亡全中国”。在日军的疯狂进攻之下，国民党军队在正面战场节节败退，华北即将沦陷。在这中华民族处于生死存亡的危急关头，中国共产党坚定地执行全民抗战的路线，大力开展抗日群众救亡运动。八路军主力部队挺进山西抗日前线，在“保卫山西，收复平津”的口号下，紧急动员广大群众投入到山西以及全国的持久抗战中，把山西建成敌后游击战争的战略支点，以抵御日寇对西北与中原的进攻，支援全国的对日作战。特别是在太原失守后，以国民党为主体的正规战争结束，以共产党为主体的敌后游击战争占据主要地位。在党的领导下，八路军与根据地军民一起，创建抗日根据地，开展了长期的敌后抗战，有力地打击了日军的疯狂进攻，扼制了日军对中国全境的侵略，鼓舞了全国人民的抗战热情，推动形成了风起云涌的全民抗战高潮。

面对日军的猖狂“扫荡”进攻和惨绝人寰的“三光”政策，根据地军民团结一心，歼日寇、肃内奸，斗顽敌，有钱的出钱，有粮的出粮，有力的出力，纷纷投入到抗战之中，到处呈现出“母亲送儿打东洋，妻子送郎上战场”的感人场景，相继取得了“平型关大捷”、“夜袭阳明堡”、“关家垴”、“百团大战”等一系列战役的胜利，以鲜血与生命同日本侵略者进行了顽强殊死的抗争，给敌人以沉重的打击。共产党及其领导的人民军队成为全民族共御外侮的中流砥柱。

八年抗战，中国共产党建立了广泛的民族统一战线，太行山区根据地广大群众积极参与抗战、支持抗战，先后有近70万人参加了八路军，110余万人参加了民兵、自卫队、游击队，有17万优秀儿女为革命献出了宝贵的生命，在生产和战斗中涌现出了3000多名战斗功臣和英雄模范人物；广大根据地人民源源不断地供应了抗战所需要的粮食、被服、军鞋等各种军需物资，承担了庞大的战争费用和繁重的后勤任务，汇聚成了人民战争的汪洋大海，形成了“民族利益高于一切”、“兵民是胜利之本”、“军民团结如一人”的拥军爱民传统，铸就了共同抵御侵略者的铜墙铁壁。

右玉精神是太行精神的传承和发展。新中国成立以来，右玉县历任党政领导班子坚持执政为民，为群众谋福祉，建设美好家园的信念，团结带领全县党员干部群众发扬艰苦创业精神，埋头苦干、实干、真干、大干，百折不挠植树造林、改善生态、绿化家园。右玉精神根植于右玉人民自强不息、守土有责、忠勇坚毅、勤俭质朴的地域文化之中，是山西人民的宝贵精神财富和政治资源。右玉精神的核心理念是以人为本，执政为民，忠实践行党的宗旨；本质内涵是艰苦奋斗，不怕困难，凭信念、凭精神、凭勤奋干事创业；基本要素是坚持不懈，百折不挠，不达目的誓不罢休；珍贵本色是真抓实干，奋力拼搏，在干事创业中锤炼自己、改变山河面貌。右玉精神是党的政治优势、优良传统的生动体现，是太行精神、吕梁精神在新形势下的发扬光大。

解放初期，右玉县的生存环境相当恶劣，“十山九无（光）头，洪水便地流”，“一年一场风，从春刮到冬。白天点油灯，黑夜土堵门”。全县只有残林8000亩，面临着风沙侵逼，举县迁徙的生存危机。在困难面前，共产党人没有逃避，没有退缩，毅然选择了植树造林、绿化家园。在极其艰难的条件下，右玉18任县委书记带领人民60年坚持不懈地植树造林、改善生态，使全县森林覆盖率由0.3%提升到52%，90%以上的沙化土地得到治理，把一个风沙肆虐的“不毛之地”变成生态良好的“塞上绿洲”，创造了令人惊叹的发展生态奇迹。在恶劣的自然条件下，右玉人民之所以能干成这件大事，靠的就是党的坚强领导，面对严峻的现实不低头、不放弃，执政为民、尊重科学、百折不挠、艰苦奋斗。

在植树造林、改善生态的过程中，全县人民团结一致，心往一处想，劲往一处使，把千军万马从四面八方汇集到植树造林的战场上，把各方面的利益协调到改变生存条件上来，“十八任书记凝心聚力搞绿化，万千民众一心一意绿家园”。右玉人不但有爱树的情结，也有护树的情怀。他们中既有被百姓亲切称为“树书记”的县委书记，也有为绿化而献出生命的基层党员干部，还有爱树如子的普通百姓。右玉精神展示的这种团结协作以及爱树护树高于自己生命的精神境界，是将理想信念与奋斗实践相结合的生动典型和时代成果，集中反映了右玉人民在党的领导下追求社会主义幸福新生活的共同愿望。体现了社会主义的文化价值和道德风尚，永远值得我们学习和追求。

右玉精神是一座百折不挠、艰苦奋斗的丰碑，它与太行精神同根同源一脉相承，集中体现了中华民族勤劳勇敢、自强不息的民族精神，充分展示了山西老区人民困难面前不低头、不弯腰的坚忍不拔意志和苦干实干、奉献进取，不达目的不罢休的顽强意识，是太行精神在新时期的传承与发展。

二、太行精神和右玉精神具有重要的现实意义和鲜明的时代特征

太行精神是我们党在革命战争岁月，把马克思主义基本原理同中国革命实践有机结合的结晶，闪耀着马克思列宁主义、毛泽东思想的真理光芒，是党正确领导、大力倡导、反复实践、精心培育的果实。它充分体现了党及其领导的人民军队对国家、民族的高度责任感和使命感，充分体现了党同人民群众的血肉联系、人民军队与人民群众的骨肉深情。太行精神在抗日战争中诞生，并在革命和社会主义建设的实践中得到丰富和发展。

太行精神是我们党、军队和民族的宝贵精神财富，与井冈山精神、长征精神、延安精神和西柏坡精神一样，都是我们党领导的革命队伍和人民群众在革命和斗争的实践中创造的伟大精神，都是伟大民族精神的高度升华。太行精神产生于战争年代，孕育于太行革命根据地，毛泽东、周恩来、刘少奇、朱德、彭德怀、贺龙、刘伯承、邓小平等老一辈无产阶级革命家为太行精神注入了鲜活生动的内容，对太行精神的发展与升华产生了巨大影响，它的精神文化价值具有长久性、普遍性和现实性的特征。几十年来，这些伟大革命精神教育、鼓舞、鞭策了一代又一代人，成为激励全国各族人民奋勇前进的强大精神动力。我们继承和弘扬太行精神，赋予太行精神以新的时代内涵，对不断推进中国特色社会主义事业、实现中华民族的伟大复兴，具有重要的历史和现实意义。

传承和弘扬太行精神，就是要把中华民族在抗日战争中焕发出的伟大

民族精神，切实转化为全面建设小康社会、加快推进社会主义现代化的实际行动，落实到贯彻科学发展观、加强党的建设和构建社会主义和谐社会的伟大实践中，不断开创各项工作的新局面，以勤政为民的坚实理念，求真务实的崭新作风、不断进取的创新作为，取得转型发展、跨越发展的新成就。

经过60多年来的艰苦奋斗，右玉县森林覆盖率达到52%，高出全国平均水平30多个百分点，90%以上的沙化土地得到治理，为全县可持续发展奠定了坚实的基础。多年来，右玉县先后被评为三北防护林工程建设突出贡献单位、全国治沙先进单位、全国绿化模范县，成为国家级生态示范区、国家可持续发展实验区、国家AAAA级旅游景区。创造出了黄土高原上“绿染山川、人与自然和谐发展”的奇迹。

右玉精神紧贴时代脉搏，符合时代要求，具有鲜明的时代特色。准确把握右玉精神的时代内涵和精神实质，就是要真正把右玉精神体现到领导干部作风的进一步转变上，始终坚持勤政为民、以人为本，真诚倾听群众呼声，真情关心群众疾苦，多为群众办好事、办实事，保持党同人民群众的血肉联系，各级党组织、党员干部特别是领导干部要牢记党的宗旨，树立正确的权力观、地位观、利益观，真正做到权为民所用，情为民所系，利为民所谋，牢固树立正确的政绩观，更加注重抓好事关一个地区人民生活的长远利益、根本利益、全局利益的大事。要全心全意为地区发展积累后劲，为人民造福，不断创造经得起实践和历史检验的业绩。为此，2009年8月，中共山西省委作出决定，要求全省大力学习弘扬右玉精神。

三、大力弘扬右玉精神，推动转型跨越发展

右玉精神是太行精神在新形势下的传承和发扬光大。右玉精神集中体现了我们共产党人怎样实践为人民服务的根本宗旨、怎样践行科学发展观的历史责任，集中体现了新时期共产党人怎样传承艰苦奋斗的传统和矢志不渝的精神。右玉精神是山西广大干部群众精神面貌的具体体现，是新基

地、新山西建设事业不可缺少的精神资源，是新世纪、新阶段激励全省各级党组织和广大党员干部的宝贵财富。

党中央和山西省委十分重视及时总结基层经验，号召广大干部大力宣传、学习、弘扬右玉精神，让右玉精神在三晋大地生根开花结果。2010年8月28日，省委召开电视电话会议，在全省兴起了学习弘扬右玉精神的新高潮。要求各级干部大力学习弘扬右玉精神，激励和动员广大党员干部，转变作风，顽强拼搏，创先争优，加快转型跨越发展步伐。省委书记、省人大常委会主任袁纯清指出：新中国成立以来，右玉县历任党政领导班子团结带领全县党员干部群众真干大干实干苦干，把一个风沙肆虐的“不毛之地”变成生态良好的“塞上绿洲”，创造了令人惊叹的发展奇迹，孕育了弥足珍贵的右玉精神。要通过大力学习弘扬右玉精神，为战胜各种困难和挑战，实现转型发展、跨越发展提供强大动力。

2010年7月30日至31日，中共中央政治局委员、中央书记处书记、中宣部部长刘云山在山西考察时情之所至，有感而发，赋诗《右玉感怀》，盛赞右玉精神。他在诗中写道：“为政何不解民忧，当官堪消百姓愁。十八书记抒壮志，六十春秋挥锄钩。终见‘善无’变善有，已将沙州换绿洲。年年立业是公仆，久久为功尚风流。”他指出，右玉的经验值得认真总结。这是一种精神，就是持之以恒、艰苦奋斗、愚公移山、久久为功；这是一条道路，就是建设生态文明、科学发展的道路。还有一个是启示，就是坚持什么样的政绩观？要持之以恒地为民谋利，而不是急功近利地搞形象工程。右玉的经验不仅山西值得借鉴，而且全国都值得借鉴。

2010年8月10日《人民日报》今日谈发表《右玉县书记们的政绩观》文章，指出“种树也是在种精神。右玉种树，收获的不仅是青山绿水，更是宝贵的精神财富。右玉，历史上曾叫“善无”，荒蛮落后。现在，“善无”变成了“善有”，山清水秀、兴旺富足、文明进步。右玉人的精神令人敬佩，右玉的发展经验值得学习，右玉书记们的政绩观给我们深刻的启示”。

2011年3月16日《求是》杂志发表中共中央政治局常委、中央书记处书记、国家副主席、中央军委副主席习近平的重要文章《关键在于落实》，讲到“山西右玉县植树造林、改造山河的感人事迹”时，指出“新中国成立之初，第一任县委书记带领全县人民开始治沙造林。60多年来，一张蓝图、一个目标，18任县委书记和县委、县政府一班人，一任接着一任、一届接着一届，率领全县干部群众坚持不懈，用心血和汗水绿化了沙丘和荒山，现在树木成荫、生态良好，年降雨量较之解放初期已显著增加。老百姓记着他们、感激他们，自发地为他们立碑纪念。正可谓‘金杯银杯不如老百姓的口碑’。右玉的可贵之处，就在于始终发扬自力更生、艰苦创业、功在长远的实干精神，在于始终坚持为人民谋利益的政绩观。我们抓任何工作的落实，都应该这样去做。”

由此，激励我们要大力宣传弘扬右玉精神，贯彻落实科学发展观，充分激发蕴藏在全省人民中的强大力量，为战胜各种困难和挑战，提供强大的动力。

要在强化理想信念教育中弘扬右玉精神。理想信念教育是党的思想建设的根本，也是筑牢每个党员干部世界观、人生观、价值观的第一道防线，更是检验领导干部群众观、政绩观、名利观的试金石。要把右玉精神纳入到社会主义核心价值体系教育当中，坚持不懈地用马克思主义中国化最新成果武装全党、教育人民，用中国特色社会主义共同理想凝聚力量，以社会主义核心价值体系在多元社会文化中占领主导地位，并将之贯穿于文化建设的全过程，最大限度地形成全国人民团结奋斗的共同思想基础。

要在弘扬和培育民族精神和时代精神中弘扬右玉精神。要大力宣传右玉精神，营造浓厚舆论氛围，以民族精神和时代精神鼓舞斗志，使社会主义核心价值体系真正为广大人民群众所感知、认同、接受、理解和掌握，并转化为社会群体意识，为广大人民群众自觉遵循和践行，使多样化社会思想朝着健康有序的方向发展。

要在开展“创先争优”活动中弘扬右玉精神。开展创先争优活动，是永葆党的先进性，进一步调动和激发基层党组织和党员的积极性、创造性，推动我们的事业科学发展的有效载体。要把弘扬右玉精神作为学习型党组织建设和创先争优活动的实际行动，大力培育弘扬右玉精神、创先争优、推进科学发展的先进典型。让创先争优、创新务实成为每个党员干部的实际行动，以新作风、新作为取得发展的新业绩。各级党员干部要积极发挥先锋模范作用，充分尊重人民群众的首创精神，紧紧依靠广大人民群众，切实帮助群众解决生产生活中遇到的实际困难，以模范行动引领群众、带动群众、服务群众，促进社会和谐稳定，以创先争优的实际行动和丰硕成果，让右玉精神在广大干部群众中生根开花结果，成为推动科学发展、促进社会和谐的有力支撑。

要在推进转型跨越发展中弘扬右玉精神。激发社会发展活力，引导各级党员干部牢固树立科学发展观和正确政绩观，是社会主义核心价值体系的重要任务。全省领导干部大会提出要以转型发展、跨越发展为主题，建设中部地区经济强省和文化强省，实现再造一个新山西的宏伟目标。实现这一宏伟蓝图，就必须坚持以人为本、执政为民、科学发展、求真务实，把弘扬右玉精神贯彻到转型发展、跨越发展中去，紧紧围绕推进工业新型化、农业现代化、市域城镇化、城乡生态化的目标，把发展热情与科学态度有机结合起来，顺应发展趋势，遵循客观经济规律，明确重点任务，研究突出问题，制定落实措施，坚定不移推进转型跨越，不断开创工作新局面，努力推动全省经济社会又好又快发展。正如《山西日报》社论《深入实施文化强省战略——五论学习贯彻省委九届十一次全会精神》所指出的："山西历史文化具有不断变革和进步的鲜明特色，始终走在时代的前列。创造出了可贵的太行精神、右玉精神等等，每一种精神都具有强烈的现实意义，需要从新的角度加以提炼和深入发掘。这些精神，历久弥新，始终是激励山西人民阔步前进的强大力量。"

（作者系中共右玉县委书记）

太行精神与石圪节精神

□ 陈润和

太行精神是在艰苦卓绝的抗战时期，战斗在太行山区的八路军与太行山根据地人民同甘共苦、浴血奋战的反抗侵略的过程中孕育，在新中国建设中形成的“不怕牺牲、不畏艰险；百折不挠、艰苦奋斗；万众一心、敢于胜利；英勇奋斗、无私奉献”的革命精神。她与井冈山精神、长征精神、延安精神、西柏坡精神一样，是中华民族精神的重要组成部分，其基础是“艰苦奋斗”。

石圪节精神是在我国社会主义建设时期，石圪节人在长期的生产实践中养成的艰苦奋斗“石圪节矿风”的基础上不断完善、升华、发展而形成的“自力更生，艰苦奋斗；精打细算，勤俭办矿；开拓进取，多做贡献；干群团结，同甘共苦”的一种企业精神。它是将中华民族的艰苦奋斗优良传统和太行山人民不畏艰险、百折不挠的可贵精神以及中国工人阶级爱国奉献的优秀品质相结合而绽放出的一支奇葩，是艰苦奋斗精神在工交战线上的典范,是石圪节的传家宝、潞安的传家宝,是中国煤炭工业的一面鲜艳的旗帜。它的核心是“艰苦奋斗”。

艰苦奋斗是中华民族的优良传统，石圪节精神和太行精神都是艰苦奋斗的典范，都是中华民族精神的一部分。那么石圪节精神和太行精神有什么关联呢？

一、石圪节精神是太行精神的一个重要组成部分

在抗日战争中孕育、形成的伟大的太行精神，是在国家和民族处于

危亡的关键时刻，中国共产党领导下的八路军和太行儿女展现出的不怕牺牲、不畏艰险的革命英雄主义精神，是在极其艰苦的条件下展现的百折不挠、艰苦奋斗的精神，是为民族的解放展现的万众一心、敢于胜利的精神，是为人民利益展现的英勇奋斗、无私奉献的精神。

太行精神在不同的历史时期兼容并蓄了不同的时代精神。新中国成立后，太行人民仍然保持和发扬了可贵的太行精神，在社会主义建设中不甘落后、自强不息、艰苦奋斗，为太行精神注入了新的内容。当年名扬全国的大寨精神和后来的锡崖沟精神、右玉精神等，都是这方面的典型。石圪节精神则不仅成为太行精神在煤炭行业的突出代表，而且成为全国煤炭工业的行业精神，成为全国工交战线的一面鲜艳的旗帜。

“艰苦奋斗、勤俭办矿”的石圪节精神源于“三风”：一是源于中华民族自强不息的“国风”；二是源于是勤俭朴素的“老八路”“军风”；三是源于勤劳勇敢的上党“民风”。这三者都与太行精神密切相连。自强不息的“国风”、勤俭朴素的“军风”、勤劳勇敢的“民风”也是太行精神的重要组成部分。石圪节精神和太行精神都吸收了民族精神的营养，展现了八路军和太行山人民的优秀品格，都是太行山这块沃土上的精神代表。就这点来讲，石圪节精神和太行精神可谓是同根同源。

石圪节精神孕育于抗战初期。1938年朱德总司令就派康克清同志到石圪节发展党的地下组织，组织开展工人运动。1945年，石圪节矿工又配合八路军地方武装举行起义，赶走了日本侵略者，解放了矿山。新中国成立后，石圪节人发扬自力更生、艰苦奋斗精神，战胜了一个又一个困难，把年产几万吨的小煤窑建设成为产量达上百万吨的矿井，率先建成我国首批6个现代化矿井之一，走出一条老矿挖潜、建设现代化矿井之路，并在这一系列进程中逐步培育出了 “艰苦奋斗，勤俭办矿”的石圪节精神。从这点来说，石圪节精神既是对太行精神的继承，又是对太行精神的发展，它和太行精神一脉相传，是太行精神不可或缺的一个重要组成部分。

二、石圪节矿风是太行精神在煤炭行业的具体体现

石圪节精神是在20世纪60年代石圪节矿风基础上经历几十年的风雨洗涤，不断完善、不断提升演变而成的。作为太行精神在煤炭行业的突出代表，石圪节矿风在形成过程中充分体现了太行精神的百折不挠、艰苦奋斗，英勇奋斗、无私奉献的基本内容，并具有显著的煤炭企业特色。

众所周知，石圪节矿是一个有着悠久开采历史的老矿，是由资本家于1926年开办的。在旧中国，石圪节的矿工饱受地主、资本家以及日本侵略者的剥削和压榨。1945年石圪节矿工配合八路军举行武装起义，使矿山回到了人民自己的手中。翻身做了主人的石圪节老一辈矿工怀着对党的无限感激之情，积极响应边区政府“一吨煤炭，一发炮弹”的号召，全力恢复生产，努力多出煤炭，有力地支援了全国解放。新中国成立后，面对国家经过多年战争创伤，千疮白孔，百废待兴的局面，为了支援国家建设，多为国家作贡献，石圪节在国家财力维艰、物资缺乏的情况下，提出“以矿为家，以煤为业，勤俭持家，艰苦创业”的口号，他们急国家之所急，想国家之所想，不等不靠，发扬“老八路”的艰苦奋斗的光荣传统，自力更生，克服了资金、技术、人才等一系列的困难，对矿井进行改造，使矿井综合生产能力逐年提高，生产不断发展。在艰苦奋斗的企业发展进程中，石圪节逐步形成了以“八个成风”（干部与群众同甘共苦成风；新老工人团结协作成风；技术人员向又红又专的道路上迈进成风；爱护国家财产，节约成风；自力更生，发愤图强，克服困难成风；见方便就让，见困难就上的共产主义风格成风；严格遵守制度，学习钻研技术成风；以矿为家，以矿为业成风）和“三种精神”（一是“半个炮”精神；二是“十个一”精神；三是“住荆笆棚”精神）为主要内容的石圪节矿风。1963年6月石圪节矿以连续多年在全国煤炭战线效率最高、成本最低、质量最好、机构最精简的突出成绩被周恩来总理亲自树为全国工交战线勤俭办企业的五面红旗之一。同年7月2日，矿长许川珩在中南海受到周总理的亲切接见，周

总理还把他名字中间的“川”改为“传”，嘱托他要把勤俭矿风代代传下去。11月《人民日报》发表了长篇通讯《石圪节矿风》，并配发了《艰苦奋斗的石圪节矿风》的社论。从此，艰苦奋斗的石圪节矿风闻名全国。全国煤炭行业如同当年“工业学大庆”、“农业学大寨”一般，将石圪节矿风连同它的名字一起视作学习的楷模、追随的偶像。我们可以自豪地讲，由于石圪节矿风的盛行，为太行精神注入了更加丰富的内涵和更具影响的魅力。

1983年，煤炭部提出要建设一批现代化样板矿，由于国家资金紧张，再加上石圪节矿老、底子薄，基本条件差，没有被选中。石圪节的领导听说后，立即赶赴北京向煤炭部请战。他们说：艰苦奋斗就是有条件要上，没有条件创造条件也要上，艰苦奋斗就是要少花钱，多办事。最终石圪节矿破例被确定为全国首批建设的15个现代化样板矿之一。当时搞现代化矿井建设对于石圪节来说难度很大，井筒断面小，巷道狭窄，连综采设备都下不去。面对困难，石圪节人认为舒舒服服搞不了现代化。他们把“用艰苦奋斗的精神建设现代化”的标语写在矿区广场的标语牌上，以昭示石圪节人的志气和信心。经过全矿上下的共同努力，克服了一个又一个困难，终于于1986年底通过验收考核，成为我国首批建成的6个现代化矿井之一，走出一条老矿挖潜，建设现代化矿井的新路。与此同时，石圪节矿风在现代化建设的进程中，不断发扬光大、充实完善，逐步升华为具有显著特色的石圪节精神，概括起来就是“自力更生，艰苦奋斗；精打细算，勤俭办矿；开拓进取，多作贡献；干群团结，同甘共苦”。

1990年全国煤炭系统在潞安矿务局召开学习石圪节现场会，江泽民、李鹏等11位党和国家领导人为石圪节题词赠言，石圪节精神正式被确定中国煤炭工业的行业精神。1991年6月28日，江泽民、李鹏、宋平等党和国家领导人在人民大会堂亲切接见了在全国巡回演讲的石圪节矿风报告团，号召全国各条战线弘扬石圪节精神，石圪节精神再次名扬天下。此后，在1993年召开的八届人大会议期间，江泽民在谈到改革和建设中要发扬艰苦奋斗的精神时说，山西有着艰苦奋斗的传统。在煤炭战线上，有石圪节煤矿和“石圪节精神”，石圪节精神也就是艰苦奋斗的精神。希望山西的广大干部和群众要继续保持和发扬这种可贵的创业精神。

从石圪节精神的形成和发展可以看出，石圪节精神既包含了太行精神自强不息、艰苦奋斗，百折不挠、无私奉献的核心内容，同时，石圪节还结合企业发展的需要，加进了精打细算、勤俭办矿、干群团结、同甘共苦等企业管理方面的内容，赋予了煤炭企业的特色。这使得石圪节精神既吸取了太行精神的精华，又有了新的拓展和延伸，使石圪节精神成为太行精神在煤炭企业发展的典型和代表。可以说，煤炭系统发扬石圪节精神就是在弘扬太行精神。

三、大力弘扬太行精神和石圪节精神是时代的责任

在社会主义市场经济条件下，社会的形态、结构、环境以及人们的思想状况都发生了深刻变化，太行精神是否已经过时？石圪节精神还有提倡的必要吗？这在一部分人的头脑中打了个大大的问号。对此，我们必须旗帜鲜明地回答，太行精神和石圪节精神的形成都有着深刻的时代背景和深厚的实践基础。它的形成是历史的必然，它的发展有现实的依据，它必定具备强大的生命力。

尽管我国的经济有了很大发展，人民生活总体上达到了小康水平，但我国仍处于并将长期处于社会主义初级阶段，现在达到的小康还是低水平的、不全面的、发展不平衡的小康。特别是我们的社会主义市场经济体制还不完善，民主法制建设和思想道德建设还存在相当一些不容忽视的薄弱环节，收入分配不公、贫富差距过大、腐败现象滋生、社会道德缺失等问题仍然严重地困扰着我们的发展，拜金主义和享乐主义相当盛行，艰苦奋斗意识、无私奉献意识越来越淡漠。要从根本上解决这些问题，需要继续发扬党的优良传统，需要优秀的民族精神来充实人们的头脑，需要从井冈山精神、长征精神、延安精神、西柏坡精神，以及包括石圪节精神在内的

太行精神中不断汲取精神动力。

我们应该清醒地认识到，虽说这些年我国取得了日新月异的变化和发展，但我们和发达国家的差距依然很大，我们发展的道路依然任重道远。发扬太行精神和石圪节精神，就是要以强烈的历史使命感和紧迫感，以自强不息、奋发图强的精神状态，充分发扬我们的优良传统，以充满智慧的头脑和坚忍不拔的意志，充分利用一切条件，千方百计创造一切条件，去快速持续地实现我们确立的新的发展目标。只有这样，才能团结带领全省人民不畏艰险，艰苦奋斗，万众一心，无私奉献，克服和战胜各种困难和阻力，为实现中华民族的伟大复兴贡献我们自己更大的力量。

精神是具有能动作用的，在一定条件下，某种精神甚至会成为某一群体信仰的“图腾”。这种有着“图腾”地位的精神，对于认同、信仰它的群体和个人，具有巨大的感召和鼓舞作用。使他们能够焕发极大的热情，以这种精神所要求的样子去改造乃至创造世界。这是被古今中外无数历史事实证明了的。太行精神和石圪节精神就曾在不同的历史时期发挥过这样的作用。在新时期，在新的经济、社会条件下，作为行业品牌的石圪节精神和作为山西地域品牌的太行精神，依旧有着旺盛的生命力和巨大的精神力量！

现实需要我们更好地继承和弘扬伟大的太行精神和石圪节精神，但不能是简单的继承，而是要以发展的眼光，实事求是的、科学的态度继承和发扬太行精神和石圪节精神。这就要求我们，必须在科学发展观指导下，坚持以人为本，大走群众路线，解放思想，与时俱进，不断创新。

近年来，为了大力弘扬石圪节精神，潞安专门成立了石圪节精神研究学会，创办了会刊《实践与研究》，并多次组织各种形式的研讨会。通过弘扬石圪节精神，为潞安战略发展注入了强大的精神动力，使潞安在科学发展之路上又好又快地迈进，取得了快速的发展。如今，潞安又制定了“十二五”规划，提出了建设既强又大的国际化新潞安，争取用5年的时间跨入中国企业500强，跻身世界500强的行列。为了全面融入这一发展战略，石圪节矿也相应提出了构建“一矿多井”，打造千万吨煤炭企业，建设文明国色、和谐绿色、新型特色的石圪节矿。新的形势使石圪节精神有了新的发展机遇，煤炭系统再次唱响石圪节精神主旋律也为石圪节精神的再发展提供了广阔的舞台。石圪节精神必将在煤炭行业科学发展的新征程中焕发出新的生机，发挥出更大的作用。

当前，山西省委、省政府提出了转型跨越发展的伟大目标。伟大的事业需要崇高的精神，崇高的精神推动伟大的事业。太行精神和石圪节精神有了更广大的用武之地，作为太行儿女，我们必须保持昂扬向上的精神状态，以敢为天下先的勇气和决心，大胆创新、奋发图强。为此，我们必须大张旗鼓地弘扬太行精神和石圪节精神，不断赋予太行精神和石圪节精神以更加贴近时代的新内涵，用太行精神和石圪节精神武装我们的头脑，使之成为支撑山西又好又快发展的强大精神支柱，成为引领山西人民为过上幸福美满的生活而努力奋斗的不竭动力。

（作者系潞安集团石圪节煤业公司党委书记）

秉承太行精神 弘扬太旧精神 促进我省交通事业发展

□ 李志刚　田卫川

巍巍太行山哺育了中国革命，由此而孕育形成的太行精神是中国共产党和中华民族的一份宝贵财富，是数千年来中华民族精神的积淀和延续。中国共产党带领全国人民依靠这种精神，在赶走了日本侵略者后，又全力支援解放战争；也正是依靠这种精神，三晋人民努力开展社会主义现代化建设，并在太旧高速公路建设的实践中形成和培育起来太旧精神。太旧精神是太行精神在改革开放和社会主义现代化建设新时期的继承、发展和光大。秉承太行精神、弘扬太旧精神对于实现我省交通事业跨越发展具有十分重要的现实意义。

太行精神是太旧精神产生的精神源泉

太行精神产生于伟大革命斗争的实践，其生命活力又深深植根于不断发展前进的新的实践之中。三晋人民紧密联系社会主义改革发展的新的实践，不断赋予太行精神以新的时代内涵，在新的实践中继承和发扬太行精神，正是在这样的背景下，孕育和产生了太旧精神。

20世纪90年代，随着社会主义现代化事业的不断推进，各地经济迅猛发展，作为全国能源重化工基地的山西，交通闭塞，道路不畅，成为制约山西经济发展的主要瓶颈之一，为此，山西省委、省政府审时度势，以坚定的决心和卓然的胆识，决定修建太旧高速公路，振兴山西经济。从此，在山西公路建设及至山西经济建设史上揭开了崭新的一页。

太旧高速公路，西起省会太原，东至省界旧关，全长144公里，是打开山西东大门的第一条现代化的交通要道。它的建成使我省的公路与京石、京津塘高速公路连接起来，直接方便于山西同首都北京的联系，大大缩短与环渤海经济圈、沿海城市和港口等发达地区的距离，从根本上改善了山西落后的交通条件、给山西带来巨大的经济和社会综合效益，是我省的开放路、致富路、希望路，对于扩大山西对外开放，加快经济发展的步伐具有非常重要的战略意义。然而，修路之难，难于上青天！太旧高速公路的80%路段处于崇山峻岭的太行山腹地，仅有22公里处于平原微丘区，其施工难度之大，地质条件之差，建设投资之巨，在当时的山西及至全国的高速公路建设史上也属罕见。在严峻的困难和挑战面前，山西省委、省政府领导以共产党人的宏大气魄和远见卓识，勇担风险，迎难而上，于1994年6月25日在太旧高速公路建设工地现场办公，吹响了决战太旧、决胜太旧的进军号角。三晋人民群情振奋，万众一心，捐款捐物支援建设。沿线群众识大体，顾大局，像革命战争年代太行老区人民支前一样拆新房、献良田，做出了巨大的牺牲。五万筑路大军劈高山、填沟壑、打隧道、架桥梁，冬战严寒，夏冒酷暑，克服时间紧、任务重、质量要求高、施工难度大的重重困难，脱皮掉肉，浴血奋战，取得了辉煌的建设成就，涌现出一大批可歌可泣的英雄人物，谱写了一曲曲气吞山河、威武雄壮的创业者之歌。1996年6月25日，太旧高速公路全线建成通车，实现了山西高速公路零的突破，创造了“五年工期三年完，概算投资不突破30亿，工程质量获‘鲁班奖’”的建设佳绩，并创育了享誉全国的“自力更生，艰苦奋斗，不屈不挠，勇于奉献”的太旧精神。

太旧精神的实质与内涵

太行精神是国家和民族处于危亡的关键时刻，中国共产党人领导太行儿女展现的勇敢顽强、不畏艰难的革命英雄主义精神，是在极其艰苦的条件下展现的百折不挠、艰苦奋斗的精神，是为人民利益展现的勇于牺牲、乐于奉献的精神，是数千年来中华民族精神的积淀和延续。

太旧精神植根于充满生机和活力的三晋大地，诞生在“万众一心建太旧，千军万马战太行”的火热生活之中，是新的历史条件下人民群众伟大实践的产物，是太行精神的传承与发展。历史上山西人所具有的自强不息、坚忍不拔的刚毅品格，在革命战争年代形成的光耀千秋的“太行精神”、“吕梁精神”，在社会主义革命和建设时期以及在改革开放的新形势下诞生的“大寨精神”、“石圪节精神”、 “申纪兰精神”、“李双良精神”、“赵雪芳精神”，与太旧精神一脉相承，是太旧精神形成的重要的历史基础。这些精神令人鼓舞，催人奋进，是屹立在三晋大地上一座座光彩夺目的丰碑，它们集中体现了山西人民自力更生、艰苦奋斗、坚忍不拔、自强不息、奋力拼搏、勇于进取的伟大品格。这种精神曾鼓舞和激励一代又一代三晋儿女战天斗地，改造世界；在新的历史条件下，又培育和滋养着一批又一批英雄志士，奋发进取，建功立业。

太旧精神一个科学的概念和完整的体系，其内涵是极为丰富的：改革开放，兴晋富民的开拓精神，是太旧精神的核心内容；不屈不挠，愈挫愈奋的拼搏精神，是太旧精神的基本品格；顾全大局，无私奉献的牺牲精神，是太旧精神的价值取向；科学管理，讲求效益的求实精神，是太旧精神的突出特征。

党的领导是太旧精神形成的根本保证；邓小平同志建设有中国特色的社会主义理论是太旧精神形成的思想基础和活的灵魂。它们互相联系，相互依存，是一个不可分割的有机整体。纵观太旧路建设的历程，可以清楚地看到，是改革开放的时代大潮，冲击着山西这块黄土地，为三晋儿女提供了前所未有的发展机遇。但是，如果没有邓小平同志建设有中国特色的社会主义理论为指导，没有山西省委坚强有力的领导，没有三千万山西人民和五万筑路大军的艰苦奋斗、无私奉献，就不可能有太旧高速公路建设的伟大实践，也就不可能产生震古烁今的太旧精神。只有站在时代发展的高度，全面科学地认识和理解太旧精神，才能把握太旧精神的价值和根本所在，太旧精神才有巨大的实践意义和强大的生命力。

太旧精神继往开来，熔古烁今，枝深叶茂，生机勃勃，太旧精神顺应改革潮流，紧扣时代节拍，是山西人民在改革开放和现代化建设的伟大实践中创造出来的崭新精神，具有鲜明的时代特征。它融合了现代人特有的时间观念、效率观念、质量观念、科技意识、管理意识、发展意识，是改革开放的时代精神、艰苦奋斗的光荣传统与兴晋富民的伟大实践三者的有机统一，是山西人民在新的历史条件下创造的精神丰碑。它是一面伟大的旗帜，召唤、凝聚着三千万人民的兴晋富民的伟大事业，团结奋进，再铸辉煌；它是一座明亮的灯塔，引导人们树立正确的人生观、价值观，走好人生之路；它是一面锃亮的镜子，使那些患得患失、惧险畏难、因循守旧、夸夸其谈者黯然失色，使勤勤敬业、埋头苦干、克己奉公、敢闯敢冒者熠熠生辉；它是一面擂响的战鼓，使后进者幡然猛醒，奋起直追，使先进者百尺竿头，催马奋蹄。总之，太旧精神作为一种精神动力，其功能和作用是综合的，它是推动和促进山西经济建设的伟大力量源泉。

新形势下太旧精神的传承与弘扬

三千里路云和月，从1996年太旧高速零的突破，到大运高速挺起山西的脊梁，再到2010年山西高速公路通车突破3000公里，一条条现代化的高速公路，直贯南北，横跨东西，推动着山西转型跨越的强劲步伐！但是，随着山西省高速公路通车里程的快速增长以及网络结构的不断完善，区域经济的发展对高速公路的依赖性越来越强，人民群众对高速公路服务质量的期望值越来越高。

山西太旧高速公路有限责任公司作为太旧高速公路的管理者和太旧精神的传承者，15年来，在省交通运输厅、省高速公路管理局的正确领导和大力支持下，深入贯彻落实科学发展观，弘扬和秉承太旧精神，牢牢把握“爱我太旧，争创一流”的企业精神，紧紧围绕“依法管理、科学养护、文明收费、优质服务”的工作方针，坚持“安全畅通是首要责任，和谐发展是永恒主题，人才兴路是核心战略，员工幸福是不懈追求”的经营管理理念，团结拼搏，锐意进取，正在为我省交通发展作出了积极贡献。

（一）牢牢把握太旧精神的核心思想，坚持提升公共服务水平，这是实现太旧高速又好又快发展的精神动力

太旧高速公路作为我省第一条高速公路和全国首条荣获“鲁班奖”的高速公路，其意义早已超出了一条普通高速公路，而成为一种象征、一种代言、一个品牌。如何更好地管好这条闻名全国的路，如何更好地服务社会、回报社会、造福百姓、惠及于民，始终是太旧路历届领导班子首先思考的课题。作为太旧精神的传承者，太旧人丝毫不敢懈怠，始终坚持“太旧路上无小事”的原则，聚全员之智，集全员之力，全力提升公共服务水平。

一是破解难点，提升路网通行能力。太旧路作为晋煤外运的主要通道，车流量增长异常迅猛，目前日均通行量达3.5万辆次。多年来，在省厅、局的大力支持下，因地制宜地实施扩容改造，将旧关收费站建设初期的3进7出扩容为现在的9进16出25条车道，整体通行能力提高2.7倍；完成太石方向阳胜河以东、峪头至晋中服务区共15.4公里的爬坡车道扩容改造，实现了三车道通行，使路网通行能力得到有效提升。

二是突出重点，保障道路安全畅通。为彻底改善道路行车环境，太旧高速路的管理者边通车、边施工，克服重重困难，经过三年分阶段施工，圆满完成了路面大修任务。加强对桥涵、隧道、高挡墙等重点部位的隐患排查和集中整治，在连续下坡路段增设紧急避险车道；修建小型停车场4处，加宽加长紧急停车带22处；单线砌筑防撞墙及安装三波板66.7公里；完成了坡头特大桥、聂家庄特大桥等桥梁维修加固任务，联合高速交警集中整治道路行车秩序，太旧路整体安全性始终保持在稳定状态。

三是关注焦点，提高应急保障水平。太旧路车流量大、地质情况复杂、重型货运车多，交通事故易发，应急管理的任务重、责任大。我们坚

持预防与处置相结合，应急与常态相统一，先后成功处置了2006年3.27水文地质灾害、2009年11.9强降雪、2010年6.3阳盂高速上跨桥横梁坠落、2011年4.11粗苯泄漏等10余起突发公共事件，在危急关头一次次展示了太旧人敢担当、负责任的社会形象。

（二）牢牢把握太旧精神的本质内涵，坚持精细管理，创新服务，这是实现太旧高速又好又快发展的根本保证

太旧精神是太旧路建设的强大精神动力，更是太旧路运营管理的宝贵财富。我们认为，管理太旧路必须有先进的管理理念做引领，精细的基础管理做支撑，才能实现路网功能最大化和服务效能最优化。

规范化管理高效有序。我们率先在全国同行业通过质量、环境、职业健康安全管理体系认证，编写了《工作标准》系列丛书。结合太旧路管理发展实际，完善了精细化管理系列文件，构建了运营管理标准化体系。养护管理科学严谨。坚持以“全寿命周期成本最小化理念”为主导，深入推进“畅通工程”建设，科学制定管养措施，加大机械化、科技化和预防性养护投入，全路段公路技术状况指数MQI始终保持在92以上。收费管理文明优质。坚持以“精细化、塑品牌、高效益”为目标，深入推进“形象工程”建设，不断提高文明服务水平和收费站快速放行能力，努力塑造服务窗口形象。路政执法规范严谨。坚持以“保护路产、维护路权、维持秩序、保障权益”为主线，深入推进“阳光工程”建设，积极保护路产设施安全，保障道路安全畅通。全力抓好治超工作，积极推行“三关联动”监管机制，“双超”治理控制在了0.003%。服务区管理周到细致。坚持以“服务规范、功能完善、环境优美、顾客满意”为要求，深入推进“温馨工程”建设，创新服务经营模式，扩大延伸公益服务范围，提高经济效益和社会效益。信息机电管理实时高效。坚持以“信息化带动管理智能化”为切入点，升级改造机电系统，全力确保系统运行稳定、信息传输及时准确。搭建信息共享平台，多渠道及时发布路况信息。资本融资作用突出。2000年，太旧路为大运路建设融资20亿元，2004年、2005年为夏汾、汾离

高速公路融注资金15亿元，为我省交通发展作出了积极贡献。

（三）牢牢把握太旧精神的时代特征，坚持围绕中心，服务大局，这是实现太旧高速又好又快发展的重要保障

我们始终以改革创新的精神加强党的执政能力建设和先进性建设，不断丰富文明创建活动载体，推动各项运营管理工作健康发展。深入开展创先争优活动，推行党员领导干部岗位承诺践诺制，大力开展“五个一”学习实践活动，加强党员领导干部集中轮训，特别是全员思想政治教育，不断提高党建工作科学化水平。创先争优活动开展以来，公司多次受到命名表彰，太旧公司被省直精神文明建设指导委员会授予“省直文明和谐单位标兵”；武宿收费站被中国海员建设工会全国委员会授予“全国公路交通系统优秀五型班组”；平定收费站被全国妇女巾帼建功活动领导小组授予“全国巾帼文明岗”；晋中养护处被山西省总工会授予“工人先锋号”，同时也涌现出了陈永寿等22名先进个人，他们较好地发挥了先进典型的示范、引领和带动作用，真正将活动打造成了推动公司科学发展的“创新工程”，激发党组织生机活力的“凝力工程”和职工群众满意的“民心工程”。大力开展“爱我太旧、争创一流”活动，着力培育太旧特色文化，将企业文化的核心理念和价值观内化于心，固化于制，外化于行，形成了“一条路，万人心”文明共建大格局。多年来，公司共荣获各级各类荣誉90余项。

15年的运营管理给太旧精神赋予了丰富的内涵，所取得的成绩和经验既是对太旧精神的具体诠释，又是对太旧精神的发扬光大，是太旧人永不枯竭的力量源泉。我们坚信，在太行精神、太旧精神的感召和指引下，在山西省委省政府、省交通运输厅、省高管局的正确领导下，必将拥有山西交通事业转型跨越发展更加辉煌灿烂的明天。

（李志刚：太旧高速公路管理有限责任公司董事长）

（田卫川：太旧高速公路管理有限责任公司党委书记）

锡崖沟精神是太行精神之薪火相传

□ 裴余庆　裴星星

八百里太行，在抗日战争中形成了伟大的太行精神。太行之南的锡崖沟在20世纪90年代改革开放的洗礼中，创造了伟大的锡崖沟精神。1994年时任山西省委书记的胡富国同志题词“锡崖沟精神万岁”，号召全省人民学习锡崖沟精神治穷致富，开发开放。锡崖沟精神由太行精神之薪火相传而发，成为新时期的太行精神。

一、锡崖沟精神的形成和发展

意识是物质的反映。锡崖沟精神作为一种社会意识，它同样是锡崖沟人几百年社会实践的产物。

锡崖沟，位于陵川县境最东端，晋豫两省交界处，全村217户人家，840余人散居在面积为11.5平方公里的山沟里。这里群峰环列，洪壑万丈，少有人烟。《陵川县志》记载：“东有马东岭之屏障，西有华山之阻隔，北有王莽岭之险峰，南有青峰巍之对峙。四山夹隙之地称曰锡崖沟，因地形险恶，绝路，沟人多自给自足，自生自灭。偶有壮侠之士舍命出入于悬崖削壁间。”史书描绘了锡崖沟人“险恶、绝路”的苦难，同时也记载了锡崖沟人“舍命出入”的悲壮。

锡崖沟艰苦的环境锻造了锡崖沟人面对苦难勇于抗争的天性。战争年代，锡崖沟人背负着战祸和封建地主的盘剥。抗日战争的烽火打造了锡崖沟人坚忍不拔、坚强不屈的性格。解放战争中，太行革命根据地那种不畏艰难、不怕牺牲、百折不挠、艰苦奋斗的太行精神熏陶、激励着锡崖沟人。锡崖沟人民在十分困苦的条件下，节衣缩食，为人民解放军做军鞋、送粮、抬担架、救护伤员、送子女上前线。革命战争的胜利，使锡崖沟人从封建地主阶级的压迫和剥削下解放出来，自己当家做了主人；新中国的诞生，鼓起了锡崖沟人摆脱贫困、走向富裕的勇气。然而，山域的封锁，使他们难以走出“四山夹隙”，虽几经努力，几经奋起，仍然在温饱线上挣扎和徘徊。

大寨、西沟、红旗渠改天换地、改造河山的社会主义建设热潮，也使锡崖沟人耳濡目染，受到了启迪。锡崖沟人认识到了：走不出大山，就走不出贫穷；战胜不了大山，就战胜不了愚昧；只有从大山中解放出来，锡崖沟人才能真正得到解放。

1962年，一位县委副书记来这里下乡，骑着马走到崖头找不到下山的路，把马也吓死了，回去以后，县委副书记立刻决定从县里有限的资金里，给锡崖沟村拨了3000元钱。因通往村里的路太难走，只能让工作人员将钱用油纸包好，从山崖上用绳子吊到崖下，让村里人修路。党支部副书记、复员军人杨文亮受命出征，从此，锡崖沟人走上了艰苦卓绝的自我拯救之路。当年在战争中负过枪伤、立过战功、做过皮定均将军的警卫员的杨文亮第一个挂着大绳下了百丈悬崖凿眼装药，点燃了锡崖沟开山凿路的第一炮，从龙口炸开一个口子，从此开路数年，锡崖沟才有了一个与外界连同的驴驮小道。但这条路太窄太险，只有胆大的人敢走，他们试图赶猪出山，结果赶了27头猪走了一里多就摔死了13头。

第二次，他们又换了一个方向修路，修到半途，无法前进，反而引得山上的狼进了村，被称为“狼道”。

第三次修路，他们想发挥愚公精神，将山打穿，凿一个洞钻出去，结果打了100米，碴也不好出，烟也无法排，交通局技术员说“以你锡崖沟的条件，80年打不通，5代人不受益”，结果这个洞变成了“羊窑”。

三起三落，锡崖沟人20年的奋斗与探索，是希望与失望的心灵煎熬，是汗水和着心血的挥洒与搏杀。三次筑路的失败，锡崖沟人并没有甘心，更没有死心。

在党的十一届三中全会之后，改革开放的春风吹进了锡崖沟，勤劳、朴实的锡崖沟人也在向富裕迈步。锡崖沟村买了几部汽车，但车下不了山，放在王莽岭上；锡崖沟建起了果园，但果出不了山，烂在了家里。锡崖沟人摆脱贫困、摆脱愚昧、走向富裕、走向小康的愿望更加强烈了。走出大山、开阔视野、增进知识、逐鹿中原的要求更加迫切了。党的富民政策在激励着锡崖沟人，外面精彩的世界在吸引着锡崖沟人，改革开放的时代在呼唤着锡崖沟人，锡崖沟再不能没有路了，锡崖沟人总结20年开山凿路的经验和教训，要自力更生、艰苦奋斗、愚公移山、百折不挠，又要尊重科学、培养人才、学习技术、实干巧干，更要勇于开拓、勇于创新、冲破封闭、积极进取。锡崖沟精神在改革开放的大潮中得到了充实，得到了完善，得到了升华。

1982年，锡崖沟第四次开山凿路的战役打响了，改革的呼唤使他们义无反顾，一干就又是10年。这开山凿路最后的10年，是最苦的10年，最难的10年，也是最卓有成效的10年。在战役的攻坚阶段，1990年3月，党支部书记宋志龙带领全村青年，卷着铺盖，带着锅灶，索性住进了山洞，发誓“路不通车，人不下山”，经过450个日日夜夜的艰苦奋战，终于在悬崖峭壁上一钎钎、一锤锤地凿通了1245米的山洞，为走出锡崖沟攻克了最后一道难关。

1991年6月，第一辆汽车驶进了锡崖沟，锡崖沟几代人为之付出血的代价的“锡崖路”修通了，这条路不仅打开了锡崖沟人致富的康庄大道，也造就了锡崖沟人不畏艰难、勇于进取、勇于开拓的时代意识。

二、锡崖沟精神的科学内涵

事物的内涵反映事物的本质属性。锡崖沟精神的内涵是丰富的，我们把它概括为五个方面。这五个方面都是艰苦奋斗的各个侧面。在一定意义上讲，锡崖沟精神就是一部鲜活的艰苦奋斗史。

（一）自力更生、艰苦奋斗的创业精神是锡崖沟精神的核心

自力更生，艰苦奋斗，就其本质意义而论，是一种知难而上、坚忍不拔、克勤克俭、顽强拼搏、不怕牺牲、不达目的誓不罢休的精神风貌。“天行健、君子以自强不息”，这既是我们中华民族的传统美德，也是我们党的优良传统和作风。锡崖沟精神，便是继承了中华民族的传统美德，发扬光大了我党的优良作风。

锡崖沟修路，时间长，工程大，而集体家底薄，村民手头穷。20世纪80年代，据交通部门测算，这条7.5公里的锡崖沟路需300万元，这对一个贫困山村来说是一个天文数字。然而他们不等不靠，自力更生，投工10.8万人，仅用了59.6万元材料费，最终打通了出山的道路。锡崖沟靠什么？用时任党支部书记宋志龙的话说：靠的是志气，靠的是双手。办法就是一个，勒断裤带也要干！为了筹集资金，他们捧出了准备娶媳妇的积蓄，献出了当年过门的嫁妆，捐出了备下的棺材，变卖了菲薄的财产。村委会卖掉了集体的树木、牛羊、饲养室、连几间办公室也作了贷款的抵押。他们决心作一次破釜沉舟、决死一战。他们组成了党员攻坚队、青年突击队、光棍决死队、妇女支前队，全村男女老少都扑在了修路上。为了修路，有的村民一连5年吃在山上、住在山上、干在山上，靠盐巴搅玉米圪糁填饱肚子，化雪水解渴，宁可脱皮掉肉，宁可不顾老婆孩子，凿不通山不下山，成了名副其实的“山顶洞人”。为了修路，许多村民落下了胃病、关节炎、腰腿疼，老支书董跃怀、村民宋双保还献出了生命。短短7.5公里山路，漫漫30年，几代人的苦斗、汗水、泪水、鲜血、生命，锡崖人都付出了。悬崖峭壁、挫折失败、痛苦绝望也都被锡崖沟人战胜了！锡崖沟人靠的是自力更生，靠的是艰苦奋斗。昨天，锡崖沟人用它修通了出山路；今天，锡崖沟人正在用它开出一条致富路。

（二）愚公移山、百折不挠的拼搏精神，是锡崖沟精神的精髓

创业精神是拼搏精神的理想境界，拼搏精神是创业精神的物质力量，

这一因果关系在锡崖沟表现得十分明显。是安于天命？还是奋起搏击，是自给自足、自生自灭？还是凿山修路、走出大山，是做愚公？还是做智叟。锡崖沟人曾经历了反反复复的思想酝酿，是毛主席《愚公移山》的启迪，是愚公精神的支撑，才使锡崖沟人一次次冲破艰险，闯过难关。

修路两次受挫后的1978年农历正月的支委会上，支委们围绕着是留在山西还是划归河南的问题争论起来，7名支委分成两派，一派坚持要求请示上级把锡崖沟划归河南。他们历数了锡崖沟人祖祖辈辈受的没有出山路、修路又修不成的苦难，认定锡崖沟没出路。河南省山区少，归了河南，当时可以得到每年每人调剂50公斤小麦，免缴公粮的照顾；另一派坚持留在山西，誓要打通出山路，一代不行两代，两代不行三代，路通人安、路通人和、路通人兴，不能躺在政府身上过日子。修不通路，归哪儿也好活不了，要好活，就得靠自己奋斗。锡崖沟水足地肥，只要开通路，乡亲们的生活就能好起来。

支委会一直开到深夜，两派的思想难以统一，第二天接着又开支委生活会，先学习毛主席的“老三篇”，学习《愚公移山》，树愚公精神，批智叟思想。第三天，第四天又召开了两天党员大会，搞思想整风。全村27名党员全参加，围绕去与留的问题，再学《愚公移山》，开展批评与自我批评，重点帮助3个支委检查认识知难而退的错误。时任党支部书记的林小保说，咬咬牙，勒勒裤带，进一步，就能翻个身；要是退下来，几辈子也翻不了身。想逃避修路，就是智叟。通过3天4夜的支委会和支部大会，党支部做出决定：有党在，就有出路，出路就是继续修路！每年每个劳力投义务工70个，人均40个。从这年起，党员没有一个外迁的。党支部带领群众每年挖山，拼上命又苦干了10多年，终于挖通了这条出山路。

（三）牺牲自我、造福后代的奉献精神是锡崖沟精神的价值取向

这一条十分重要。为公的艰苦奋斗精神才有高尚的社会价值；反之，为私也可以艰苦奋斗，但两者价值却大相径庭。我们是文明国度，自古就提倡为公。《尚书》说：“以公灭私，民其允怀。”就是说只要为公而

行，人民就会忠诚地拥护。《礼记》说：“大道之行也，天下为公。”把为公作为社会发展的必须遵循之道。革命导师更是提倡为公的精神，列宁提倡星期六劳动日就是为公的义务劳动。所以，我们论述锡崖沟精神，特别注重锡崖沟人民的为公精神，它的意义和价值远远超过了其可作用的对象。我们清楚地看到了锡崖沟的修路，是为了国家、为了集体、为了造福子孙后代，而不是为了自己的私利挖空心思，竭尽全力，不顾他人，损害国家，损害集体。一个社会，在奉献与索取的对比上，如果奉献小于索取，整个社会的动力只会是负数，这个社会就会停滞，就会倒退；只有奉献大于索取，整个社会的动力才是正数，社会才能前进。

“前人栽树，后人乘凉。”“要想富，快修路，想大富，修大路。”谁都拍手赞成，但是，栽树、修路，在眼前的市场机制下绝不会急功近利，需要奉献，需要牺牲，而锡崖沟人义无反顾地选择了开山凿路，选择了奉献，选择了牺牲，这是锡崖沟精神的价值取向。也是当今社会主义核心价值体系所倡导的价值取向。

锡崖沟的共产党员，用自己的汗水、泪水、鲜血和生命实践着党的全心全意为人民服务的宗旨，他们牺牲在前，奉献在前，也正是这样，锡崖沟人才能够紧紧团结在党支部周围，跟着党员顶着风险闯，迎着困难上。

在30年修路过程中，从“驴路”、“狼路”、“羊窑”到最后修成出山汽车路，第一个上山打头阵的是支委成员，第一批上山修路的是共产党员、村干部；遇到困难、发生动摇、坚持斗争、支持修路的是党支部，是党员。1990年，当工程进展到老虎嘴时，最艰巨危险的情况出现了。由于地质结构复杂，塌方不时发生，随时都有砸伤砸死的危险。这时，一些群众害怕了，拖亲人的后腿，怎么办？党支部决定，支部成员、党员、干部带头上，哪里危险上哪里。时任党支部书记的宋志龙，带着两个亲兄弟、妹夫、本家叔叔等几十个人首先冲上了老虎嘴。群众看到党员、干部不怕险，不怕死，也就跟着上来了，结果用了一年零四个月的时间，硬是啃下了老虎嘴。1990年腊月，60多岁的老支书董怀跃，就在即将完工的一次爆破中，他抢先去排哑炮，献出了宝贵的生命，这位锡崖沟人心目中最权威的共产党员倒在了血泊中，力图前去拉他的宋双保也倒在飞腾的巨石中，他们用自己的生命实现了自己的誓言。

（四）尊重科学、实干巧干的务实精神是锡崖沟精神的内在要求

“科学技术是第一生产力”，是邓小平同志的英明论断。江泽民同志在党的十四大报告中重申：“振兴经济首先要振兴科技。只有坚定地推进科技进步，才能在激烈的竞争中取得主动。”胡锦涛总书记的科学发展观是我们新时期的指导思想。掀开中华民族的历史画卷，有多少艰苦创业的事迹，由于缺乏科学性，却事倍功半，而半途夭折者，更屡见不鲜。锡崖沟人以愚公精神，挖山不止，而遇到挫折、遇到困难时，他们必然要去寻找科学方法，去学习技术，用科学武装自身战胜困难。尊重科学、实干巧干是锡崖沟精神的内在要求。

锡崖沟人第三次凿山，苦干了一年，当洞打到36米深的时候，放炮烟雾排不出来，加上缺氧，无法再干，这就是后来的“羊窑”。这次失败，确实使一部分人动摇了。有人说，锡崖沟修路是梦里娶媳妇——想得美。面对这种失败的悲观情绪，党支部、村委会和大家分析失败的教训，主要是线路没有选好，打洞的方法不对头，而绝不是什么走到了绝路上。党支部又发动群众重新选择线路，请来了县里交通部门的技术人员帮助勘测设计，传授凿山打洞的科学方法，派出人员到外地筑路开渠工地学习。教育大家要实事求是，讲究科学，根据地质状况，因地制宜，采用科学方法，实干巧干，不能蛮干，要讲效益、讲成本、讲速度、讲质量。使大家从挫折失败中吸取了教训，看到了希望和光明，重新鼓起了继续修路的勇气。从此，讲科学、学技术、求实效成为锡崖沟人的新风尚。

（五）走出大山、逐鹿中原的开拓精神是锡崖沟精神的时代特征

锡崖沟人世世代代生活在大山封闭的沟底，自给自足，自生自灭，过着贫穷艰难的生活。新一代锡崖沟人不甘心屈服于大山的封锁，他们向往着大山外面的世界，渴望走出大山，也盼望着外边的人能走进大山来。

他们中有许多人见识过山外世界，许多年轻人在部队军旅生活中得到过锻炼。他们热爱家乡，但不满足于在自然条件束缚下继续过那种仅仅维持人的生存的生活。他们向往着改革开放，向往着更高的物质文明和精神文明。当他们返回故乡的时候，他们学会了用新的眼光重新审视故乡的一草一木。他们看到，家乡到处奇峰异石、清泉瀑布、山水旖旎、风光宜人，旅游资源丰富；围塘养鱼、栽桑养蚕、种植粮食作物和果木都有着优越的条件。家乡水草丰茂、牧坡充足，发展畜牧业也得天独厚；蓄水发电、开采红石建材也有着资源优势。而紧邻河南发展工贸，进入中原市场，面向全国发展也十分便利。而这一切优越的条件，都只因为道路不通而黯然失色。正是基于这种冲破封闭、改变家乡面貌的渴望，使他们立志要在悬崖峭壁上开出一条“解放路”、“幸福路”来。在锡崖沟人身上，改革开放与艰苦奋斗浑然一体。冲破封闭、追求开放是向大山开战的动因，而百折不挠、艰苦奋斗是实现和追求开放目标的必经过程。因此，走出大山、逐鹿中原的开拓精神成为锡崖沟精神的又一内涵，体现着它的时代特征。

三、锡崖沟精神的现实意义

辩证唯物主义认为：物质决定意识，意识对物质具有能动的反作用。锡崖沟精神，是锡崖沟人在革命战争、社会主义革命和建设、特别是在改革开放的实践活动中形成的思想结晶，是太行精神的传承和发展，它作为一种社会意识，对于我们改革开放的社会实践同样有着极其重要的作用，有着极高的推广和应用价值。

（一）锡崖沟精神是改革开放和现代化建设的动力源泉

今天我们进行的改革开放和社会主义现代化建设，是中国人民在中国共产党领导下的一次新的伟大创业。同民主革命相比，其路程将更长，任务将更艰巨，工作将更伟大，我们只有继承和发扬艰苦奋斗精神，保持那么一股劲，那么一种革命热情，坚持以邓小平理论和“三个代表”重要思想为指导，深入贯彻落实科学发展观，才能胜利完成这一新的长征。2005

年7月29日抗日战胜胜利60周年前夕，中共中央总书记胡锦涛在武乡参观太行抗日根据地旧址时说："八路军和太行儿女为抗日战争的胜利作出了巨大牺牲和重要贡献。抗日战争中培育的太行精神，凝聚着中国共产党人的优秀品质，凝聚着中国人民的奋斗精神，永远是中华民族的宝贵精神财富。"大力弘扬锡崖沟精神，对于我们把握机遇、加速现代化建设十分重要。创业维艰，古今中外都不例外。不管哪个民族和国家，要求得生存和发展，总得要有一点精神，总要努力奋斗。我们国家的现代化建设是在社会主义初级阶段的经济、社会条件下进行的，更需要强大的创业精神为支柱。学习锡崖沟精神，自觉艰苦奋斗，甘愿奉献牺牲，不怕困难，勇于开拓，才能胜利地完成改革开放和社会主义现代化建设的宏伟大业。

（二）锡崖沟精神是搞好党的基层组织建设的重要保证

锡崖沟人之所以能在地理环境极差、缺乏资金、缺乏技术的条件下，创造出常人难以想象的奇迹，关键在于锡崖沟有一个坚强的党支部。当锡崖沟人遇到挫折，几经失败，失去信心和勇气时，是党支部的坚强领导与党员干部的身先士卒、自我牺牲的精神，才重新坚定了群众的信心，鼓起了群众的勇气。胡锦涛总书记在2011年1月中纪委十七届六中全会上讲："我们要从巩固党的执政基础的高度，充分认识基层工作的极端重要性，大力加强基层干部作风建设。"在纪念建党90周年的今天，我们更要认真学习锡崖沟精神，向锡崖沟党支部那样，勇于批评和自我批评，经常开展思想整风，发挥党员的先锋模范作用和党支部的战斗堡垒作用，正确认识和处理个人利益与党的利益、局部利益与全局利益、眼前利益与长远利益的关系，发扬勇于牺牲、勇于奉献、全心全意为人民服务的精神，对于加强党的基层组织建设，提高党组织的战斗力、凝聚力，加强党的基层组织在人民群众中的向心力、号召力，从而增强党的执政能力，有着十分重要的现实意义。

（三）锡崖沟精神是贫困地区脱贫致富的精神支柱

锡崖沟人是靠30年艰苦创业才闯出了一条脱贫致富的路。2008年末，晋城市委、市政府就“全市解决偏远山区贫困农村突出问题”开展为期一个月的大调研，市委五届四次全会出台了《关于解决偏远山区贫困农村突出问题的实施意见》，将全市500个农民人均纯收入低于3000元的贫困村列为扶贫开发的对象，提出发扬锡崖沟精神，扶贫先扶志，延伸“五个全覆盖”，培训农村实用人才，实现“一村一品”帮扶项目。在全市深入开展了“破穷障、改穷业、挪穷窝、挖穷根”为主要内容的扶贫攻坚战役。于2009年首批启动了210个贫困村，2010年启动150个贫困村，今年又启动了150个贫困村，计划用3至5年时间，基本解决全市偏远山区贫困农村存在的上学难、吃水难、看病难、出行难、增收难等突出问题。

两年来，这些贫困村农民收入增长幅度大大超过全市平均水平，尤其是已扶持了的360个贫困村，已有50%的村步入持续、快速、健康发展的轨道。2010年底，360个贫困村农民人均纯收入已由扶贫开发前的2453元增长到3300元，增长25.4%。据国民经济统计资料，2010年度，我省农村居民人均纯收入为4736.3元，农村占人口20%的低收入者人均可支配收入1616元，仅为前者的1/3。我市农村居民人均纯收入为5899元，农村占人口20%的低收入者人均可支配收入3122元，是前者的近两倍。这对于提高低收入者水平，促进社会和谐稳定，都有着重要意义。

晋城市在“十二五”规划中，进一步提出以基本消除绝对贫困为目标，继续推进扶贫攻坚战略。继续从资金、项目、技术等方面对全市山老区和贫困地区给予倾斜，加大移民搬迁、移民并村力度。特别是要以产业开发为龙头，以交通、通信基础设施为重点，带动改善生态，促进社会各项事业，确保“三年打基础，五年上台阶”、“十年大翻身”，使全市贫困农村的群众生活明显改善，早日脱贫致富，过上殷实的生活。

如今的锡崖沟，已经成为国家4A级景区王莽岭风景区的一个主景区，而集几代人鲜血与智慧修成的“锡崖路”，也已成为吸引游客的一道风景线。全村800余口人，300余人从事旅游业，有30户农家乐宾馆，20余户旅游商店、饭店、土特产经销店，全村年旅游收入近200万元，2010年人均纯收入3800元，其中旅游收入2000余元，占到一半以上。现任党支部书记杨有平讲，我们要继续发扬锡崖沟精神，与时俱进的丰富锡崖沟精神的科学内涵，把锡崖沟打造成南太行的最美的风景区。

（四）锡崖沟精神对于搞好农村精神文明建设有着重要的意义

最近，中央下发的《关于进一步加强新形势下农村精神文明建设工作的意见》指出："随着社会主义市场经济的发展和改革开放的深入，我国农村社会生产力快速发展，农民物质生活条件明显改善，文化程度普遍提高，精神文化生活不断丰富，求富、求知、求美的愿望更加强烈，为加强农村精神文明建设工作提供了有利条件。同时，农村生产经营方式、利益格局、社会结构、组织形式、人口构成正在发生深刻变化，一些地方出现诚信缺失、道德失范的问题，一些地方封建迷信、黄赌毒等社会丑恶现象沉渣泛起，一些地方黑恶势力猖獗、非法宗教活动有所蔓延。我们必须保持清醒头脑，充分认识当前农村精神文明建设工作的极端重要性，采取有效措施，切实加强新形势下农村精神文明建设。"弘扬锡崖沟艰苦奋斗、百折不挠、无私奉献、开拓开放的精神，培育新农民、倡导新风尚、发展新文化，着力提高农民科学文化素质和思想道德、农村社会文明程度，正是加强新形势下农村社会主义精神文明建设的题中应有之义。

（五）锡崖沟精神是当前实现转型跨越的思想动力

2010年6月8日，上任伊始的山西省委书记袁纯清同志在谈到太行精神时说："发扬太行精神的现实意义在哪里？我认为三句话是核心，就是'不畏艰难、英勇奋斗、敢于胜利'，实际上讲的是信心和勇气。太行军民用小米加步枪战胜了武装到牙齿的日本侵略者，靠的就是信心和勇气，是精神的力量给了我们支撑。那么在今天的形势下，我们要发展，尤其是加快发展、超常发展、跨越式发展，可以说也是有困难的，是艰难的。我们靠什么？也是要靠信心和勇气。要有'明知山有虎，偏向虎山行'的勇气和斗志，弘扬太行精神，以更大的信心和勇气推进跨越发展。"弘扬锡崖沟不懈奋斗、勇于拼博、无私奉献、积极进取、尊重科学、求真务实的精神，正是我们今天实现转型跨越，再造一个新山西的思想动力。

（裴余庆：中共晋城市委宣传部常务副部长）
（裴星星：中共晋城市委宣传部科员）

弘扬太行精神 推进和谐新山西建设

□ 张宏华 范俊彦

胡锦涛同志指出:“我们要重温我们党领导人民军队和全国各族人民为民族独立、人民解放而浴血奋战的伟大历程,弘扬崇高革命精神和优良革命传统,激励全党全军全国各族人民在中国特色社会主义伟大道路上继续奋勇前进。”对于山西这块孕育了太行精神的土地,如何在新的历史条件下弘扬太行精神,继续保持坚定的理想信念,保持同人民群众的血肉联系,保持百折不挠的拼搏精神、艰苦奋斗的优良作风,对于调动各方面的积极性,形成合力,统筹发展,对建设政治先进、经济发展、文化进步、社会和谐、人民幸福的新山西具有重要意义。

一、太行精神的实质

抗日战争中培育的太行精神,凝聚着中国共产党人的优秀品质,凝聚着中国人民的奋斗精神,永远是中华民族的宝贵精神财富。太行精神的内容极其丰富,有着广泛的内涵,其精神实质包含:

1. 爱国主义精神。为挽救民族危亡,太行人民在中国共产党领导下,不分阶级民族,男女老幼,有钱出钱,有力出力,团结一致,共同御侮,与日本侵略者展开了长达八年之久的殊死搏斗,最终赢得了抗日战争的胜利,充分反映了中华民族的伟大爱国主义精神。

2. 对现代化的执著追求精神。太行人民不但在中国共产党的领导下,为民族独立、国家主权和领土完整奋斗,而且在极其艰苦和困难的条件下，把握历史发展方向，开展了以发展农业与小商品经济为中心的促进社会进步和繁荣的现代化建设运动。抗日民主政府非常重视发展农业、家庭副业和养殖业，强调科学种田，许多县、区、村都修了灌溉渠，引进了优良品种，设立了农具站，推广新式农具。在商业方面，积极培植、保护集市贸易，利用传统庙会，大力开展骡马、日用百货等物资交流。对工矿业，采取了股份制或合作社性质的联社制等正确政策，保证了所辖地区煤、铁等业的良好发展势头。所有这些都说明太行人民反抗日本侵略，就是为了发展经济、建设美好社会，实现中国的现代化。

3. 全心全意为人民服务的精神。中国共产党领导的抗日民主政府是一个与太行人民心连心的崭新的政权机关，它通过减租减息打碎了农民身上的封建枷锁，它全力执行抗日民族统一战线政策，积极推进中国和世界的反法西斯运动，它依法行政，廉洁奉公，严禁党政军官员贪污腐化，营私舞弊，经商牟利，真正体现了全心全意为人民服务的精神，从而赢得了太行人民的拥护和爱戴。

4. 不怕牺牲、不畏艰险的精神。太行精神是太行军民为抗击外敌入侵而激发的一种不怕牺牲、不畏艰险的英雄气概。太行精神的核心所在，就是一种革命英雄主义的精神。这种精神是在日本帝国主义侵吞我河山、屠杀我人民，中华民族处于生死存亡的危急关头，成千上万的太行儿女挺身而出，在中国共产党和八路军的带领指挥下，面对强敌，发扬一不怕苦、二不怕死的革命精神，同凶残的敌人进行了浴血奋战，上演了惊天地、泣鬼神的悲壮活剧，谱写了一首万古流芳、壮怀激烈的英雄史诗。

5. 百折不挠、艰苦奋斗的精神。太行精神是太行军民在残酷的战争环境中锤炼而成的一种百折不挠、艰苦奋斗的坚强意志。抗日战争中，太行根据地因为地势险要，处于敌人的重重包围之中，加之严重的自然灾害接踵而来，使得根据地十分困难。面对极端严峻的形势，在中国共产党的领导下，晋冀鲁豫边区党政军机关进行了精兵简政，开展了生产互助和减租减息运动。在与天地争、与敌人斗的过程中，太行军民把中华民族勤劳勇敢、自强不息的优良传统提升到了新的境界和高度。

6.万众一心、敢于胜利的精神。太行精神是太行军民用鱼水情谊凝结成的一种万众一心、敢于胜利的宝贵品质。在开展敌后游击战争、创建根据地的过程中，党的建设是太行根据地发动群众、开展游击战争、进行根据地各项建设的根本保证。为了动员各阶级、各阶层人士团结抗战，中国共产党在太行抗日根据地实行了民主选举，按“三三制”原则建立了抗日民主政权；开展了整党整风运动，为抗战胜利做了重要的思想准备；在抗战的反攻阶段，太行军民同仇敌忾，势如破竹，取得了空前的战果。为把团结抗战的胜利变成人民的胜利、民主力量的胜利和中国革命的彻底胜利奠定了坚实的基础。

7.英勇奋斗、无私奉献的精神。太行精神是太行军民以鲜血和生命培育而成的一种英勇奋斗、无私奉献的高尚情操。抗日战争中，广大八路军将士身上随时随处闪现着与人民同甘共苦、先人后己的崇高精神。这种优秀品质经过中国共产党的引导和抗日烽火的洗礼，不断演进和升华，深深地镌刻在太行山的奇峰峭壁上。太行抗日根据地人民为抗战胜利提供了强有力的支持和保证，为中华民族的独立与解放事业付出了巨大的牺牲，他们的历史功勋将永远彪炳史册。伟大的太行军民，用鲜血和生命浇铸了中国革命走向最后胜利的深厚基石。

二、构建和谐新山西中的重大问题

对于山西人民，构建和谐山西的任务是非常艰巨的，其中的问题也相当多，如产业结构调整问题、就业问题、增加农民收入问题、民营经济问题、安全生产问题、收入分配问题、社会保障问题、资源与环境问题等等。我们似乎可以列出更多，不过，我主要分析这么带有全局性和根本性的几点：

1.观念落后，发展意识不强。虽然我们承认物质第一，精神第二，但在人类社会发展的过程中，人作为最活跃的生产力因素所起的能动作用是相当之大的。当然也不能无限制地夸大人的主观能动性，但是随着科技在发展中所起的推动作用越来越强，人这个主观因素必须充分发挥才能推动经济社会向前发展。在山西这块古老的土地上，曾经有过的辉煌，我们只能把它储存在记忆中。然而由于历史的地域的原因，山西一直比较封闭和保守，尽管改革开放以来，旧观念、旧思想日益受到冲击和动摇，但至今自然经济和产品经济意识还有较大影响力，小农意识的思维模式和惰性仍具有较强的惯性，人们思想观念上封闭、保守、依附的特点还比较明显，竞争意识、风险意识、市场意识的观念还相当淡薄，居民的择业取向和结余资金的投向还没有真正摆脱旧思维、旧观念的束缚。在利用国家政策和处理一些问题时思想解放还显得不够，缺少“敢为天下先”的魄力。

2.经济发展落后。近几年，一些经济总量长期排后于山西的省份超越了我们。“十五”末的2005年，山西GDP在全国排第16位；2010年排全国第21位，先后被广西、内蒙古、陕西、江西、天津超过，差距拉大。从人均看，我省2005年人均GDP相当于全国平均水平的89%，排全国第15位，2009年为85.5%，下降3.5个百分点，后退两位。从增速看，“十五”期间我省GDP年均增长13.3%，而“十一五”前4年年均增长10.5%，在中部和周边均排末位。从城乡居民收入看，2009年城乡居民收入分别排全国第23、22位，数量和增速在中部均排末位。

3.社会矛盾错综复杂，矛盾的利益性突显。山西不同的利益群体之间存在着矛盾，如集体与个人、干部与群众、城镇居民与农村居民、资源富集地区与资源贫乏地区、国有企业与民营企业等以及经济、政治、文化、社会发展之间的矛盾，等等。如城镇居民与农民之间，山西城镇居民人均可支配收入与农民人均纯收入的收入之比由2000年的2.5倍扩大为2010年的3.3倍。农民收入与城镇居民收入的差距由2000年的少2189元和低60%，扩大为2010年的少10912元和低69.8%。

4.人与自然的矛盾尖锐突出。作为一个煤炭大省，资源、环境、生态的压力相当大。中国科学院发布的《中国科学发展报告2010》，对31个省（自治区、直辖市）科学发展总水平进行了定量测评。山西的创新发展指数、资源节约指数、环境友好指数、社会公平指数、管理质量指数分别是0.220,6、0.323,4、0.364,0、0.350,0、0.498,2、0.351,2，科学发展总水平得分0.351,2，排名第24位。关于环境状况，由北京师范大学、西南财经大学和国家统计局中国经济景气监测中心联合组成的课题组，发布了《2010中国绿色发展指数年度报告——省际比较》的研究报告，对我国各省的绿色发展水平进行了比较和排名。山西省因在资源环境承载潜力度（体现自然资源和环境所能承载的潜力）上失分较多，综合排名垫底。关于水资源，人均占有资源量381立方米，仅为全国人均值2200立方米的17%；近10年来，山西省平均降水量减少约5%，从508毫米降至480毫米；河川、地表水、地下水降低幅度比降水更严重，减少了20%；26条主要河流中超五类的河段达73%。山西地表严重沉陷，全省主要矿区的沉陷面积达400平方公里左右，影响了居民的饮水、住房等等生活问题；山西整个生态环境问题的严重性应该是我们关心和关注的领域。面对这些矛盾与不和谐因素，构建一个和谐山西其任务之艰巨性和长期性是必然的。

三、弘扬太行精神推进和谐新山西建设

弘扬太行精神与构建和谐新山西的关系何在？党的十六大报告指出：“民族精神是一个民族赖以生存和发展的精神支撑。一个民族，没有振奋的精神和高尚的品格，不可能自立于世界民族之林。”这说明一个国家、一个民族、一个人都要有精神，才能振奋精神、激发全社会的活力。所以我们要如何弘扬太行精神，为构建和谐新山西提供强大的精神动力；如何发掘太行精神新的时代内涵，来鼓舞全省人民万众一心、艰苦奋斗，共建和谐山西；如何借鉴党和八路军在太行山百折不挠、无私奉献、全心全意为人民服务，推动了太行政治、经济、文化、社会的发展，彻底改变了太行山历史的经验，这就是弘扬太行精神与构建和谐山西的关系。

1. 弘扬太行精神，推进和谐新山西建设，必须牢固树立科学发展的观

念。古老的太行山区，山多地少，交通不便，农业生产技术落后，粮食不足，社会经济相当贫困，群众观念落后保守。建立了太行根据地后，党领导抗日军民发展农业生产、商业贸易和工矿业，使太行山区发生了惊人的变化。农民的收入增加，仅1944年太行区开荒30万亩，增产粮食1500万公斤。农村中农阶层扩大，地主、富农、贫雇农阶层缩小。据太行区12个村的统计，1942年减租减息运动前，地主(包括经营地主)、富农、中农、贫农、雇农分别占总户数的3%、6.3%、44.9%、34%、4%；到运动之后，地主、富农依次降为1.9%和5.2%，中农则增加到59.8%,贫农、雇农分别减到27.1%和0.93%。政治上农民积极参加选举，表达自己的政治意愿，这在太行山是有史以来第一次。经济政治和社会地位的变化使农民的思想也有了相应的改变，原先封闭的落后的迷信的山区农民开始对当时的中国乃至世界有了一定的了解和认识，知道以科技来推动农业的发展(如创立农牧实验场)，认识到抗日的重要性，认识到民主的必要性。抗战使太行山区为之一新。如今的山西作为中部地区，在近些年发展速度明显落后于东部地区，甚至低于全国平均水平。我们要赶上全国先进水平，使山西的经济持续快速健康发展，全省的整体经济实力不断增强，人民群众的生活水平不断提高，社会更加和谐，必须学习根据地军民突破旧有的封闭保守落后的观念的束缚，树立敢于发展、科学发展、勇于创新的新观念，建立一个对外开放的大步发展的新山西。

2.弘扬太行精神，推进和谐新山西建设，必须实现经济、政治、文化、社会全面协调发展。自1937年11月太行根据地开辟之后，党领导军民一方面加强根据地的政权建设，建立民主选举的廉洁政府，彻底实现民主政治；另一方面开展农业、商贸和工矿业的生产，推动经济向前发展，改善人民生活。党在根据地民主执政、科学执政，统一了政策法令，进行民主选举，建立“三三制”政权，在中国贫穷落后的山区建立了现代意义上的民主政府。在民主政府的科学领导下，党政军民各界投入到轰轰烈烈的抗日战争和各项建设事业中。抗战期间，太行区有11.75万人入伍，人民的财力负担最高达到每人平均总收入的16.96%(不包括村负担)，除负担本区的作战供应，还支援了友邻地区。

在太行根据地，党领导军民一方面展开对敌军事斗争；另一方面大抓文化教育社会进步。抗战时期的山西是敌后游击战争的战略支点，作为战略要地，我军在与敌、伪、顽的斗争中，坚持了特殊形式的统一战线，坚决顽强地抗击敌人，最终赢得了抗日战争的胜利。同时，太行山作为中共中央北方局、八路军总部、冀豫晋省委和一二九师所在地，为配合军事和政治工作，积极开展了文化教育运动，成立了各种抗日文化团体，出版刊物、图书，演出新戏剧，进行歌咏比赛活动，创办各类学校(如太行抗战学院、太行行政干校等)，开展冬学、夜校、识字班、读报组等成人教育及干部教育(如华北军政干部训练所、晋南干校、抗大一分校等)，原来落后闭塞的太行山区文化教育空前繁荣，不仅提高了群众的素质觉悟，也为抗战培养了一大批德才兼备的人才。

可以看出太行山区在抗战时期政治、经济、文化、社会都有了长足的进步，太行根据地创造了一个新的政治模式（民主执政、科学办事），以政治的进步推动经济、文化的发展，再以先进的文化影响、感召群众，使群众愿意跟着党走，来推动经济、社会的发展。我们就是要弘扬这种脚踏实地、坚持科学民主的太行精神来构建和谐山西。

3.弘扬太行精神，推进和谐新山西建设，必须正确处理不同群体之间的矛盾和利益关系。在国家和民族处于危亡的关键时刻，在三晋大地上，山西人民与八路军并肩作战、不怕牺牲、无私奉献，真正做到了有钱出钱，有力出力。仅八路军总部所在地武乡县总共有14万人，就有9万多人参加了各种抗日团体，14,300名优秀儿女参加了八路军，5300名干部随军南下北上，3200多名烈士为国捐躯，2万多名干部群众壮烈殉难。在著名的沁源围困战中没有1人叛变，这种不计个人得失安危、不怕牺牲、为人民利益无私奉献的爱国主义精神和高尚情操是太行精神的精华所在。人民之所以不计得失、不怕牺牲，一方面是为抗日救国的爱国主义情操所激励，另一方面是党制定、实施了符合人民利益的方针政策。政治上实行普选制、竞选制并建立起“三三制”政权，包容性更强，代表性更广，群众有了选举权、被选举权、监督权和罢免权，政治热情被唤醒，政治参与的积极性提高；施政过程中一心一意为群众谋利益，千方百计为群众帮忙，政府被称为“帮忙政府”。各级政府采取制定法律、发展水利建设、改良品种、引进新技术等等措施发展农业生产，解决人民首要的生活问题、生产问题；政权机构实行精兵简政，达到执政成本与社会负担的均衡；社会组织方面建立起各种工救会、农救会、自卫队、青救会、妇救会、儿童团等群众团体，这些团体的建立一方面有利于敌后抗战的展开，另一方面有利于民众意愿的表达；经济上实行减租减息，照顾不同利益群体的利益要求，等等。这些正确的方针政策调动了广大群众的积极性，吸引了许多有识之士加入了中共领导的政权，得到群众的广泛拥护。当今仍需时时处处从人民根本利益出发，正确处理各种人民内部矛盾，实行统筹兼顾、和谐发展的方针，理顺社会利益关系，化解社会利益矛盾，激发社会活力，整合社会资源，维护社会稳定，构建公平、合理的社会格局，形成全体人民各尽所能、各得其所而又和谐发展的山西。

4.弘扬太行精神，推进和谐新山西建设，必须选好用好各级党政干部。太行精神集中体现了中国共产党及其领导下的人民军队坚定的信念和崇高的理想，全心全意为人民服务、始终保持与人民群众的血肉联系、不怕牺牲、无私奉献的精神风貌。在根据地遭受自然灾害和经济困难时，各级党政干部与人民一道抗灾救灾，一二九师师长刘伯承说：“我们是人民的子弟兵，必须与人民同生死、共患难。”革命成功后，我党从一个革命党成为一个执政党，党的历史方位发生了变化，党所肩负的任务、党的自身状况、外部条件都发生了变化，但是为人民群众服务的宗旨不能变。执政后的共产党掌握了公共权力，必须坚持执政为民，才能继续获得最大多数人的支持，从而巩固党的执政地位。我们要大力弘扬与人民保持血肉联系的太行精神，最重要的就是选好用好干部，使真正具有坚定理想信念、科学发展能力的能够与人民同甘共苦的党员干部来领导全省人民实现和谐新山西建设的重要任务。

太行精神虽然产生于战争年代，孕育于太行革命根据地，但她的精神文化价值却具有长久性、普遍性和现实指导性；在改革开放和发展社会主义市场经济，全面建设小康社会新的历史条件下，仍然需要继承和发扬党的优良传统，从太行精神中不断汲取精神动力。太行精神在民族解放的过程中形成，在这种精神的鼓舞下，我们赢得了抗日战争的胜利。在民族复兴的伟大时期，在构建和谐山西的新的征程中，我们也要有这种敢于胜利的民族精神和民族自信心、自豪感，树立对山西美好未来的坚定信念，始终保持昂扬向上的精神状态，把太行精神转化为激励人民全面建设小康社会、和谐社会的强大动力，把山西建设成生产发展、生态优良、生活富裕的中部强省，重筑山西的辉煌。

（张宏华：中共山西省委党校党建教研部副主任）
（范俊彦：中共山西省委党校党建教研部主任）

从朱德风范看太行精神

□ 巨文辉

太行精神是在抗日战争时期形成的伟大的民族精神，是中国共产党领导英雄的八路军和太行儿女用鲜血和生命谱写而成的。作为八路军最高统帅的朱德，人如其名，红色美德，在他身上生动地体现着共产主义的道德和中华民族的美德，他的品德风范正是太行精神的集中体现。太行精神为朱德风范提供了丰厚的土壤，朱德风范又集中诠释了太行精神。传承朱德风范、弘扬太行精神，是当代中国构建社会主义核心价值体系的重要内容。

朱德在太行山区领导华北敌后抗战

踞太行而问鼎中原，历来是兵家的基本战略。太行山，曾经是中国文字“表里山河”之中“山”的特指。它气势磅礴，巍峨险峻，纵贯山西九百里，宛如一条巨龙，西连黄土高原的厚重积淀，东依华北平原的坦荡沃土，北接塞外漠北的广阔草原，南衔黄河母亲的滚滚洪流，它孕育出辉煌灿烂的华夏文明和不屈不挠的民族精神。

抗日战争中以太行山为战略支点的华北地区，成为中国共产党人坚持敌后抗战的主战场。朱德总司令率领八路军总部在太行山区领导华北敌后游击战争，创建抗日民主根据地。在太行山上，抗日军民铸造了不怕牺牲、不畏艰险，百折不挠、艰苦奋斗，万众一心、敢于胜利，英勇斗争、无私奉献的太行精神，有力地推动了中华民族的独立和解放事业的胜利发展，成为中国共产党和中华民族抗战精神的伟大象征，与延安精神一起载入史册。

全面抗战爆发后，朱德总司令胸怀“与日寇决一死战”的钢铁意志，跃马挥师，驰骋于抗日疆场。从1937年9月东渡黄河，开赴山西抗日前线，到1940年5月离开山西，返回延安，朱总司令在太行山区领导华北抗战近三年。三年间，朱总司令率领八路军总部转战五台、盂县、寿阳、昔阳、和顺、榆社、武乡、沁县、沁源、安泽、洪洞、沁水、高平、浮山、屯留、襄垣、潞城、黎城等地，运筹帷幄，决胜千里，建立了不朽的功勋。“远望春光镇日阴，太行高耸气森森。忠肝不洒中原泪，壮志坚持北伐心。百战新师惊贼胆，三年苦斗献吾身。从来燕赵多豪杰，驱逐倭儿共一樽。”[①]这首《太行春感》正是他鏖战太行，打击日寇的真实写照。

与一路上溃退的国民党军队形成鲜明对照，八路军指挥的三个师，首战平型关，奇袭阳明堡，伏击雁门关，侧击正太线，以劣势的装备抗击长驱直入、不可一世的日本侵略者，杀出了军威，振奋了民心，稳定了华北战局，粉碎了日军“三个月灭亡中国”的野心和狂言。朱总司令坚决执行中共中央和毛泽东的指示，以山西为主要阵地支撑华北抗战，独立自主地开展游击战争，三师主力在晋东北、晋西北、晋东南、晋西南地区，实施战略展开，创建敌后抗日根据地。他以高瞻远瞩的战略眼光预先作出精心安排：其一，果断地指示由薄一波率领的正在北上晋东北的山西新军立即南下，占领当时还是军事空白的战略要地晋东南，朱总把这一关键的布局形象地称为“做活眼”；其二，部署八路军政治部副主任邓小平，带领总部一部分指战员前往日军尚未到达的晋西吕梁山区开展工作；另外，命令各师、团派出工作组，分赴山西各地及周边地区，宣传发动群众，组建抗日游击队。这些预备工作为八路军主力创建根据地奠定了重要基础，创造了有利条件。

在刚刚立足的山西敌后抗日根据地，抗日军民用血肉之躯筑起了一道

①《太行春感》，引自《朱德诗词选集》，第60页，北京，中央文献出版社，2007年。

道新的长城。一一五师在晋察冀边区粉碎日军的八路围攻，黄土岭之战，日军的“名将之花”阿部规秀“凋谢在太行山上”。一二〇师在晋西北粉碎日军五路围攻，收复7座县城。一一五师一部在晋西南午城战役中重创日军。一二九师在晋东南长生口、神头岭、响堂铺三战三捷，在长乐村伏击日军，粉碎日军九路围攻，收复19座县城。朱德叱咤风云，指挥八路军在太行山千山万壑之间为日军布下了天罗地网，用一个个战斗捷报迎来了华北抗战的春天。面对从日军手中夺回的大好河山，朱德挥毫写道：“敌后常撑亦壮图，三师能解国家忧，神州尚有英雄在，堪笑法西意气浮。”①

1938年4月，朱总司令部署八路军以山西各抗日根据地为支点，向周边地区实施第二次大规模战略展开,收复失地。一二九师主力一部和一一五师主力一部挺进冀南、冀鲁豫边区，开辟冀南、冀鲁豫两个抗日根据地；一二〇师分兵向冀热察、大青山挺进，开辟冀热察、大青山两个抗日根据地，敌后抗日游击战争突破以山西为中心的山区推向广阔的平原，推向整个华北。八路军主力部队日益壮大，成为华北敌后抗日战场的中流砥柱。“敌后撑持不世功，金刚百炼一英雄”，朱德的英名不胫而走，日军闻之心惊胆寒，群众听了意志高扬。

在日军对晋东北、晋西北等根据地的“扫荡”被接连粉碎后，又集中六个师团十多万兵力，四面对晋东南根据地围攻，企图分割和缩小我八路军的机动范围，进而捕捉和突袭八路军总部首脑机关，摧毁我抗日根据地。针对日军的图谋，每当周围交通线上的敌人一出动，朱总司令就命令主力部队机动灵活地转到外线作战，袭扰鬼子的老巢。同时，他率领总部机关，转战黎城和榆社之间的大山中，与鬼子“捉迷藏”、打游击，从而粉碎了日军第二次九路围攻，根据地得到进一步巩固。

1939年底，由于国民党中央实行“限共”政策，山西、河北、山东等地的国民党顽固派日益消极抗日、积极反共，并不断制造大规模的反共摩擦事件，朱总根据党中央的指示果断坚决地实施了一系列自卫反击，胜利

①《伫马太行唱大风》，引自《朱德人生画卷》，第137页，北京，中共党史出版社，1996年。

地打退了包括阎锡山发动的“十二月事变”在内的顽固派的猖狂进攻。

朱德在太行山上，指挥八路军东进、北上、南下，在西起黄河，东迄大海，北至大青山，南接苏、皖的广大地区，创建和巩固了晋察冀、晋冀鲁豫、晋绥和山东等几块抗日根据地，太行山成了华北抗战的指挥中心。“看吧，千山万壑，铜墙铁壁，抗日的烽火燃烧在太行山上。”八路军和地方武装、民兵、自卫队、妇救会、儿童团，人人上阵、个个争先。游击战、围困战、联防战、窑洞战、地道战、地雷战、麻雀战、破袭战，因地制宜，战术多变，每一块土地都成了消灭鬼子的战场。如今在太行山区，老百姓依然传唱着歌颂朱德的歌谣：“鼓儿敲，敲咚咚，朱德将军善用兵，战术最精通，既沉着又鲜明，中国红军总司令。率领八路军，世界都闻名，哪一个不说他是抗日将领头一名。”

朱德风范是太行精神的集中体现

（一）朱德的身先士卒、勇往直前与太行精神的不怕牺牲、不畏艰险

太行精神是太行军民为抗击外敌入侵而激发的不怕牺牲、不畏艰险的英雄气概。太行精神的核心所在，就是面对强敌，敢于亮剑、敢于胜利的精神，就是一种革命的英雄主义精神。朱德总司令在抗战前线的三年时间里，身先士卒，亲临战场最前沿。他率先垂范，与太行军民同甘苦、共患难，同呼吸、共命运，用自己的实际行动捍卫着一个共产党员、一个军队统帅一不怕苦、二不怕死的革命精神。

红军改编为八路军后，朱总司令率部誓师，布告同胞：“我们改名为国民革命军，受命上前线去，我们抱定了最大的决心，要为民族的生存流到最后一滴血，不把日本帝国主义赶出中国，不把汉奸卖国贼完全肃清，绝不停止。”①

当时，朱德兼任第二战区副司令长官、东路军总指挥，驻扎在晋东南的国民党军队统归他指挥。一些国民党将领对坚持敌后抗战没有信心，陷

① 贾巨川：《朱德总司令在抗日战争最初岁月》，见《党史文汇》2005年第4期，第33页。

于彷徨与动摇之中。朱德在东路军将领会议上，饱含民族激情地指出：作为一个真正的中国人，就要为民族解放流尽最后一滴血，亡国论和速胜论都是错误的，我们的选择是战略上的持久战，战术上的速决战。在朱德的开导和激励下，东路军中的国民党军队，不仅没有像阎锡山指挥的西路军那样仓皇逃遁，而且能与八路军配合作战。

日军的九路围攻是八路军进行独立自主的山地游击战以来，所遇到的前所未有的威胁和困难。在这段最危险的时间里，党中央、毛主席曾数次电请朱总司令和八路军总部转移到晋西吕梁山区，靠近黄河，随时可以渡黄入陕，确保其生命安全。但他却以大无畏的英雄气概，始终坚持留在晋东南敌后，留在战略要地太行山，同太行军民一起英勇奋战、共同抗敌。

太行山的冬天格外寒冷，冰天雪地的环境给处在极度困难中的太行军民带来了严峻挑战。面对这种险恶的局面，乐观开朗的总司令奋笔赋诗"伫马太行侧，十月雪飞白。战士仍衣单，夜夜杀倭贼。"[①]这首深刻、隽永的五言绝句，形象地刻画了八路军指战员英勇杀敌的情景，生动地展示了朱总司令无所畏惧的大将风范。

正是由于朱德总司令这种不怕牺牲、不畏艰险，敢于同敌人斗智斗勇的大无畏的英雄气概，身边的指战员们才能在危急时刻临阵不乱，确保八路军总部的安全，确保指挥系统的正常运转，确保华北敌后抗战取得最后胜利。

（二）朱德的坚忍不拔、勤俭节约与太行精神的百折不挠、艰苦奋斗

太行精神是太行军民在残酷的战争环境中锤炼而成的百折不挠、艰苦奋斗的坚强意志。随着敌后抗日根据地的日益发展，八路军的力量也在不断地壮大，而国民党当局为了限制其发展，仍按原有4万多人的编制发放经费；同时日本侵略者对根据地进行严密的经济封锁和军事破坏，使抗日军民的物资、经费、弹药供应都异常困难；加之严重的自然灾害接踵而来，使本来就十分困难的根据地更是雪上加霜。

①《寄语蜀中父老》，引自《朱德诗词集》，第62页，北京，中央文献出版社，2007年。

面对极端严峻的形势，朱总司令深知这是一场极为艰苦的持久战，必须树立坚忍不拔的信心，采取标本兼治的措施。经过调查和研究，他从实际情况出发，提出一系列解决困难的方针和办法：发展生产，统制贸易；改善民生，整理税收；建设军工，反对浪费。[①]

为了战胜军需民用上的严重困难，朱德召集总部直属单位在武乡县砖壁村附近小松山开荒种地。只要一有时间，他便同彭德怀副总司令带着部队，高唱着《在太行山上》，投入到开荒竞赛之中。大家脱下军装，抡起了镢头，在荆棘丛生的荒山野岭上开垦种地。年轻的警卫战士们因没有开荒经验，总是远远地落在年过半百的朱德的身后，朱总就手把手地教战士们如何开荒。[②]

在敌后抗战的艰苦环境中，要想取得抗战的最后胜利，必须发扬艰苦奋斗、勤俭节约的优良作风。身为八路军总司令，他不但不享有特权，而且从自身做起，勒紧裤带，同战士们一起过着节衣缩食的艰苦生活。朱总的衣裤从膝盖到袖口，打了一块又一块补丁。大雪封山，总部机关打不到柴烧，管理人员到附近煤窑上买了些煤，给每个宿舍一个月只发180斤，为了照顾朱总，多发了80斤。朱总发现分给他的煤比战士们多，便把管理员叫来说："机关制定的节煤计划和烧炭定量，我是过了目的，点了头的，现在我绝不能再来违犯这项制度呀！作为一个共产党员，决不能搞特殊化。前方部队爬冰卧雪坚持打仗，我们住在屋子里还能浪费煤炭？"这些生活中的细节处处体现着朱德艰苦奋斗、勤俭节约的高贵品质，体现着一个优秀统帅的政治素养，同当时的国民党将领相比，形成了鲜明的反差。正如朱总司令在《论抗日游击战争》中讲到："要节省，要过艰苦的生活。抗日游击队是为民族解放、为保卫家乡而奋斗的，就是半饥半饱地生活着也要坚持我们的斗争。抗日游击队的领导者对于每个队员，要把这一点做深入的解释，而领导者自身更应以身作则，做模范。要反对一切贪污

① 《朱、彭关于解决物资困难问题致各兵团首长电》，1938年5月21日。

② 《朱德人生画卷》，第141页，北京，中共党史出版社，1996年。

腐化浪费的行为，实行官兵一律平等的生活，真正地与士卒同甘苦。这种艰苦生活的模范作用，在抗日游击队中特别重要，往往成为决定抗日游击队前途的主要因素之一。”①朱德是这么说的，也是这么做的，他是一个真正的坚忍不拔、顽强不屈、艰苦奋斗、勤俭节约的楷模。

（三）朱德的团结群众、患难与共与太行精神的万众一心、敢于胜利

太行精神是太行军民用血肉之躯、鱼水之情凝结而成的万众一心、敢于胜利的宝贵品质。坚持党的群众路线，视人民如父母，把人民当靠山，密切联系群众，始终保持同人民群众的血肉联系，是我们党的优良传统和最大的政治优势，也是我们党战胜各种困难，永远立于不败之地的根本保证。在烽火连天的抗战岁月，朱德之所以享有崇高的威望，源于他对人民的热爱和忠诚，源于他时刻关心群众、密切联系群众的一贯作风。

在开展敌后游击战争、创建根据地的过程中，党和军队的一个主要任务就是发动群众、团结群众，投身于抗日的大众战、民兵战。朱总司令多次强调，要加强军队和人民群众的联系。他指出：“八路军是由人民中产生的”，“灵活战争没有人民是不行的，所以说军队是鱼、人民是水，鱼离水即不能生存，有人民才活动自如”。②“凡是在民众运动有成绩的地方，游击战争就能发展开，抗战就能胜利地坚持；凡是在民运落后或受挫的地方，抗战一定要遭受不必要的困难。要想动员民众，必须适当改善人民生活，实行民主政治。”③朱德十分注重发动和武装民众的工作，他派八路军去组织地方游击队，太行山上到处都是“母亲叫儿打东洋，妻子送郎上战场”的生动场面，人民抗日武装和群众性游击战争如雨后春笋般在各地涌现，使日军陷于人民战争的汪洋大海之中。

在武乡县砖壁村朱德住房的窗后，有一个大石碾，朱德一有空闲，就出去帮助老乡们推碾磨粮。一边推碾，一边了解群众的疾苦，宣传党的合

①《朱德选集》，第47页，北京，人民出版社，1983年。

②《朱德在前总直属队干部会上的报告》，记录稿，1938年7月3日。

③《朱德选集》，第70页，北京，人民出版社，1983年。

理负担、减租减息和改善人民生活的政策。老乡们在碾子旁跟朱老总唠着贴心话，听朱老总讲抗日救国的道理，许多群众就是从这“连心碾”旁走上革命道路的。

朱总司令在战场上叱咤风云，指挥着千军万马，让敌人闻风丧胆；在田间地头，他又朴素得像一个田舍翁、老班长。他同战士们一样穿粗布军衣，吃糙米野菜，住草棚窑洞，对生活的困苦，他甘之如饴。他身处总司令的高位，却始终有着普通一兵的情怀。正是在朱总司令的影响和带动下，总部机关和广大指战员与太行人民同甘苦，共患难，将抗日群众紧紧地团结在党的周围，团结在八路军周围。八路军同根据地人民建立了鱼水相依、生死与共的血肉联系，军民团结如一人，试看天下谁能敌。军民一致、官兵一致是中国共产党领导太行军民取得抗日战争胜利的制胜法宝。如同诗人和老百姓的歌声中赞叹的那样，朱总司令的品行风范在人民群众的心中树起了一座不朽的丰碑。

（四）朱德的严于律己、宽以待人与太行精神的英勇斗争、无私奉献

太行精神是太行军民在反抗民族压迫中形成的英勇奋斗、无私奉献的高尚情操。这种高尚情操经过中国共产党的引导和抗日烽火的洗礼，不断演进和升华，深深地镌刻在太行山的奇峰峭壁上。朱总司令一向严于律己、宽以待人。他有大功而从不言功，有委屈而泰然处之。他善待同志、关心部属、相见以诚，使人如沐春风。在党内斗争中，他实事求是、与人为善，从不冤枉好人；而在重大原则问题上，他又立场坚定，是非分明。恰如毛主席称道他：“度量大如海，意志坚如钢。”

在频繁的战事间隙，朱总司令总是勤奋虚心地读书学习。毛主席的《论持久战》和《抗日游击战争的战略问题》等著作，他不知研读了多少遍，书页上用红笔圈点得密密麻麻。党中央每制定一项大政方针，朱德就及时组织八路军指战员学习，维护党中央和毛主席的权威。他在总部出版的《前线》周刊上连续发表了《论抗日游击战争》的长篇文章，还常去抗大、北方局党校和鲁艺分校讲课，作报告，讲解毛主席提出的“基本的是

游击战，但不放弃有利条件下的运动战”的战略方针。不管时间多么紧张，朱德总是以一个普通党员的身份参加组织生活，带头执行决议，关心支部建设。一次党小组开会，小组长看到朱总傍晚刚从一二九师师部回来，怕他年纪大过于劳累，就没去通知他参加党小组会。第二天上午，他知道后，告诉党小组长：“以后开会只要我在家，就一定要叫我一声。”小组长告诉他：“昨天是党员们检查前段工作中的缺点和不足。您工作得很好，有什么可检讨的哩。”朱德风趣地说：“毛主席早就讲过嘛，除了死蹲在庙里的泥胎像不犯错误，活着的人哪个十全十美呢？”在党小组会上，只要是分配开荒和植树任务，朱德就坚持要给他多分。

在太行山的岁月里，朱总司令严于律己，无私奉献，对自己的家人也同样严格要求，用自己的言传身教留下了许多宝贵的精神财富。他率领总部刚到山西前线，便致函远在四川的亲属，用自己朴素而严厉的语言指出：“亲属中希望升官发财的人，绝不宜来我处；至于真心爱国、能牺牲一切、吃苦耐劳的人，不妨多来；我们的军队待遇平等，我与战士同甘苦已十几年，非常愉快；我为了保持革命军队的良规，从来没有多要过一文钱，因此，任何闲散人员前来，公家及我均难招待。”①

朱德总司令53岁寿辰时，作家杨朔写了《寿朱德将军》诗：“立马太行旗飐红，雪云漠漠飒天风，将军自有臂如铁，力挽狂澜万古雄。”朱德谦逊地说：“我个人的力量不过是沧海一粟。”随即和杨朔诗原韵作诗一首：“北华收复赖群雄，猛士如云唱大风，自信挥戈能退日，河山依旧战旗红。”②朱德就是这样一位在革命队伍中公而忘私、大公无私的敦厚长者。

在中华民族处于生死存亡的危急时刻，朱德总司令带领着八路军和太行儿女挺身而出，同凶残的日寇浴血奋战，上演了一出出气壮山河的生动活剧，谱写了一首首惊天地、泣鬼神的英雄史诗，以太行山为中心的晋冀

①《朱德年谱》，第172页，北京，中共中央文献研究室编，人民出版社，1986年。

②《赠友人》，引自《朱德诗词集》，第82页，北京，中央文献出版社，2007年。

鲁豫根据地迅速地发展起来，成为全国规模最大的抗日根据地。朱总司令同太行军民在生死存亡的战争中结下了深厚的情谊，用自己的实际行动深深感染着这片土地上的人民，用自己朴实的作风诠释着一个共产党人的标准，用自己生动的经历刻画出一个伟人的风范。朱总司令朴素的作风、坚强的意志、高尚的品德同太行精神的形成相辅相成、交相辉映。伟大的抗日游击战争孕育了太行精神，伟大的中国共产党和伟大的太行儿女谱写了太行精神，伟大的无产阶级革命家朱德同志用自己的高尚情操和实际行动诠释了太行精神，这就是以革命英雄主义为特征的不怕牺牲、不畏艰险，百折不挠、艰苦奋斗，万众一心、敢于胜利，英勇奋斗、无私奉献的伟大精神。

朱德风范与太行精神的当代价值

朱总司令的太行岁月，是太行精神的生动体现。朱德风范和太行精神水乳交融，相得益彰。朱德风范和太行精神是中国共产党领导太行军民艰苦卓绝的抗战风貌的高度浓缩，是党和人民的宝贵精神财富。传颂和学习朱德风范，就是对太行精神的继承和弘扬。传颂和学习朱德风范，对于开展爱国主义和革命传统教育，对于构建社会主义核心价值体系，具有十分重要的意义。

朱德风范和太行精神是中华民族精神的典范，是我国社会主义核心价值体系的必备内容。民族精神是一个民族赖以生存和发展的精神支柱，是各种形态社会价值体系的核心理念和要求。一个不屈不挠、自强不息的民族，从来都善于从历史中汲取前进的力量。抗日战争的硝烟虽然已离我们远去，但是朱德风范和太行精神所代表的民族精神并没有过时，相反还蕴含着丰厚的时代价值，映射出灿烂的时代光芒。当今世界正处在大发展、大变革、大调整时期，当代中国正处在新的历史起点上向前迈进，我们面临的机遇前所未有，面对的挑战也十分紧迫。经济体制深刻变革，社会结构深刻变动，利益格局深刻调整，生活方式深刻变化，各种思想文化相互激荡，社会生活、价值取向、行为方式日趋多样化，干部队伍和人民群众的思想道德所受到的影响，范围明显扩大、程度明显加深。对于领导干部而言，不思进取、脱离群众、以权谋私、贪污腐化、买官卖官等各种腐败现象滋生的几率加大；对于广大群众而言，个人主义、享乐主义、拜金主义、崇洋媚外、缺失诚信等各种不良风气形成一定的氛围。世情、国情、党情的深刻变化，考验着处在新的历史方位的中国共产党，考验着党的执政能力，考验着落实科学发展观的本领。如果不能清醒地解决这些问题，不能妥善地处理这些矛盾，就可能引发社会危机，危及党的执政地位，危及国家的稳定和发展。在这样的形势下，只有坚持民族精神为代表的社会主义核心价值体系的主导地位，才能引领各种社会思潮，不断形成社会共识，强化全民族的向心力和凝聚力，保持全社会共同的理想信念和道德规范，熔铸全民族奋发向上的精神力量。

朱德风范为现实社会各个阶层所共仰，太行精神恰当代中国不同区域所或缺。革命先辈的伟大精神历久弥新，永远是照耀我们前行的航标灯。面对新形势、新挑战、新考验，我们必须始终保持强烈的责任意识、危机意识、忧患意识，我们必须传承朱德风范，弘扬太行精神。面对帝国主义的炮舰政策和武力威胁，我们需要朱德的身先士卒、勇往直前的英雄气概；面对实现转型发展、跨越发展的历史重任，我们需要朱德的坚忍不拔、勤俭节约的坚强意志；面对公共突发事件的频繁爆发，我们需要朱德的团结群众、患难与共的宝贵品质；面对建设和谐社会的奋斗目标，我们需要朱德的严于律己、宽于待人的高尚情操。尽管未来战争是高科技战争，但科技的力量无法取代精神的力量，在捍卫国家主权和领土完整的斗争中，敢于亮剑、敢于胜利的朱德风范和太行精神依然能够彰显其魅力。在新时期大力弘扬太行精神、传承朱德等老一辈革命家的光荣传统和优良作风，是构建社会主义核心价值体系的重要组成部分，是开展爱国主义教育和革命传统教育的最佳素材。传承朱德风范，弘扬太行精神，有助于抵制腐败风气的影响，有助于巩固中华民族生存和发展的精神支柱，有助于保持共产党员的先进性，有助于全面建设小康社会，有助于应对激烈的国内外环境变化。

中共中央政治局常委、国家副主席习近平同志在太行八路军总部旧址，睹物思人，触景生情，语重心长地说："太行精神虽然产生于抗日战争年代，但今天仍然具有强大的鼓舞力量和广泛的指导作用。"习近平同志强调："要结合新的实际，与时俱进地大力弘扬太行精神，坚定正确的理想信念，始终保持对党对人民对事业的忠诚；坚持执政为民的政治立场，始终保持同人民群众的密切联系；锤炼坚忍不拔、百折不挠的品格，始终保持知难而进、奋发有为的精神状态；坚守党的政治本色，始终保持艰苦奋斗的优良作风，为推动经济社会又好又快地发展提供强大的精神动力。"①

山西省委书记袁纯清同志在参观八路军太行纪念馆时，把弘扬太行精神与实现山西转型发展和跨越发展，完美地结合在一起。袁纯清同志说："发扬太行精神的现实意义在哪里？我认为三句话是核心，就是'不畏艰难、英勇奋斗、敢于胜利'，实际上讲的是信心和勇气。在当时的情况下，太行军民用小米加步枪战胜了武装到牙齿的日本侵略者，靠的就是信心和勇气，是精神的力量给了我们支撑。那么在今天的形势下，我们要发展，尤其是加快发展、超常发展、跨越式发展，可以说也是有困难的，是艰难的。我们靠什么？也是要靠信心和勇气。要有'明知山有虎，偏向虎山行'的勇气和斗志，弘扬太行精神 ，以更大的信心和勇气推进跨越发展。"②传承朱德风范，弘扬太行精神，已经成为山西构建社会主义核心价值体系的一项重要内容，已经成为山西实现转型发展和跨越发展的一种精神动力，已经成为山西建设社会主义先进文化的一个实际行动。

我们党自诞生之日起，就勇敢地担当起带领中国人民创造美好幸福生活、实现中华民族伟大复兴的历史使命，一代又一代共产党人前赴后继，

① 《山西日报》，2009年5月27日。

② 《上党晚报》，2010年6月10日。

迎来了光明的前景。让我们接过前辈的旗帜，肩负起新的历史使命，励精图治，强国富民，创造出无愧于时代、无愧于历史、无愧于人民的辉煌业绩。

（巨文辉：中共山西省委党史办公室处长）

太行精神：中华民族抗战精神的伟大象征

□ 王雷平

以太行山为中心的华北各敌后抗日根据地，是一片充满和凝结着炽热的爱国主义和革命英雄主义的热土。在这片热土上，中国共产党及其领导下的广大抗日军民，之所以能够在中华民族面临存亡绝续的关键时刻，不屈不挠，振臂奋起，拼死抗争，战胜一个个难以想象的艰难险阻，英勇抗击穷凶极恶的日本侵略者，坚持并夺取抗日战争的最后胜利，取得彪炳史册、光耀千秋的抗战业绩，就是因为在热血中始终流淌着一股不怕牺牲、不畏艰难，百折不挠、艰苦奋斗，万众一心、敢于胜利，英勇斗争、无私奉献的太行精神。

太行精神孕育、产生于以上党为腹心区的太行山抗日根据地，发展、成熟、形成于中国共产党领导的华北各敌后抗日战场。她由英雄的八路军和包括太行山抗日根据地人民在内的各敌后根据地军民的鲜血和生命铸就，她是以毛泽东为代表的中国共产党人将马克思主义的基本原理与中华民族的优秀传统和中国革命的具体实践相结合的结晶，是朱德、彭德怀、刘伯承、邓小平等老一辈无产阶级革命家精心培育和浇灌成长起来的精神硕果，凝聚着中国共产党人的优秀品质，中国人民的坚强性格，中华民族光荣的历史传统，有着丰富深刻的底蕴和内涵；她是以井冈山精神、长征精神为代表的中国革命精神的延续和升华、继承和发扬，是中国共产党及其领导的八路军和各敌后抗日根据地军民抗战精神的生动缩影和集中体现，是中华民族抗战精神的伟大象征。

一、太行精神是对抗日救国崇高革命理想和坚定信念的执著追求与始终坚守

人总是要有一点精神的。人的精神最核心的部分就是理想信念。理想是力量的源泉，信念是精神的支撑。无论是国内革命战争时期还是民族革命战争时期，中国共产党及其领导的革命军队如果没有崇高的革命理念这一不竭的力量源泉作动力，没有坚定的信念作支撑，不可能面对艰难和强敌勇往直前，克敌制胜，坚持到底，创造伟业。

革命理想高于天。大革命时期和土地革命时期，无数中国共产党人面对敌人的屠刀，宁死不屈，视死如归；人民军队在北伐战争、苏区反“围剿”斗争和长征中能够前赴后继，不怕牺牲，赴汤蹈火，无坚不摧，正是由于他们始终抱定为千百万劳苦大众翻身解放、为中国革命早日胜利、为共产主义事业最终实现这样崇高的革命理想和必胜的信念。

1937年，日本发动全面侵华战争，狂妄叫嚣“三个月灭亡中国”。国民党实行片面抗战路线，数十万大军节节败退，一泻千里。平津沦陷，河北、山东、山西、绥远大片国土很快成为敌后。日军铁蹄所到之处，火光冲天，尸横遍野，血流成河，大量难民饥寒交迫，流离失所。中华民族面临着近代以来最严重的生存危机，每一个国人都在经受着生与死的考验。当时悲观情绪到处蔓延，亡国论调甚嚣尘上，中国共产党振臂高呼：全国人民、军队和政府团结起来，筑成民族统一战线的坚固长城，抵抗日寇的侵略。毛泽东严词批驳亡国论者和速胜论者，科学地预测中国人民的抗战历程，高瞻远瞩地提出中国共产党的军事战略和策略，极大地振奋和坚定了全国人民的抗战信心和决心。风在吼，马在叫，黄河在咆哮。怀抱着强烈的救国理想和抗战必胜的信念，古老的黄土高原集合起中华民族最优秀的儿女。八路军三师健儿挥戈东渡，挺进山西，迎着国民党的溃兵游勇，迅速开赴战火纷飞、硝烟迷漫的抗日前线。国共两军为了共同的理想，在

山西忻口团结合作，血战日寇，谱写了一曲兄弟携手、共御外侮的悲壮乐章。在此前后，一批批、一队队抗日志士、热血青年、爱国华侨和革命知识分子，响应民族抗战的召唤，义无反顾地涌向当时华北的抗日中心太原，随之又奔向山西各地，奔赴华北和全国的各抗日战场。

多少壮怀激烈，多少生离死别，多少浴血奋战，多少视死如归。血与火烧灼激荡着人心，抗日救亡的时代最强音回响在太行山、太岳山、五台山、吕梁山上……“誓死不当亡国奴”、“誓与华北人民共存亡”、“打日寇，救中国，当英雄”、“不把日本强盗赶出中国，誓不回家”的誓言震荡在每一个八路军将士和抗日志士的心中。太行人民踊跃参军，舍身报国的动人故事，曾经激励了千千万万华夏儿女投身抗日救国的伟大洪流。“北华收复赖群雄，猛士如云唱大风。自信挥戈能退日，河山依旧战旗红。”从八路军总司令到每一个普通战士，都充满着必胜的信念。三晋表里、燕赵大地、长城内外、黄河上下到处传颂着救国的理想和信念的赞歌。因愤于国民党蒋介石集团顽固坚持“攘外必先安内”的卖国政策，在南京中山陵剖腹明志的著名爱国将领续范亭，当看到山西在我党全力推动下出现团结抗战的特殊局面后，便“像扑灯蛾追求光明似的”，奋不顾身地投身抗日战场，实现了他“愿将身躯易自由”的誓言。共产党员、烽火侨女李林，学生时代就立下了“甘愿征战血染衣，不平倭寇誓不休”的宏伟理想。当民族危机日益严重之时，她毅然从南洋归国，率领骑兵驰骋长城南北，最后血洒雁北，将25岁的青春年华献给了祖国。太原沦陷之前，由120余名太原成成中学师生组成的抗日游击队，走出课堂，投笔从戎，在创建大青山抗日根据地的斗争中作出了特殊贡献，其中50多名师生血洒青山，他们大都十八九岁，小的只有十三四岁，被誉为中国知识分子的楷模，“青年运动的一面旗帜”。北方局秘书长兼八路军前方总部秘书长张友清，在1942年5月日军对太行抗日根据地的大“扫荡”中，不幸落入敌手，狱中他受尽酷刑，身染重病，仍组织党的支部，坚持斗争，弥留之际，他念念不忘的还是救国救民的理想和信念，倾尽全力反复鼓励战友

“坚持下去”、“坚持下去”，“迎接胜利的到来”。

英雄的太行军民和华北各抗日根据地军民，凭着坚定的理想信念，粉碎了所谓“皇军不可战胜”的神话，将敌后游击战的熊熊大火燃遍了以太行山为中心的整个华北大地，建立了广大的抗日根据地；进入战略相持阶段，特别是1941年以后敌后抗战进入最困难的时期，他们面对凶恶的敌人和极端艰苦的环境，仍然靠着不可动摇的理想信念，一次次地粉碎日伪军各种形式的残酷“扫荡”和“蚕食”进攻，以及国民党反共顽固派的多次反共高潮，前门打虎，后门拒狼，同时还有罕见的自然灾害和敌人严密的经济封锁，顽强地渡过黎明前的黑暗，最终迎来了抗日战争的最后胜利。中共中央政治局常委、国家副主席习近平同志在视察上党老区时指出：“70年前，太行军民正是在党的领导下，始终保持誓死不做亡国奴、为民族的独立而战、为工农大众的自由而战的理想信念，才有了战胜一切困难、克服任何险阻的不竭力量源泉。”抗日英烈和革命先辈们在民族危难时刻对理想信念的执著追求和坚守，在一切挑战和考验面前始终保持对人民、对事业的忠诚和高度的民族责任心和自信心，给我们树立了光辉的榜样，为我们战胜前进道路上的一切艰难险阻提供了强大的精神动力和不竭的力量源泉。

二、太行精神是党和八路军同人民群众血肉联系的坚定保持

兵民是胜利之本。战争的伟力之最深厚的根源，存在于民众之中。面对近百年来积贫积弱、一盘散沙的中国和强大的日本帝国主义，以毛泽东为代表的中国共产党从抗战一开始就提出了全面抗战路线，提出我国抗日战争由弱变强、由战略防御转变为战略进攻并最终取得胜利的最基本的条件，是发动全民族的抗战，组织最广泛的抗日民族统一战线，调动一切可以调动的积极因素，动员千千万万的人民大众团结一心，支援战争。“动员了全国的老百姓，就造成了陷敌于灭顶之灾的汪洋大海，造成了弥补武器等等缺陷的补救条件，造成了克服一切战争困难的前提。”没有人民的

支持，没有广大群众的拥护，没有千百万民众参加和支援抗日战争，不可能打败日本侵略者，取得抗日战争的最后胜利。

我们党来自人民，根基在人民，血脉在人民，力量在人民，是最广大人民利益的忠实代表。人民离不开党，党更离不开人民。坚持党的群众路线，视人民如父母，把人民当靠山，密切联系群众，始终保持同人民群众的血肉联系，是我们党的优良传统和最大的政治优势，也是我们党战胜各种困难，立于不败之地的根本保证。抗日战争中，以救国救民为己任的中国共产党及其领导的八路军和抗日民主政府，秉承全心全意为人民服务的宗旨，一切为了人民的利益，一切从人民的利益出发，冒着烽火硝烟，迎着枪林弹雨，深入敌后发动群众、组织群众，与群众同甘苦、共患难，将各界抗日民众紧紧团结凝聚在自己周围，同根据地人民建立了鱼水相依、生死与共的血肉联系，涌现出了许许多多军爱民、民拥军的动人故事。

为了彻底摧毁我根据地人民的抵抗，敌人实行惨无人道的“三光政策”，发动了一次次的多路围攻和疯狂“扫荡”。在无数次的反“扫荡”、反“蚕食”斗争中，成千上万的八路军、新军和地方武装将士奋勇杀敌，血洒疆场；在群众的生命财产受到威胁的时候，根据地有一大批包括地委书记、专员、县委书记、县长、区委书记、区长等在内的各级党和抗日民主政府的领导干部挺身而出，坚贞不屈，慷慨捐躯；还有不少党的好干部为了根据地的建设事业和群众的利益，长期积劳成疾，倒在工作岗位上；同样，为了掩护子弟兵和抗日干部，有许多根据地人民献出了宝贵的生命。1938年2月，日军自晋东南大举西犯，先头部队一个旅团抵达安泽县的府城镇，直逼临汾。正在前往晋东南敌后指挥作战的八路军总司令朱德在此与敌遭遇，为争取时间让临汾一带的数十万民众安全转移，冒着10余架敌机疯狂轰炸的危险，指挥身边仅有的200余人的警卫通讯部队顽强迎击日军达三天之久，直到临汾城内的民众安全转移后，才率总部向东转进。晋西北八专署专员顾永田在任文水县抗日政府县长期间，除暴安民，减租减息，兴修水利，发展生产，改善民生，深受群众爱戴。1940年2月，在组织根据地军民反“扫荡”作战中，身先士卒，英勇牺牲。1943年10月，日军对太岳抗日根据地发动大规模的“铁滚扫荡”，冀氏县（今安泽县）一区女区委书记王光，抱着“宁可牺牲自己，也要保护好群众”的坚定信念，率领民兵将敌人引向自己，不幸身负重伤，落入日军魔掌。面对敌人的酷刑，王光回答：“你们问八路军藏在哪里，老百姓藏在哪里，粮食藏在哪里，告诉你们，他们全藏在我心里！你们想知道，那是妄想！”之后，丧心病狂的敌人先割掉她的鼻子，再剜掉她的双眼，又割下她的双耳和乳房，最后将她剖腹开膛。王光壮烈牺牲，年仅22岁。

随着抗日斗争的深入开展，以太行山为中心的华北各抗日根据地先后建立共产党领导的抗日民主政权。新政权建立后，即高举抗日的大旗，大力配合党和八路军深入发动、组织和武装群众，巩固发展根据地、广泛开展抗日游击战争，制定颁布各种政策、法令，充分发挥抗日政府的权威，治理匪患，惩办汉奸，整顿社会秩序；贯彻战时财经政策，积极恢复、发展生产；废除旧政权各种苛捐杂税，实行合理负担，开展减租减息，努力扩大民主，改善民生，减轻人民负担；坚持“三三制”原则，注意调节各抗日阶级的利益，广泛调动各阶层群众的抗日积极性；大力改变旧官僚政权营私舞弊、贪污腐化、欺压民众、当官做老爷的恶劣行为和衙门作风，自觉深入实际，倾听群众呼声，反映群众意愿，满足群众需求，集中群众智慧，甘当群众的“公仆”，在群众面前树立起了人民政权公正廉明的鲜活形象，赢得了根据地人民的衷心拥护。

当根据地遭受罕见的自然灾害和严重的经济困难之时，各级党政军机关一面紧勒裤带，节衣缩食，努力减轻人民负担，将节省下来的粮食救济灾民和困难群众；一面动员大批机关、部队人员，帮助群众挖渠打井，修桥筑路，抢收抢种，抗灾救灾，与根据地人民甘苦相依，共渡维艰。一二九师师长刘伯承说：“我们是人民的子弟兵，必须与人民同生死、共患难。”他和政委邓小平带头降低伙食标准，亲率参谋人员开荒种菜，进山采集野菜草药，组织助耕队，帮助驻地群众抢种庄稼，剿灭蝗害。部队所有的助耕队自带粮食，与灾民同吃一锅饭，每个人节约下的粮食还能接济三个灾民。仅1943年夏秋，太行、太岳军区部队即帮助当地群众耕地、锄地、收割庄稼4.29万亩，帮工5万多个。仅师部人员节约的粮食，每月就可救活124个灾民。在此前后，冀南军区部队协助地方修堵河流缺口和残缺堤岸、疏浚新旧河道和新开水渠467公里，打井1万眼；太岳军区仅第二军分区即为地方开渠20公里，浇地4000亩；太行军区部队与黎城、涉县人民一起，奋战数月，修成长达23.5公里的漳南、漳北两条大渠，灌溉面积达9860亩，为铭记人民子弟兵的深情厚谊，当地人民特意将水渠上的4座石渡桥分别命名为“小平桥”、“秀峰桥”、“伯承桥”和“民贤桥”。军爱民，民拥军，太行山上至今仍传唱着一首洋溢着根据地人民对人民子弟兵真心爱戴之情的拥军歌：“一铺滩滩杨柳树，一铺滩滩草，一队一队的抗日军，数咱八路军好；一团一团的白棉花，一条一条的纺，一机一机的新白布，给部队做衣裳；一方一方的土布，一针一针的缝，一双一双的拥军鞋，送给咱子弟兵。”

1940年底，朱德接受马来西亚《现代日报》华侨青年记者郭戈奇的采访。在回答记者提出的“八路军、新四军在敌后，在日寇、国民党反动派和伪军三面夹击下，为什么能够生存、发展和壮大”的问题时，朱德说：“我们共产党领导的八路军、新四军是人民的军队，来自老百姓。这个军队的唯一宗旨，就是为民族解放服务的。所以人民拥护我们，军队和人民的关系，好比鱼和水的关系，鱼在水中游，水深任鱼跃。”八年抗战，艰难困苦。中国共产党及其领导的抗日民主政府和人民军队，正是凭着同人民群众的这种血肉联系及始终的坚定保持，铸就了万众一心、共御外侮的坚不可摧的铜墙铁壁，汇聚成了陷敌于灭顶之灾的人民战争的汪洋大海，从根本上保证了中华民族近代以来第一次反侵略战争的伟大胜利。

三、太行精神是对坚忍不拔、百折不挠民族品格的崭新诠释

民族精神是一个民族赖以生存和发展的精神支柱。民族品格是民族

精神力量的源泉。一个民族没有振奋的精神和高尚的品格，不可能自立于世界民族之林。中华民族从来就是一个崇尚爱国主义和英雄主义的民族，一个有正义、有担当、有血性的民族，一个为捍卫国家主权和尊严不惜流血牺牲、舍生毁家的民族，一个在国家和民族命运面临危难的时候始终保持坚忍不拔、百折不挠意志品格的民族。中华民族的伟大精神和优秀品格代代相传，培育了无数的爱国志士和民族英雄。从屈原的“虽九死其犹未悔”到苏武的19年漠北牧羊；从岳飞的仰天长啸，壮怀激烈到文天祥的“人生自古谁无死，留取丹心照汗青”；从林则徐的“苟利国家生死以，岂因祸福避趋之”到谭嗣同、秋谨的“我自横刀向天笑”、“拼将十万头颅血”，无不凝聚了崇高的民族精神和坚忍不屈的民族气节。

中国共产党人是最坚定、最彻底的爱国主义者和革命英雄主义者，是中华民族精神和优秀意志品格的最好传承者和发扬光大者。党成立以来领导中国人民进行的亘古未有的人民革命和抗战爆发以后领导根据地军民开展的艰苦卓绝的民族解放战争，是中国历史上最恢宏、最壮丽的爱国主义篇章，无数共产党员作为中华民族最优秀的儿女，为了民族的独立和人民的解放，在极端残酷和困难的条件下，胸怀崇高的革命理想，坚忍不拔、百折不挠、英勇斗争，或将生命献给了祖国，或身经百战，九死一生，继续在革命斗争中和民族解放的战场上不懈奋斗。在他们的身上体现了中华民族最优秀的品格。

大革命失败后，从白区斗争到苏区斗争，从李大钊、赵世炎、蔡和森、向警予、陈延年、彭湃、恽代英、陈铁军、周文雍、杨开慧到瞿秋白、方志敏等等一大批共产党人，无论在严酷的白色恐怖环境下，还是在敌人的监牢中和刑场上，面对困难、面对死亡、面对威逼利诱，无不英勇无畏，坚贞不屈，慷慨赴死，浩气冲天。

在千难万险、史所未有的二万五千里长征中，中国工农红军上至最高首长，下至普通战士，依靠坚忍不拔、百折不挠、一往无前的意志品格，擦干身上的血迹，掩埋好战友的遗体，北上抗日前线，投入民族解放的洪流。

“我们中华民族有同自己的敌人血战到底的气概，有在自力更生的基础上光复旧物的决心，有自立于世界民族之林的能力。”当中华民族面临着最深刻的民族危机和空前严峻的生死考验时，中国共产党领导的抗日军民和国民党的许多爱国将士，在太行山、在山西、在整个华北大地同仇敌忾，前赴后继，上演了一幕幕不屈抗争、坚韧奋起的英雄活剧，谱写了一曲曲气壮山河、感天动地的英雄史诗。他们的无与伦比的英雄壮举是对中华民族伟大品格的崭新诠释。

抗战初期，日本侵略者依仗其强大的武器优势和野蛮的烧杀政策，企图将中国人民一举征服。英雄的山西和华北各地抗日军民没有被敌人的疯狂进攻和凶残暴行所吓倒。八路军三师主力在人民群众的全力支援下，靠着小米加步枪和大刀长矛，甚至赤手肉搏，以大无畏的英雄气概，以少胜多，以弱胜强，数月之中连续取得首战平型关，夜袭阳明堡，雁门关、七亘村、黄崖底、广阳伏击战，邯长公路和汾离公路分别三战三捷，反敌四路、五路、六路、八路、九路围攻等战斗、战役的胜利，以机动灵活的敌后游击战，予日寇以沉重打击。赵崇德、叶成焕等抗日英雄血溅沙场、英勇殉国。许多部队整营、整连、整排的指战员在与敌人的反复冲杀、激烈搏战中壮烈牺牲。正面战场的国民党第二战区8万将士与日军血战忻口，第九军军长郝梦龄、第五十四师师长刘家祺、独立第五旅旅长郑廷珍、第一九六旅旅长姜玉贞等高级将领为国捐躯。郝梦龄在出师前就抱定了为国献身的决心，他在留给子女的遗嘱中说：“此次抗战乃民族国家生存之最后关头，抱定牺牲决心，不成功即成仁，为争取最后的胜利，使中华民族永存世界上，故成功不必在我，我先牺牲。”

武汉失守后，日军将进攻的重点和进攻的主要对象转向华北，转向中国共产党领导的各敌后抗日根据地。从1939年初起，日本华北方面军开始分期实施“治安肃正计划”，实行所谓的政治、军事、经济、文化、特务一体的“总力战”。其中在军事上实行极为毒辣的以铁路为链、公路为环、据点为锁的“囚笼政策”，企图通过分割、“蚕食”和分区“扫荡”，摧垮根据地。两年间，日军发动千人以上的大规模的“扫荡”达109次，使用兵力超过50万人。1941年到1942年，日军进一步在华北连续推行更加残酷的“治安强化运动”。期间，对华北各抗日根据地的“扫荡”，一次使用兵力在千人以上至万人的，达132次之多；万人以上至7万人的达27次，有时反复“扫荡”一个地区达三四个月之久。为了消灭根据地人民的生存条件，敌人在“扫荡”中采取“铁壁合围”、“捕捉奇袭”、“纵横扫荡”、“反转电击”、“辗转抉剔”等各种方法，实行烧光、杀光、抢光的“三光政策”，疯狂制造无人区，所到之处人畜不留，庐舍为墟，其手段之残暴，次数之频繁，使用兵力之众多，在中国和世界近代史上绝无仅有。其中如1942年5月，日军集中2.5万余重兵，采取“铁桶合围”、“抉剔扫荡”战术，合围太行区，梦想将根据地军民“闷死”在铁桶中，使八路军总部、北方局等党政军机关和根据地人民的生命财产遭受重大损失。

由于日、伪、顽的三面夹击，整个共产党领导的华北各抗日民主根据地出现了抗战以来最困难的局面：军事上战斗频繁，部队伤亡严重，干部牺牲很大；根据地面积大幅缩小，人口大量减少。其中太行区面积缩小了1/3以上，太岳区的漳源、平遥、介休、灵石、霍县、赵城、洪洞、岳阳、沁县、屯留等县大都成了游击区或敌占区，冀南全区几乎都变为游击区，人口减少了1/2，冀鲁豫区的回旋余地也越来越窄。群众形象地说：“一枪可以打透根据地。”在此同时，百年不遇的旱灾、水灾、雹灾、蝗灾、瘟疫等各种天灾接踵而至，频频袭来。根据地生产遭到严重破坏，财政经济极端困难。

但是，抗日根据地集聚着一支困不死、打不散、压不垮的中华民族的中坚力量，再大的困难也难不倒英雄的根据地军民。“忠肝不洒中原泪，壮志坚持北伐心。百战新师惊贼胆，三年苦斗献吾身。”极端的困局只能更加磨炼他们的意志，锤炼他们的智慧。为了渡过困难，争取胜利，他们同侵略者进行了愈加不屈不挠的英勇斗争。

“扫荡”和反“扫荡”、“蚕食”和反“蚕食”是这一阶段敌后根据地敌我斗争的中心内容，反“扫荡”、反“蚕食”成为抗日游击战争的主要作战形式。各根据地军民在一次次的反“扫荡”、反“蚕食”斗争中给予敌人以沉重打击。

1939年11月，晋察冀军区部队与一二〇师主力紧密配合，聂荣臻与贺龙协同指挥，在此前先后取得齐会、陈庄等重大战斗胜利的基础上，又在涞源县雁宿崖、黄土岭地区设伏，一举歼灭日本独立混成第二旅团旅团长阿部规秀中将以下1500余人，敌人痛苦地哀叹“名将之花凋谢在太行山上”。

1940年8月，八路军先后集中105个团、20余万兵力，在太行山东西、正太路南北，展开大规模的交通破击战和反“扫荡”作战，在3个多月的时间里，共进行大小战斗1824次，歼日、伪军约3万人，破坏铁路470多公里，公路1500多公里及大批车站、桥梁、隧洞、据点和敌堡，沉重打击了日军的“囚笼政策”和对根据地的疯狂“扫荡”。在极其惨烈的关家垴战斗中，我一二九师主力将深入根据地“扫荡”的日军冈崎大队500余人重重包围。敌凭借有利的地形、密集强大的火力和飞机的助战，居高临下，拼死突围。八路军副总司令彭德怀亲临前线指挥，三八六旅等部反复冲锋，其中有3个连仅剩下16个人，最终敌被歼400余人，仓皇撤逃，冈崎谦受和今富光藏两个大队长双双命丧关家垴上。

1941年10月，日军发动7000余兵力对太行区实行冬季“扫荡”。10日，敌人以“反转电击”战术，猛袭黎城八路军黄崖洞兵工厂。八路军总部特务团和一二九师4个团在当地民兵的大力配合下，展开殊死保卫战。经连续8昼夜激战，歼敌1800余人，我伤亡350人，创造了敌我伤亡5.3:1的辉煌战绩。18岁的司号员崔振芳，一人扼守翁圪廊隘口数昼夜，用两桶马尾弹炸死敌人数十名，最后壮烈牺牲。协助兵工厂征集和保管财粮的当地民兵彭清理被俘后，敌人将他吊在一棵榆树上，当面连杀他的8个亲人，逼他讲出兵工厂机器和粮食的埋藏地点，他宁死不讲，直至被敌推下悬崖绝壁。

1942年11月，太岳军区主力一部，结合沁源全县民兵和区基干队，成立13个游击集团，开始对侵入该县的日军展开长达两年半的围困战。在围困指挥部的组织下，敌各据点周围5公里以内村庄的群众全部转移，使敌陷于没粮吃、没水喝、没柴烧的绝境，其图谋搞的所谓“山地剿共实验区”随之变成了一个“没有人民的世界”。转移出来的群众坚定地说：“铺地盖天，餐风饮露，也要和敌人斗争到底。”在此同时，主力部队带领民兵在敌据点周围和交通要道，展开广泛的麻雀战、冷枪战、破袭战、伏击战、地雷战，搞得敌人日夜不宁、惊恐万状，据点不断收缩，越来越难以支撑，最终不得不于1945年4月从沁源狼狈逃窜。

在艰苦抗战中，涌现出了成千上万的民族英雄。“狼牙山五壮士”为了掩护根据地党政领导机关和群众转移，主动把敌人吸引到悬崖绝壁，据险抵抗，连续打退日军4次冲锋，毙伤敌人90余人，最后子弹打尽，毅然砸枪跳崖，三人壮烈牺牲，二人负伤脱险。八路军副总参谋长左权在总部和北方局等党政军群机关遭到敌重兵合围的危急时刻，亲自指挥突围战斗，在率领最后一批人员突围时，为掩护战友，不幸中弹，壮烈殉国。《新华日报》（华北版）管委会秘书主任兼总会计董君珏，是一位生子刚刚三个月的母亲，在这次突围战中，她隐藏的山洞被搜山的敌人发现，生死关头，她连开数枪，击倒两个敌人，高呼“誓死不当亡国奴”纵身跳下百丈深渊，英勇牺牲。在抗日英雄的英烈榜中，还有郭国言、范子侠、武士敏等等一串串闪光的名字，他们每个人都有着中华民族坚忍不拔的意志，都有一大堆百折不挠英勇抗敌的动人故事，他们都为国流尽了最后一滴血。

正是因为有了这样一支无所畏惧的中坚力量，有了如此众多的民族精英，华北各抗日根据地才能在极端困难的情况下，坚持抗战，最终迎来了对日战略反攻，迎来了抗日战争的最后胜利。

四、太行精神是敌后抗日根据地军民艰苦奋斗、无私奉献精神的生动展示

中华民族自古就有勤劳勇敢、不畏艰苦的美德。中国共产党继承了中华民族最优秀的精神品格，艰苦奋斗、无私奉献既是我党一贯的优良传统和作风，是我党始终坚守的政治本色，也是我党克敌制胜的重要法宝。中国共产党的历史，就是一部艰苦奋斗的历史，就是一部为中国最广大人民的利益无私奉献的历史。靠着艰苦奋斗精神，我们的党及其领导的人民军队和人民革命事业，从小到大、从弱到强、从星星之火到势成燎原；靠着无私奉献的精神，我们的党及其领导的人民军队，始终保持同人民群众的血肉联系，一如既往地得到人民群众最坚定、最无私的支持。

以太行山为中心的华北各敌后根据地抗日斗争的历史，同样是一部中国共产党及其领导的抗日军民艰苦奋斗、无私奉献的历史。

1941年到1943年，日军频繁的“蚕食”、“扫荡”和严密、贪婪的经济封锁与掠夺，不但在军事上给根据地军民的生命财产和抗日斗争造成了极大的损失和困难，而且使根据地的经济和生产遭到严重破坏，粮食和各种军需民用物资异常短缺。与此同时，频发严重的自然灾害更使根据地军民的生存条件雪上加霜，陷于难以想象的困境。

1942年，华北各地水、旱、虫、雹等灾害就连续发生，尤其是旱灾，许多地方赤地千里，庄稼枯萎，粮食大面积歉收。1943年，前一年的灾荒造成的困难尚未完全克服，上述天灾又在各地交错发生。在晋冀鲁豫边区，先是从春到秋持续七八个月的数十年不遇的特大旱灾；接着是夏秋之际铺天盖地而来的蝗灾，有的蝗群一来就是方圆几十里，顷刻之间就将几十到数百亩的庄稼吞食殆尽；一些地区同时又遭受毁灭性的雹灾；八九月间，太行、冀南、冀鲁豫等区连降暴雨，清漳河和浊漳河两岸大片滩地被毁，卫河、滏阳河、运河多处决口，数十个县一片汪洋，尽成泽国。在此情况下，全边区相当多的县粮食产量只有常年的二三成左右，不少村庄甚

至绝收。伴随着灾荒而来的，是霍乱等疾病的流行和大批灾民的形成。冀南全区因灾因病死亡达20余万人，晋冀鲁豫全区包括从敌占区流入的灾民超过150万人。由于天灾敌祸，许多根据地军民几近没有衣穿，没有油吃，没有菜，没有纸，战士没有鞋袜，工作人员在冬天没有被盖。灾情严重的地方，“离婚事件大为增加。……有的拿儿子换米吃，有的妇女沿村寻出嫁对象以图一食者。至于自己杀害儿女之事，也层出不穷”。

面对如此大的灾难，根据地军民没有退缩，没有屈服，更没有被击倒。他们一方面同敌人展开不屈不挠的军事斗争，同时以极大的勇气和毅力，发扬艰苦奋斗精神，咬紧牙关迎接经济困难的挑战。

为了战胜困难，从八路军总部、北方局和边区政府首长，到普通战士和一般工作人员，首先降低伙食标准，厉行节约。按照命令，粮食供应，主力部队由1斤半减为1斤，机关人员由1斤减为13两（旧制16两1斤）。办公费、菜金一律停发。八路军副总司令彭德怀带头将自己仅有的稿费、津贴费共76.6元交给组织，与大家共克时艰。一二九师司令部以彭总为榜样，专门召开“军人大会”，决定在此基础上，每人每日再节约小米3两，并停发津贴费。1942年，一二九师共节约160.1万元；1943年，全师仅4到8月就节约小米40.5万斤，8月以后，伙食标准再次降低。节约下的粮款，全部用于救济灾民。由于粮食越来越少，很长一段时间，部队普遍以野菜代粮，整天以野菜粥充饥。许多地方野菜采光了，连槐叶、柳叶、杨叶都成了宝贝。从干部到战士，整个部队都处于半饥状态。师部首长和区党委机关同人家吃的一样，穿的一样，用的一样。他们经常吃一种由红高粱面加野菜、树叶和在一起蒸成的菜馍馍，这种食品又黑又硬，大家当时都把吃它叫“吃砖头”。边区政府机关干部的口粮从每天1斤半小米减少到7两，边区政府副主席戎子和和太行行署主任李一清一次与邓小平谈工作时，因饥疲交加，昏睡了过去。为了节约，当时一二九师提出一个口号叫“白天多做事，夜晚少点灯”。大家都惜油如金，惜纸如金。一张纸反复用四次，即先用铅笔写，再用毛笔写，写完一面，翻过来再用，而且字都写得很小，真正是名副其实的“蝇头小楷”。

为了战胜困难，从晋冀鲁豫边区，到晋察冀、晋绥边区，各根据地相继深入开展了精兵简政、减租减息和党的整风运动。精兵简政从1942年春夏开始，到1944年春夏结束，是我党为克服根据地财经困难而采取的一项极为重要的政策措施。精简之后，各边区党政军群的各级机构和人员大为缩减。晋冀鲁豫边区各级脱离生产的人员编制比1940年前半年减少了1/3到1/2，其中边区政府机关由500人减少到100人，被毛泽东称赞为“精兵简政的模范例子”。精兵简政的成功进行，基本上克服了此前各边区机构庞大臃肿，“鱼大水小，兵多难养”的矛盾，不但减轻了人民负担，而且提高了机关的工作效率和部队的战斗力。发动群众是敌后根据地战胜严重财经困难的中心环节，群众如果发动不起来，则发展生产、参战支前等一切工作都无从谈起。而发动群众的关键，是减租减息，是实行适应抗战形势需要的正确的土地政策。抗战爆发后，我党曾普遍号召减租减息，但因战事紧张、人力缺乏等各种原因，多数地方都将此事停留在宣传上。1942年，刘少奇在回延安途中路经太行，就减租减息工作做了重要指示和部署。从当年下半年起，减租减息运动开始在各敌后抗日根据地如火如荼地开展起来。减租减息运动的深入进行，极大地调动了农民群众发展生产、支援战争的积极性，有力地促进了根据地生产的恢复和各项工作的开展。与此同时，按照中央的统一部署，敌后各抗日根据地还认真地在党内开展了党的历史上首次大规模的整风运动。整风运动主要是整顿党内长期存在的主观主义、宗派主义和党八股三股不正之风，解决思想、组织和作风不纯的问题，是一次深刻、普遍的马克思列宁主义教育运动。整风运动的开展，促进了全党的团结统一，为战胜困难、夺取抗日战争的最后胜利奠定了思想、政治和组织基础。

为了战胜困难，以太行山为中心的各敌后抗日根据地党政军机关和部队，响应党中央自力更生、发展生产的号召，一手拿枪，一手拿锄，普遍掀起了轰轰烈烈的生产自救运动。1942年春，一二九师根据刘邓首长的指示，作出帮助群众春耕和部队生产的规定。要求当年旅以上每人生产100元，团以下每人生产60元。1943年8月，一二九师又下达命令，规定全师干部战士除种菜自给外，至少还要耕种一亩到一亩半地的粮食。之后，中共太行分局召开会议，专门研究经济建设问题，邓小平在会上作了题为《努力生产，渡过困难，迎接胜利》的报告，确定把生产当作根据地一切工作的中心环节。一时间，“增加生产，改善生活，准备反攻”的口号，响遍了太行山的每个角落，根据地的荒山野岭、田间地头，到处都有干部战士开荒种地的身影。1942年，仅据一二九师11个单位的统计，生产总值就达215.4万元；1943年，仅太行区各部队即种地10万亩，其中开垦荒地8万多亩，总收入达1,500万元以上；1944年，太行区各机关部队实现了两到三个月粮食和全年蔬菜的自给，减轻了人民20万石公粮的负担。

在努力解决粮食问题的同时，各根据地机关部队还自力更生、千方百计地解决穿和用以及武器装备的困难。邓小平在办公室支起了一台土造的手工纺线车，亲自动手，带头学纺线。1943年，太行区除自制香烟有余外，布匹、毛巾等自产物品还可外销交换。抗战期间，武器弹药的严重缺乏一直是困扰八路军的一大难题。为此，各根据地先后办起了兵工厂、炸弹厂、修械所、子弹复装所，以及被服厂、医疗器械制造厂等。有的兵工厂除了生产手榴弹、地雷和复装子弹外，还能制造步枪、掷弹筒，甚至迫击炮弹和山炮弹，对弥补我军武器弹药的不足起了重要作用。

1944年，随着根据地农业生产的丰收和军事斗争等形势的全面好转，整个华北敌后根据地军民终于渡过了最困难的时期，迎来了胜利的曙光。

新中国成立后，有一次邓小平的女儿问她父亲：“你那时一个人在前方，也够不容易的吧？”邓小平轻轻一笑，说：“我没干什么事，只干了一件事，就是吃苦！”在抗日战争如此的艰难困境中能够挺过来，艰苦奋斗，不能不说是共产党、八路军战胜困难、战胜敌人的一个法宝。邓小平当时就感慨地写道：“以八路军这样窳劣的武器，四年来没有得到一个铜板一颗子弹的接济，而能战胜各种困难，与强大的敌人进行短兵相接的斗争，这不能不是一个奇迹。”

根据地军民能够战胜困难，创造奇迹，是与他们的不计得失、不怕牺牲、舍身为国、无私奉献分不开的。

“国家兴亡，匹夫有责”，毁家纾难，为国分忧，舍生取义，舍己为人，从来就是中华民族优秀儿女的高尚情怀和崇高品格。在深重的民族灾难面前，没有广大爱国军民的空前团结和无私奉献，是不可能取得胜利的。

抗日战争期间，在中国共产党的领导下，以太行山为中心的各抗日根据地军民迸发与表现出了强烈的爱国热情和深沉的大忠大爱。他们的动人事迹，至今仍令人感怀不已，热泪盈眶。

为了挽救民族的危亡和赢得抗战的胜利，无数八路军将士和国民党爱国官兵，无数根据地党员干部和人民群众血洒太行、血洒三晋、血洒华北各敌后战场，将自己最宝贵的生命无私地献给了祖国和人民，献给了民族的解放事业。

根据地人民在极端困难的条件下，始终坚持有人出人，有力出力，有粮出粮，有钱出钱，踊跃参军参战，筹粮筹款，有力保证了抗日武装的兵员补充和巨大的战争消耗；同时，他们自告奋勇，争先恐后地为子弟兵缝衣被，做军鞋，运伤员，送物资，传递情报，站岗放哨，慰军劳军，护理伤残，源源不断地供应了抗战所需的粮食、被服和武器弹药等军需物资，承担了繁重而庞大的战勤任务，涌现出了大批支前模范和拥军模范。阳城县马寨村马孟英老人，3天时间就动员儿子、孙子、外甥和女婿共7人参军。黎城县窑湾村妇救会员胡春花，早在1940年夏，就动员组织本村妇女姐妹将自家鸡蛋、小米、黄豆和500多米土布等物资拿出，成立接待站，主动烧水、做饭、缝制被服，协助附近的一个八路军后方医院护理、转送伤员。1941年，日军进犯黄崖洞时，胡春花带领全村妇女组成担架队，冒着生命危险，从前线抬回伤员120多名，连续在部队医院看护伤员达4个月。1944年夏，胡春花又组织全村妇女，到医院为从一次攻坚战中转运下来的大批伤员喂饭、换药、灭蚊虫、清洗身体和血衣，使伤员提早痊愈并重返前线。她的动人事迹，曾在当时被编成节目搬上舞台，广为流传。武乡县禄村妇救会主任暴莲子，在根据地反“扫荡”中，先后3次冒死掩护八路军伤病员。1945年沁（县）武（乡）战役中，部队医院驻在禄村，她带头腾出房子，献出粮食，并率全家护理了80多名身负重伤的八路军战士。后来，她又把女儿送到部队，当了一名护士。战士们都亲切地称她为“八路军的好妈妈”。兴县开明士绅牛友兰，早在抗战初期就一次捐献白银2.3万元，支持该县黑峪口开明士绅刘少白创办农民银行，发展根据地经济。1940年，他又响应抗日政府的号召，再次捐出银元8000元，粮食125石，支援抗日。在抗日战争的前7年中，仅太行区人民就支援公粮300万石。当年，许多根据地党政军干部的子女寄养在当地群众家中，在粮食和各种物资都极为缺乏的情况下，老乡们宁愿自己受冻挨饿，也要保证这些孩子的温饱。是根据地人民的小米和母亲的奶水养育了他们，直到今天，他们仍对老区人民的无私奉献深怀感激，弥久难忘。

五、太行精神是党和八路军勇于开拓、锐意创新精神的集中体现

不畏艰难，不怕挫折，勇于开拓，锐意创新，是一个民族、一个国家、一个政党不断发展壮大，走向独立，走向繁荣富强，永葆生机活力的灵魂、源泉和不竭动力。

中国共产党从创建伊始，就继承中华民族的优良传统，站在时代的潮头，肩负国家振兴的使命，锐意进取，奋发有为，从而使自己在开拓中不断发展壮大，使中国革命沿着农村包围城市、武装夺取政权的崭新道路，由星星之火逐步走向全国胜利。

日本发动侵华战争特别是抗日战争全面爆发后，面对严重的民族危机，党更加自觉地担当起发动和领导民族抗战、争取民族独立解放的重任，领导广大抗日军民奋勇开拓，不懈进取，先后以太行山为中心，在山西、在整个华北建立起广阔的敌后抗日根据地，并在武装斗争、统一战

线、政权建设、经济建设等各方面进行了创造性的探索和实践，从而发展壮大了抗日力量，巩固扩大了抗日根据地，推动了抗日战争的早日胜利。

抗战爆发前，党中央、北方局和山西地方党组织就紧紧把握民族矛盾上升为国内主要矛盾的形势，以及山西复杂的政治情况，以高超的斗争艺术和超凡的智慧，致力于山西特殊形式抗日民族统一战线的建立。通过接管和改组牺盟会、建立战动总会和山西新军，使山西形成全国独一无二的特殊形式的统战组织和抗日武装。山西特殊形式统战局面的形成，为八路军挺进山西并以山西为战略支点，创建华北广大的抗日根据地，开展敌后游击战争，起了至为关键的作用。

以太行山等抗日支点为出发地和前进阵地，将敌后抗日根据地和敌后抗日战场拓展到华北、华中。八路军挺进山西抗日前线之初，由于日军长驱直入，所到之处疯狂烧杀抢掠，国民党数十万大军溃败撤逃，散兵游勇肆意骚扰，土匪武装遍地烽起，国民党旧政权或者顷刻瓦解，逃散一空，或则腐败无能，阻挠抗战，山西和华北各地社会秩序十分混乱。在如此复杂的局面下，八路军三师主力与山西各地地方党组织密切配合，首先以山西四面山区为依托，实行第一次战略展开，创建了晋察冀、晋西北、晋冀豫、晋西南抗日根据地。在山西及山西周边地区站稳脚跟后，接着以百折不挠的开拓精神，先后以山西四面山区为出发地和前进阵地，实行第二、第三次战略展开，进一步建立了冀中、冀南、冀鲁豫、大青山、山东等抗日根据地，并以一部挺进华中，支援新四军在江北的抗日斗争，将抗日的烽火燃遍了华北全境。

创造各种游击战法，以少胜多，以弱胜强。在艰苦卓绝的反围攻、反“蚕食”、反“扫荡”斗争中，在抗日游击战争的实践中，以太行山为中心的华北各敌后抗日根据地军民，充分运用毛泽东独立自主的游击战争的战略战术，先后创造了地道战、地雷战、破击战、围困战、麻雀战、联防战、窑洞保卫战、水上游击战和铁道游击战等一系列新鲜活泼的游击战法，不仅有力地打击了敌人，对中国人民最后战胜日本侵略者发挥了重要作用，而且充实和发展了毛泽东游击战争的理论，对于抗日战争胜利后我党我军进行自卫反击，最终夺取全国解放战争的胜利也具有重要意义。

创造并总结、推广政治攻势、劳武结合以及组织和派遣敌后武工队、建立革命两面政权等对敌斗争的新形式、新经验，加强敌占区和游击区的抗日斗争。进入抗日战争最困难时期，我党我军在太行区等华北各敌后抗日根据地贯彻敌进我进的方针，深入敌占区和游击区，先后通过开展政治攻势，进行武装宣传，揭露敌人阴谋，镇压汉奸特务，摧毁伪政权，瓦解日伪军，教育和团结敌占区人民；组织和派遣大批武装工作队，结合开展政治攻势和减租减息，宣传发动群众，除奸反特，瓦解敌军，改造政权，袭扰敌据点，破坏敌交通，鼓舞人民的抗日信心；建立公开应付敌人、秘密支持抗日的革命两面政权，在敌占区开辟隐蔽的抗日根据地；总结推广晋绥边区张初元首创的劳武结合的经验，解决根据地、游击区战斗与生产、劳力和武力之间的矛盾等等一系列开创性的工作，有力地加强了敌占区和游击区的对敌斗争，扩大了根据地，缩小了敌占区，加速了抗日战争的胜利。

在抗战初期敌后国民党政权普遍瓦解，或少数尚未瓦解但因腐败无能、阻挠抗战而丧失抗日政权职能的情况下，共产党高举抗日的大旗，通过接管、重建、改造等方式，以及从1941年开始实行村选、县选的基础上，在各根据地先后建立起共产党员占1/3，非党的“左”派进步分子占1/3，不左不右的中间派占1/3的“三三制”民主政权。各级“三三制”政权在党的领导下，从一开始就从抗日大局出发，从人民的利益出发，认真履行抗日政权的一切职能；逐步建立健全民主制度，努力扩大民主；采取各种有效措施，切实改善民生；积极促进各种经济成分的发展，大力保障军需民用；既维护工农基本群众的利益，又注意调节各抗日阶级的利益，着力调动一切积极因素，建立广泛的抗日民族统一战线。“三三制”政权是中国历史上第一次建立的人民群众当家做主、各抗日阶级联合专政的政权，也是中国共产党在新民主主义制度下第一次在中国局部地区执政，对我党以后接掌全国政权，全面建立新民主主义制度，进行了有益的探索和实践，具有重要的历史意义。

创建并大力发展互助组，制订并广泛推广“滕杨方案”，推动了根据地农业生产和经济建设的发展。从1940年起，山西各抗日根据地农民为解决农业生产中劳力、畜力和农具缺乏问题，就开始自发利用旧有的劳动互助习惯，组织起了各种形式的具有社会主义萌芽性质的农业生产互助组。1944年春，为提倡劳动光荣，多劳多得，奖勤罚懒，鼓励私人积蓄，批判当时在根据地普遍存在的“一切归公”、“反对私有”等不切实际的错误观点，八路军总部代参谋长滕代远、副参谋长杨立三适时地制订了《总部伙食单位生产节约方案》。互助组和“滕杨方案”在敌后根据地的应运而生，不仅在当时对解决农民生产中的困难，正确处理生产和分配的关系、集体和个人的关系，推动根据地生产和经济建设的发展起了重要作用，而且对新中国成立后社会主义革命和建设事业都产生了深刻的启迪和影响。

太行精神诞生于70多年前的抗日战争年代。她作为中华民族精神的伟大象征，作为中国人民抗战精神的伟大象征，将永远留在山西人民和全国人民的记忆里，将作为中华民族和中国共产党的宝贵精神财富，长久地激励中华儿女为民族的崛起和伟大复兴而不懈奋斗。

伟大不朽的太行精神光耀千秋，流芳万代！

（作者系中共山西省委党史办公室处长）

民族气节是太行精神显著的特质

□ 杨子荣

山西别称“三晋”。“三晋”的原义，是指春秋时三分晋国的韩、赵、魏。自北魏王遵业《三晋记》及《三晋山险记》两种地方志问世后，“三晋”便以地域概念成为山西的代称。五代张乔《鹳雀楼诗》：“树隔五陵春色早，水连三晋夕阳多。”这里的五陵指陕西，三晋指山西。宋代《修平遥清虚观碑记》：“三晋之地，古为冀州。北接雁代，据雁门、云中之塞；东达赵、魏，带太行、碣石之险。大河界其西，汾水贯其中。尧之所都，晋之所封，唐之所兴地也。”这里从地域角度说明三晋的确切所指。居住在三晋地域的历代华夏民族和戎狄等各少数民族，经过长期的碰撞和融合，创造了灿烂的多民族和多元化的独具特色的地域文化，被称为“三晋文化”。

三晋文化是以三晋大地为载体，以几千年来华夏民族和北方各民族相互碰撞、交融和艰苦奋斗、开拓发展为主要内容，由华夏民族和北方各少数民族在长期的生产实践中形成的地域文化。它既有中华传统文化形成发展的普遍性，又有三晋地域自身文化积淀的特殊性。三晋文化又是山西大地自古以来人们外显行为与内在思想的折射，是山西物质文化和精神文化的总和。其内涵丰富，底蕴深厚，堪称博大精深。由于地理环境和历史背景的原因，三晋文化又不同于齐鲁、吴越、中原、三秦等文化，而有其自身的特质。其一是三晋自古以来就是华夏民族和北方各游牧民族混合聚居之地，各民族虽有过征战和对抗，但主流是和睦共处、共同发展，具有鲜明的民族融合性；其二是三晋文化和儒家思想始终占主导地位，形成了儒、释、道三教兼容的恢宏气势，具有厚重的兼容并包性；其三山西由于无县不山，且多崇山峻岭，交通闭塞，信息不通，往来艰难，形成了文化的地域差异性；其四是三晋大地土瘠民穷，其俗朴质、敦厚、坚强、直率、豪放、务实，绝少艳丽、淫靡、纤巧、矫揉之习，具有黜华尚实性。三晋文化的这些特质，是三晋土地贫瘠而文化积淀丰厚的黄土高原培育出来的，是三晋人民情感、愿望、理念和志趣的结晶，折射出三晋儿女勤劳勇敢、艰苦奋斗、不畏强暴、勇于牺牲的大无畏精神。

作为三晋文化重要组成部分的太行精神，是一个新的人文概念，是在特殊的环境、特殊的时代、特殊的背景下，由太行军民在长期的革命斗争和生产、生活实践中形成的一种别具特色的人文精神，包括不怕牺牲、不畏艰险、百折不挠、艰苦奋斗、万众一心、英勇善战、敢于胜利、无私奉献等内涵。

太行精神是三晋勤俭、爱国、忠义、重民、创造等核心人文精神的继承、升华和弘扬，不仅大大发展、提升和丰富了三晋人文精神，而且目前已超越“太行”的地域概念，成为全省人民普遍推崇的一种人文精神，在当今进行的爱国主义教育、继承和弘扬光荣的革命斗争传统、激发广大人民群众的爱国热情和革命精神，为山西的经济、政治、文化、社会和生态文明建设作出贡献中，太行精神已成为重要的催化剂和精神食粮。这是太行精神的魅力所在。现在屹立在武乡县的“八路军太行纪念馆”，就是纪念太行精神的一座丰碑。

民族气节是太行精神的一个显著特质。民族气节的思想基础是爱国主义。所谓爱国主义，是对祖国的忠诚和热爱，是“千百年来巩固起来的对自己的祖国的一种最深厚的感情。”（《列宁全集》第28卷第168-169页）爱国主义在不同的历史时期和不同的阶级有不同的内容。无产阶级的爱国主义是同国际主义相结合的，它从本国人民和世界各民族人民的共同的根本利益出发，既反对外国侵略者，热爱自己的祖国，进行忠诚的卫国斗争，也反对本国资产阶级对其他民族的侵略和压迫，支持别国人民的革命斗争。在八年的抗日战争中，面对凶恶和武装到牙齿的日本侵略者，各种人物的民族气节表现得淋漓尽致。凡是稍有点民族气节的人，绝不当亡国奴和汉奸。他们时刻不忘祖国和民族的利益，进行着顽强的和忠诚的卫国斗争；而另有一些人，则把祖国和民族的利益抛在脑后，为了自己一时的苟延偷生，甘愿认贼作父，充当汉奸，毫无一点民族气节。这两种人在面临国家和民族生死存亡的政治舞台上的表演，充分反映了爱国主义价值观的取向不同，得到的结果也不同。有民族气节的人永远被人们景仰和怀念，而汉奸却永远被人唾骂，遗臭万年。历史是公正和无情的。

“崇尚正义、宁死不屈、抗御强暴、爱国爱乡的爱国主义和英雄主义精神，是中华民族伟大精神的核心内容。这种精神为中华全民族共同崇尚，始终传承。但不可否认的是，这种精神在三晋文化中尤其强烈而鲜明，特别令人瞩目。精神是由人的行为体现的，在历史上的三晋大地上，传承和弘扬爱国主义、英雄主义的杰出人物代不乏人，指不胜屈，在民众中有着深远影响，历久不衰，与日月同光。”（降大任：《三晋历史文化的特质》）

在山西的八年抗日战争中，太行山成为共产党、八路军坚持抗战前沿阵地和保卫华北、保卫全中国的战略支撑点和源头，在朱德总司令、彭德怀副总司令的指挥下，千军万马进行了无数次的艰苦卓绝的阵地战、游击战、麻雀战、地雷战，大量地打退日军的进攻、“扫荡”，保卫了太行抗日根据地人民的生命财产，也有左权将军等许多将士献出了宝贵青春年华和生命。这正是民族气节转化为太行精神的生动体现。

八年抗战中，除左权等许多将士献出宝贵生命外，在三晋大地上还涌现出了许许多多不失民族气节的英雄豪杰，续范亭、陈敬棠、赵铁山、张培梅是众多英雄豪杰中最杰出和最有影响的代表人物。他们铁骨铮铮的民族气节，彰显了中国人的骨气、勇气和志气。

续范亭（1893－1947），山西崞县（今原平市）人。早年参加中国同盟会，辛亥革命时任革命军山西远征队队长，后在国民军中工作，曾任国民第三军第六混成旅旅长及国民联军军事政治学校校长等职。1935年续范亭任国民新编第一军中将参议，数次面见蒋介石，要求决策抗日，蒋不纳。又晤汪精卫，汪不听，遂失望于国民党，痛恨国民党政府卖国求荣政策，于同年12月26日在南京中山陵剖腹自杀，以生命唤起民众。并有绝命诗云："窃恐民气摧残尽，愿把身躯尽自由。"幸被及时发现抢救未死。西安事变后，响应中国共产党的号召，回山西推动抗日救亡运动，任国民党第二战区民族革命战争战地总动员委员会主任委员、第二战区保安司令。1939年后，在抗日根据地历任山西新军抗日决死队总指挥、晋绥边区行署主任、晋绥军区副司令员、中国人民解放区人民代表会议筹备委员会副主任委员等职。1947年9月12日在山西临县病逝，中共中央追认其为中国共产党正式党员。续范亭同志逝世后，毛泽东送挽联："云水襟怀，松柏气节"，对他的一生作了高度评价。

陈敬棠，又名陈芷庄，山西忻县（今忻府区）嘉禾村人。他曾任山西省政府村政处长，文思敏捷，尤擅诗作，热心于桑梓文献的搜集整理工作。1915年，成立的"山西文献征存局"，他是发起人之一，担任常务委员。为征集桑梓文献，曾经在北京雇人将忻州明清两代的官家档案和私人著述的稿本抄写了一大部分，为后来刊印山西文献和忻州的地方史料贡献了力量。1917－1936年，他编辑、编印和收集了大量资料，拟编写《山西金石志》，续修《忻县志》，后因日军入侵未能如愿。他的著述主要有《忻县古迹名胜诗文录》、《秀容诗文存》、《洪洞王雪堂诗文抄》、《陈氏族谱》等。

陈敬棠一生为人正直，刚正不阿，他尤以拒绝参加曹锟每票伍仟元的总统贿选而为人所敬重。1937年11月2日忻口战役结束后，日军大举入侵忻县境内。陈正在家中闲居养病，即嘱咐儿子一人外逃，其余人都躲在窖内。当日军破门而入时，陈怀着"宁死不当亡国奴"的信念，与家人一起服毒自尽，誓与日本鬼子不共戴天。同陈敬棠一起殉难的共10人，包括妻子段淑昭、孙儿福明、孙女梅生，以及寡嫂、侄媳、侄孙、侄孙媳等。陈一家悲壮殉难后，世人无不感叹。当局以将士阵亡论，按原职加一级，从优抚恤。

赵铁山（1877－1945），名昌燮，字铁山。山西太谷县人。以书法名世，号称“华北第一支笔”。1931年九一八事变后，他忧国忧民，发出了“中国有人，中国其存”的自我感叹。正是这种爱国主义的思想基础，筑起了他一生中高风亮节的丰碑。1937年七七事变后，他关闭了所有赵家的商业店铺，隐蔽他乡。日本人要他出任维持会会长，主持县事，他以炮火已死难为假托，摆脱了日本人的纠缠。一时太谷人信以为真。消息传到西安，社会各界为他举行了殉国纪念会，以唤起民众抗日救亡的热情。蒋介石、冯玉祥还送了花圈致哀。赵铁山听后笑曰：“今日我之活祭，胜洪承畴多矣。”

张培梅（1885－1938），字鹤峰。崞县（今原平市）人。国民党军事将领。张一生戎马倥偬，宦海沉浮，每受命于危难之际。他廉洁奉公，恬淡名位，治军严明，信尝必罚。他性格刚烈，抗战初出任第二战区执法总监期间，执法如山，闻名遐迩。1938年2月，日军进攻晋西，第二战区司令长官部向吕梁山区转进。王靖国的十九军在川口负责堵击日军，王竟然不战撤退。后又令陈长捷（一说李服膺）堵击，但陈也望风而逃。张培梅怒不可遏，电请阎锡山：只要砍掉王、陈二军长的脑袋，太原必能即时收复。阎不同意，张一面痛心国土沦亡，山河破碎，一面深念自己身负执行军法重任，而军法不能执行，就服毒自杀，年仅54岁。张培梅的壮举，从另一个侧面诠释了他的民族气节。

“燕赵多慷慨悲歌之士”（韩愈），“并门自古出英雄”（耶律楚才），“并门自古多英豪”（欧阳修），陈敬棠、赵铁山、张培梅为了祖国的尊严、民族的存亡而不失民族气节和勇于献身的精神，感动了上苍，震撼了社会，受到了各界人士和百姓的无限尊崇和景仰，成为并门的悲歌之士和英雄。1938年，由北京《国风日报》社社长景梅九（名景定成，今山西运城市盐湖区人，著名的革命党人，1905年在日本加入同盟会）将陈敬棠、赵铁山、张培梅并称为“三晋三烈士”。并由他主持在西安召开了“三晋三烈士”纪念大会。会上景梅九宣读了祭文，八路军驻晋办事处送了挽联，西安各大报纸用醒目标题宣传了他们宁死不屈的民族气节，在全国引起了很大震动和反响。

在三晋的历史上，诸如续范亭、陈敬棠、赵铁山、张培梅此类英雄何止千百，“这一大批三晋的英雄儿女体现出的崇尚正义、坚贞不屈、为民族和人民利益舍生忘死的奉献精神，凝结为三晋历史文化的精华，将永远激励后人，为民族复兴的伟大事业英勇奋斗”（降大任：《三晋历史文化的特质》）。

续范亭等英雄豪杰身上彰显的民族气节，对我们后代是很大的警示和教育，说明人生在世要活得像个人，要有点做人的精神，要有点气节。这个精神和气节从大的方面来说，就是要热爱自己的祖国，热爱自己的民族，热爱自己的家乡，热爱抚育我们成长的人民，树立正确的爱国主义人生价值观。只有这样，才能在国家和民族面临生死存亡的关键时刻挺身而出，以至不惜用自己的生命来捍卫祖国的尊严、民族和人民的利益，始终保持旺盛的革命精神、奉献精神和民族气节，成为一个有益于人民的人。从小的方面来说，热爱自己的家庭，孝敬父母，善待亲朋，学习知识，努力工作，成为一个遵纪守法、廉洁奉公，无私奉献、品行端正，道德高尚、受人尊敬的人。

让我们缅怀历史，争做一个对国家、对民族有用的人，来慰藉为国家的尊严和民族的利益付出宝贵生命的英雄豪杰们的在天之灵！

（作者系山西省三晋文化研究会副会长）

略论太行精神与抗战文化

□ 成永春

巍巍太行山，南起河南济源县，北与京西燕山相连，号称千里太行，中华脊梁。是历史的山，是英雄的山，是中华民族抗战精神的伟大象征——太行精神的孕育发祥地。太行精神是在抗日战争时期形成的伟大民族精神，是中国共产党领导英雄的八路军和太行儿女用鲜血和生命铸成的。弘扬太行精神，传承抗战文化，是当代中国构建社会主义核心价值体系的重要内容。

踞太行而问鼎中原，历来是兵家的基本战略。抗日战争中以太行山为战略支点的华北地区是一片充满和凝结着炽热的爱国主义和革命英雄主义的热土。在这片热土上，中国共产党及其领导下的广大抗日军民，之所以能够在中华民族面临存亡绝续的关键时刻，不屈不挠振臂奋起，拼死抗争，战胜一个个难以想象的艰难险阻，英勇抗击穷凶极恶的日本侵略者，坚持并夺取抗日战争的最后胜利，取得彪炳史册、光耀千秋的抗战业绩，就是因为在热血中始终流淌着一股不怕牺牲、不畏艰难，百折不挠、艰苦奋斗，万众一心、敢于胜利，英勇斗争、无私奉献的太行精神。

太行精神孕育、产生于以上党为腹心区的太行山抗日根据地，发展、成熟、形成于中国共产党领导的华北各敌后抗日战场。她由英雄的八路军和包括太行人民在内的各个敌后根据地军民的鲜血和生命铸就；她是以毛泽东为代表的中国共产党人将马克思主义的基本原理与中华民族的优秀传统和中国革命的具体实践相结合的结晶，是朱德、彭德怀、聂荣臻、彭真、刘伯承、邓小平等老一辈无产阶级革命家精心培育和浇灌成长起来的精神硕果，凝聚着中国共产党人的优秀品质，中国人民的坚强性格，中华民族光荣的历史传统，有着丰富深刻的底蕴和内涵；她是以井冈山精神、长征精神为代表的中国革命精神的延续和升华、继承和发扬，是中国共产党及其领导的八路军和敌后抗日根据地军民抗战精神的生动缩影和集中体现，是中华民族处于危急关头、中华儿女不屈不挠抗战精神的伟大象征。

一、太行精神是敌后抗日根据地军民艰苦奋斗、无私奉献精神的生动展示

中华民族自古就有勤劳勇敢、不畏艰苦的品质。中国共产党继承了中华民族最优秀的精神品格，艰苦奋斗、无私奉献既是我党一贯的优良传统和作风，是我党始终坚守的政治本色，也是我党克敌制胜的重要法宝。中国共产党的历史，就是一部艰苦奋斗的历史，就是一部为中国最广大人民的利益无私奉献的历史。靠着艰苦奋斗精神，我们的党及其领导的人民军队和人民革命事业，从小到大、从弱到强、从星星之火到燎原成势；靠着无私奉献的精神，始终保持同人民群众的血肉联系，一如既往地得到人民群众最坚定、最无私的支持。

以太行山为中心的华北各个敌后根据地抗日斗争的历史，同样是一部中国共产党及其领导的抗日军民艰苦奋斗、无私奉献、开拓创新的历史。

1941年到1943年，日军频繁的“蚕食”、“扫荡”和严密、贪婪的经济封锁与掠夺，不但在军事上给根据地军民的生命财产和抗日斗争造成了极大的损失和困难，而且使根据地的经济和生产遭到深重破坏，粮食和各种军需民用物资异常短缺。与此同时，严重频仍的自然灾害更使根据地军民的生存条件雪上加霜，陷于难以想象的困境。

为了战胜困难，从八路军总部、北方局和边区政府首长，到普通战士和一般工作人员，首先降低伙食标准，厉行节约。为了战胜困难，以太行山为中心的各敌后抗日根据地党政军机关和部队，响应党中央自力更生、

发展生产的号召，一手拿枪，一手拿锄，普遍掀起了轰轰烈烈的生产自救运动。

根据地军民能够战胜困难，创造奇迹，是与他们的不计得失、不怕牺牲、舍身为国、无私奉献分不开的。

“国家兴亡，匹夫有责。”毁家纾难、为国分忧、舍生取义、舍己为人，从来就是中华民族优秀儿女的高尚情怀和崇高品格。在深重的民族灾难面前，没有广大爱国军民的空前团结和无私奉献，是不可能取得胜利的。

1944年由八路军代参谋长滕代远和太行军区司令员李达领导修建了黎城县长凝飞机场。这是除延安以外，解放区修建的第一个机场。这个机场共起落过五次飞机，作出重要贡献：第一是营救了在平顺失事的9名美国援华飞行员；二是党中央给解放区送军需物资并接刘伯承、邓小平回延安；三是接刘伯承、邓小平、陈毅、陈赓等从华北、华东、东北三大解放区到河北涉县太行区党委驻地赤岸村开会；四是边区主席杨秀峰和李富春等从延安返回；五是1946年，军事调停小组乘美国飞机来此降落。

一个解放区自建的机场，发挥如此重大作用，可称为一个壮举。

二、太行精神是党和八路军勇于开拓、锐意创新精神的集中体现

不畏艰难，不怕挫折，勇于开拓，锐意创新，是一个民族、一个国家、一个政党不断发展壮大，走向独立解放，走向繁荣富强，永葆生机活力的灵魂、源泉和不竭动力。

中国共产党从创建伊始，就继承中华民族的优良传统，站在时代的潮头，肩负国家振兴的使命，锐意进取，奋发有为，从而使自己在开拓中不断发展壮大，使中国革命沿着农村包围城市、武装夺取政权的道路由星星之火逐步走向全国胜利。

日本帝国主义侵华特别是抗日战争全面爆发后，面对严重的民族危机，党更加自觉地担当起发动和领导民族抗战、争取民族独立解放的重

任，领导广大抗日军民奋勇抗战，不懈进取，先后以太行山为中心，在山西、在整个华北建立起广阔的敌后抗日根据地，并在武装斗争、统一战线、政权建设、经济建设等各方面进行了创造性的探索和实践，从而发展壮大了抗日力量，巩固扩大了抗日根据地，推动了抗日战争的彻底胜利。

开创山西特殊形式的统战局面。抗战爆发前，党中央、北方局和山西地方党组织就紧紧把握民族矛盾上升为国内主要矛盾的形势，以及山西复杂的政治情况，以超凡的智慧和高超的斗争艺术，致力于山西特殊形式抗日民族统一战线的成立。以太行山等山西山区抗日根据地为出发地和前进阵地，将敌后抗日战场拓展到华北、华中。创造各种游击战法，以少胜多，以弱胜强。

位于山西省黎城县境内的黄崖洞兵工厂，是八路军在华北敌后规模最大的兵工厂，日产七九步枪430支，掷弹筒200多门，炮弹3000余发，还制造刺刀等武器，年产量可装备16个团。因而被日本侵略军视为心腹大患，从建立之后多次遭到日军的袭击。其中最为激烈的一次战斗就是1941年11月的黄崖洞保卫战。

当日军4000余人分路向黄崖洞兵工厂进攻，八路军副总司令彭德怀和副参谋长左权亲自指挥了黄崖洞保卫战。从11月10日开始打到19日，八路军以不足1500人的兵力击败日军5000余人的进攻，在激烈的战斗中击毙日军2000余人，创造了以少胜多的模范战例。

三、太行精神是对坚忍不拔、百折不挠民族品格的崭新诠释

民族精神是一个民族赖以生存和发展的精神支柱。民族品格是民族精神力量的源泉。中华民族从来就是一个崇尚爱国主义和英雄主义的民族，一个有正义、有担当、有血性的民族，一个为捍卫国家主权和尊严不惜流血牺牲，保家卫国的民族。中华民族的伟大精神和优秀品格代代相传，培育了无数的爱国志士和伟大的民族英雄。从屈原的“虽九死其犹未悔”到苏武牧羊于北海边，19年气不辱、志不丧；从岳飞的仰天长啸，壮怀激

烈，到文天祥的“人生自古谁无死，留取丹心照汗青”；从林则徐的“苟利国家生死以，岂因祸福避趋之”，到谭嗣同、秋瑾的“我自横刀向天笑”、“拼将十万头颅血”，无不凝聚了崇高的民族精神和坚忍不屈的民族气节。

抗战史上著名的“沁源围困战”就充分地体现了这种精神。沁源是太岳抗日根据地的腹心区，为了困走日军，太岳区党委陈赓、薄一波等决定以“围困战”的办法，把日军围困起来，断敌路，绝敌粮，发动广泛的游击战，困扰敌人，开展了一场特殊的战斗。

沁源城关和各个日寇据点附近的20多个村镇，3200多户人家，16000多人，实行了“空室清野”大转移，沁源县成了一个“没有人民的世界”，迫使日军处于没粮吃、没水喝、没柴烧的绝境。

经过两年半的围困，沁源县没有一个人当汉奸，没有一个人给日本人通风报信，迫使日寇不得不狼狈逃窜。沁源围困战的胜利，充分显示了在共产党领导下的人民战争的强大威力，成功地创造了全民动员、齐心协力的“围困战”范例。毛主席指示延安《解放日报》发表了《向沁源人民致礼》的社论。

四、太行精神与新闻工作者的献身浩节

中共中央北方局机关报——《新华日报·华北版》，创刊于1939年1月1日。

创办《新华日报·华北版》是朱德总司令和彭德怀副总司令建议，周恩来同志支持并报给中共中央批准成立的。自创立之始，就把我党指导抗日战争的以《论持久战》为代表的理论同坚持华北敌后抗战的实际相结合，致力于宣传坚持华北敌后抗战，建设抗日民主根据地。《新华日报·华北版》的创办与华北抗日根据地的建设，是高扬在华北敌后云天的一面猎猎战旗。对坚持华北敌后抗战发挥了宣传、组织、指导和激励的巨大作用，成为对敌斗争的强大思想武器，敌人怕它、更恨它。

1942年5月，敌寇聚集了3万多兵力，分东、北、西三路向我太行根据地疯狂“扫荡”。主要目标是：一、奔袭八路军总部；二，摧毁华北新华日报社。报社编辑、电务、工厂等部门在何云同志领导下，紧随总部，原拟随时出版战地小报和捷报，经过几天多次突围，由于形势危急，宣布不出报了，化整为零，分散打游击。在这次反“扫荡”中，副总参谋长左权将军和报社社长兼总编辑何云同志不幸为国殉职。同时报社还有重要编辑和记者缪乙平、黄中坚、乔秋远、康吾，以及行政管理人员黄君珏、杨叙九、董自托等46位同志壮烈牺牲。这是我国新闻史上最悲壮的一页。一二九师师长刘伯承、政委邓小平悲痛地说：“两员大将，一文一武，为国捐躯了，这是我党我军的重大损失。”报馆同仁痛失先锋，永远铭记，誓死为死难先烈复仇，坚持敌后党报阵地，继续办好报纸。报社全体职工沉痛地举行何云等46位烈士追悼大会。会场入口的松柏坊上横悬着“痛失先锋”四个大字，迎面一条8米多长的条幅，表达了全体同志的意志：“誓为死难烈士复仇，坚持敌后新闻事业！”会上，同志们呜咽泣诉的悼词，表达了要学习烈士们坚强的党性，发扬中华民族的气节，面对困难、面对敌人一定能做到临危不惧，视死如归。同志们紧握拳头，在烈士们的灵前宣誓：“同志们！我们要永远悼念你们，我们要学习你们，要继承你们的遗志，要为你们复仇！我们谨在你们的灵前宣誓，一定要坚持华北敌后新闻事业，高举党报的大旗，顽强战斗到底。”

五、太行精神是对抗日救国崇高革命理想和坚定信念的执著追求与始终坚守

人总是要有一点精神的。人的精神最核心的部分就是理想信念。理想是力量的源泉，信念是精神的支撑。中国共产党及其领导的革命军队如果没有崇高的革命理想这一不竭的力量源泉作动力，没有坚定的信念作支撑，不可能面对艰难和强敌勇往直前，克敌制胜，坚持到底，创造伟业。

革命理想高于天。大革命时期和土地革命时期，无数中国共产党人面

对敌人的屠刀，宁死不屈，视死如归；人民军队在北伐战争、苏区反“围剿”斗争和长征中能够前赴后继，不怕牺牲，赴汤蹈火，无坚不摧，正是由于他们始终抱定为千百万劳苦大众翻身解放、为中国革命早日胜利、为共产主义事业最终实现这样崇高的革命理想和必胜的信念。

在炮火连天、硝烟弥漫的抗战时期，有无数英雄的鲜血注入太行山下的清漳河。他们的牺牲一次次激起清漳河愤怒的狂涛。在抗日战争中牺牲的八路军最高将领左权就是其中的一个。

中国人民永远不会忘记，1942年5月25日那天，八路军副参谋长左权牺牲在太行山上。将星陨落，山河同悲。

左权殉国的电讯传到各抗日根据地，传到延安，传遍全国，中共中央负责同志和亿万抗日军民无不沉浸在巨大的悲痛之中，朱德总司令挥泪写下了《悼左权同志》一诗：

名将以身殉国家，
愿拼热血卫吾华。
太行浩气传千古，
留得清漳吐血花。

为纪念左权同志，晋冀鲁豫边区政府决定将山西省的辽县易名为左权县。在左权牺牲的十字岭高山上建有“左权将军纪念碑亭”，每年有成百上千的人前往凭吊纪念，继承遗志。

六、太行精神是中国共产党领导太行军民艰苦卓绝的抗战风貌的高度浓缩，是党和人民的宝贵精神财富

太行精神对于开展爱国主义和革命传统教育，对于构建社会主义核心价值体系，具有十分重要的意义。

太行精神是中华民族精神的典范，是我国社会主义核心价值体系的内容。民族精神是一个民族赖以生存和发展的精神支柱，是各种形态社会价值体系的核心理念。一个不屈不挠、自强不息的民族，从来都善于从历史

中汲取前进的力量。抗日战争的硝烟虽然已离我们远去，但是太行精神所代表的民族精神并没有过时，相反还蕴含着丰厚的时代价值，映射出灿烂的时代光芒。革命先辈的伟大精神历久弥新，永远是照耀我们前行的航标灯。面对新形势、新挑战、新考验，我们必须保持强烈的责任意识、危机意识、忧患意识，我们必须传承、弘扬太行精神。

八路军太行纪念馆坐落于太行山区、八路军的故乡——风景秀丽的山西省武乡县城西，是中国唯一一座全面反映八路军八年抗战历史的大型专题纪念馆。

纪念馆以历史图片和实物为主，辅以景观、油画、雕塑、幻影成像、影视片等展示手段，全方位、多角度地展示了在中国共产党领导下，八路军及华北敌后人民八年抗战的光辉历史，突出表现了八路军在抗日战争中的中流砥柱作用，深刻揭露了日本侵略者在侵华战争中犯下的滔天罪行。

除了基本陈列外，纪念馆自建馆以来，还独立策划或与国内外同行携手合作，相继推出了《太行精神光耀千秋》、《八路军总部在太行》、《党风楷模周恩来》、《从皇帝到公民》、《二战时期日军对妇女的犯罪图片展》等20余个专题陈列。这些专题展览不仅是基本陈列的补充和深化，而且为进一步加强爱国主义教育发挥了重要作用。

作为八路军精神的传承者、八路军文化的传播者，八路军太行纪念馆本着“三贴近”的原则，坚持把社会效益和观众需求放在首位，着力打造成“爱国主义教育的红色殿堂，公众旅游休闲的绿色乐园，抗战历史研究的重要基地，对外宣传交流的形象窗口”，为社会主义和谐社会建设及山西省的社会经济文化发展作出积极贡献。

当今世界在金融危机影响下，正处在大发展大变革大调整时期，虽然和平发展依然是时代潮流，但是透过钓鱼岛危机和美国航母窥视黄海，我们仿佛看到战争的身影。尽管未来战争是高科技战争，但科技的力量无法取代精神的力量，决定战争胜负的是人不是物，民族和军队的精神才是立国之魂、强军之本。在捍卫国家主权和领土完整的斗争中，面对帝国主义的炮舰政策和武力威胁，敢于亮剑、敢于胜利的太行精神依然能够彰显精神的魅力。

当今中国正处在新的历史起点上向前迈进，经济体制深刻变革，社会结构深刻变动，利益格局深刻调整，生活方式深刻变化，各种思想文化相互激荡，干部队伍和人民群众的思想道德所受到的影响,范围明显扩大、程度明显加深。对于领导干部而言，丧失信仰、脱离群众、以权谋私、贪污腐化、买官卖官等各种腐败现象滋生的几率加大；对于广大群众而言，物欲横流、金钱至上、不讲道德、缺失诚信等各种不良风气已形成一定的氛围。如果不能清醒地解决这些问题，不能妥善地处理这些矛盾，就可能引发社会危机，危及党的执政地位，危及国家的稳定和发展。在这样的形势下，只有坚持民族精神为代表的社会主义核心价值体系的主导地位，才是治本之策，才能引领各种社会思潮，不断形成社会共识，强化全民族的向心力和凝聚力，保持全社会共同的理想信念和道德规范，熔铸全民族奋发向上的精神力量。大力弘扬太行精神、传承老一辈革命家的光荣传统和优良作风，是新时期开展爱国主义教育和革命传统教育的最佳素材，有助于抵制腐败风气的影响，有助于保持共产党员的先进性，有助于巩固中华民族生存和发展的精神支柱。

中共中央政治局常委、国家副主席习近平在太行八路军总部旧址，睹物思人，触景生情，语重心长地说：“太行精神虽然产生于抗日战争年代，但今天仍然具有强大的鼓舞力量和广泛的指导作用。”习近平强调：“要结合新的实际，与时俱进地大力弘扬太行精神，坚定正确的理想信念，始终保持对党对人民对事业的忠诚；坚持执政为民的政治立场，始终保持同人民群众的密切联系；锤炼坚忍不拔、百折不挠的品格，始终保持知难而进、奋发有为的精神状态；坚守党的政治本色，始终保持艰苦奋斗的优良作风，为推动经济社会又好又快地发展提供强大的精神动力。”

太行精神诞生于70多年前的抗日战争年代。用一个人的生命年轮来衡量，她虽然已经是几代人之前的故事了，但她作为中华民族精神的伟大象征，作为中国人民抗战精神的伟大象征，将永远留在山西人民和全国人民的记忆里，将作为中华民族和中国共产党的宝贵精神财富，长久地激励中华儿女为民族的崛起和复兴而不懈奋斗。

（作者系山西省三晋文化研究会副秘书长）

太行精神永存

□ 行 龙

今年，中国共产党成立整整90周年。

纵观中国共产党的奋斗历程，抗日战争时期正是其逐步发展壮大、走向成熟的重要阶段。中国共产党领导中国人民经过八年的浴血奋战，终于把日本侵略者赶出国土，赢得了民族战争的伟大胜利。历史不会忘记，在国土沦陷、民族危亡的紧要关头，是中国共产党依靠广大人民群众的支持，建立起了一个个抗日民主根据地，胜利地进行了反抗日本侵略者的斗争，谱写了中国革命史上的光辉篇章。

抗日根据地奠定了中国抗日战争的胜利，太行山根据地是“第一块基石”。太行山哺育了中国革命，太行精神成为中国共产党和中华民族的宝贵财富。

一、“我们在太行山上”

“太行苍翠插秋雯，迭岭重关白昔闻。”位于晋冀豫三省边界的太行山海拔1500米以上，其山纵贯南北，峭壁如林，居高临下，易守难攻，历来为兵家必争之地，也是游击战争的天然战场。

1937年7月卢沟桥事变爆发后，日本侵略者首先在华北开始了疯狂的劫掠。北平、天津失陷后，日军以20万兵力沿平汉、津浦、正太、平绥各铁路线大举进犯，华北诸城保定、石家庄、邯郸、沧州、德州、大同相继失陷。11月，山西省会太原被日军占领，国民党军队弃城失地，成群溃逃，华北地区陷入一片混乱，华北人民陷入水深火热。以太原失守为标志，国民党军队为主体的华北正规战争基本结束，以中国共产党为主体的敌后游击战争跃居主要地位。

“民族救星共产党，国家干城八路军。”1937年9月，八路军一二九师继一一五师、一二〇师之后出师抗日，挺进正太铁路南侧的太行山地区，一路出击，一路胜利，日军闻风气焰顿失，人民抗日信心倍增。11月，八路军总部根据中共中央指示，以“坚持华北抗战，八路军与华北人民共存亡”的决心，命令一二九师深入太行山，开辟以太行山为依托的晋冀豫抗日根据地。从此，高山连绵的太行山区出现了一支与人民群众同甘共苦、浴血奋战的抗日军队；从此，太行山抗日根据地从创建、发展、壮大，直到取得抗日战争的全面胜利，迎来新中国诞生的第一缕曙光。从此，太行根据地以中国革命的重要符号响彻大江南北，威镇列面八方。

太行根据地的创建得到了广大人民群众、包括牺盟会、决死队等抗日武装组织的密切配合和大力支持，发动群众、组织群众、武装群众是根据地初创时期的基本方针。一二九师进入太行山后，即在中共中央北方局的直接领导下，大刀阔斧雷厉风行地展开开创根据地的工作。1937年11月13、14两日，也就是八路军在太行山甫落脚跟之时，即在和顺县石拐村召开党员干部会议，决定全师化整为零，分散到各地发动群众，广泛开展游击战争。同时在辽县西河头村开办以开展游击战争和建立游击根据地为目的的游击训练班。另一方面，八路军正确运用党的统一战线政策开展工作。共产党员薄一波领导的山西牺牲救国同盟会、大学教授杨秀峰领导的“冀西民训处”以及朱瑞同志领导的豫北工委均与一二九师相互配合，在山高崖险的太行山区广泛开展创建根据地的游击战争。“母亲叫儿打东洋，妻子送郎上战场”，工人、农民、青年知识分子纷纷告别亲人，走向前线；工会、农会、青救会、妇救会、儿童团、自卫队等群众性组织纷纷建立起来，共同抗日；晋冀豫抗日义勇军、冀西游击队、晋东游击队、漳河游击队、阳泉煤矿工人游击队、榆次纱厂工人游击队等数十支抗日武装力量纷纷游击出动，英勇杀敌。昔日落后封闭的太行山区民众被唤醒、动员、组织起来，一二九师为主力的八路军抗日武装力量有了“坚强的后盾”，太行抗日根据地有了立足之本。

日本侵略者并不会坐视八路军在太行山的存在和发展，根据地的创建遇到了日军的疯狂围攻。1937年12月，一二九师主力粉碎了分六路向寿阳南部疯狂进攻的日军。次年2月，为配合津浦路方面作战，进而侵入陕西关中和陕北，日军向豫北、晋南、晋西发动新的进攻，一时间，豫北各县县城及山西重镇临汾、运城、风陵渡、晋城、东阳关、长治相继被侵占，潼关、西安及陕甘宁边区受到直接威胁，国民党军队和山西的阎锡山部队大多望风披靡，不战而退。为了打击敌人的疯狂进攻，一二九师根据八路军总部的命令，将分散活动的部队适当集中，在地方游击队和广大群众的配合下，先后发动三次伏击战。2月22日，在正太路东段，设伏井陉与娘子关、旧关之间的长生口，击毙日军百余；3月16日，袭击黎城，设伏神头村，迅速歼灭由潞城出援敌军1500余；3月31日，又在黎城、涉县间的响堂铺设伏，焚毁日军180辆汽年，并全部歼灭其掩护部队170余人。三次伏击战对开辟根据地起到了关键作用。

三战三捷的伏击战，打出了八路军的意气雄风，同时也引起了敌人的更大恐慌。1938年4月，敌军实施“广大地开展，压缩地歼灭”作战方针，纠集三万之众分九路对根据地进行围攻，妄图把八路军主力消灭在晋东南东北部地区。根据地军民为粉碎日军九路围攻进行了充分的准备和周密的部署，在集中八路军主力的基础上，朱德、彭德怀决定动员第二战区有关部队协同作战。各级党组织、抗日政府、民众团体和游击队纷纷行动起来，誓死抗敌。广大群众则捉汉奸、报敌情、当向导，空舍清野，积极参战。4月16日，八路军主力部队机智地转出敌人合击圈后，在武乡浊漳河北岸的长乐村，以勇猛的动作将日军数千人逼压在狭窄的河谷地带，经过一整天的战斗，歼敌2000余人，击毙敌战马500余匹，缴获大量军用物资，其他各路敌军闻风纷纷回窜。这就是著名的“长乐急袭战”。在半个月的反围攻战斗中，以八路军一二九师为主力的根据地军民共歼灭日军4000余人，收复武乡、安泽、沁源、沁县、壶关、屯留等晋东南地区18座县城，奠定了以太行山为依托的晋冀豫抗日根据地的基础。

粉碎日军九路围攻的胜利，大大增强了根据地军民的胜利信心。1938年5月，一二九师主力和一一五师部分部队即乘胜向冀南进发，年底东进河北、山东、河南三省结合部的冀鲁豫地区。八路军一路击鼓进军，英勇杀敌，一路发动群众，组织武装，开创抗日根据地。

从1937年冬到1940年，以太行山为中心的太行、太岳、冀鲁豫几块根据地迅速地创建和发展起来。东至津浦路，西到同蒲路，北至沧石路、正太路，南至黄河、陇海路的广大地区，成为敌后重要的抗战基地之一。①

太行根据地成为全国范围内创建最早、规模最大的抗日根据地。

二、“兵民是胜利之本”

“兵民是胜利之本。”在八年的抗日战争中，根据地外部受到日本侵略者的疯狂劫掠，内部又遇到种种意想不到的困难。但是，八路军始终坚持人民的利益高于一切，想人民群众之所想，急人民群众之所急，在异常复杂剧烈的战时状态，积极推进有利于人民群众的各方面社会改革。正是这种与人民群众同呼吸、共命运的血肉关系，太行抗日根据地才有了立于不败之地的根本保障，昔日封闭落后的穷乡僻壤才焕发出新的生机，生发出新的变化。

在随时都有遭受装备先进的日军围困攻击，本地经济又十分贫穷有限的太行山区，在没有任何武器和物资接济的艰难岁月，与强大的敌人进行短兵相接，经济建设显得十分重要。八路军充分认识到“敌后的经济战线斗争的尖锐程度，绝不亚于军事战线”。早在1938年8月，中共冀豫晋省委就提出了进行抗战财政经济建设的问题。1939年9月，太行区贸易合作总社、土贸合作社及其分社相继在各县成立，10月，冀南银行成立并开始营

① 刘伯承：《我们在太行山上》，《人民日报》1962年6月21日。

业，经济工作逐渐走向统一。针对根据地农民负担过重、民众生活贫苦、商品经济落后的实际，抗日民主政府积极领导人民进行了合理减轻负担、实行减租减息、救济贷款生产、厉行节约政策、整理村级财政、肃清贪污浪费、发展集市贸易等运动和工作，极大地调动了根据地军民劳动生产和经济建设的积极性，有力地支援了抗日前线的军事斗争。正如1943年邓小平在总结太行区的经济建设时指出的那样：我们在敌后还在极其困难的条件下，进行了经济战线的斗争，而且获得了不小的胜利。也正是有了这一经济战线的胜利，我们才有可能坚持敌后抗战六年之久，并且还能继续坚持下去。①

正视农民实际困难，积极发展农业生产，是太行根据地经济建设的重要部分。1942年到1943年，冀西、豫北、晋东南先后遇到持续旱灾，疾病蔓延，蝗虫肆虐，人口亡失，耕畜缺少，日伪军的疯狂抢掠更如火上加油，根据地群众面临着前所未有的困难。在如此严峻的形势下，边区政府从广大人民群众的利益出发，提出“不饿死一个人”的口号，积极领导群众同自然灾害作顽强的斗争。通过减免灾区负担，对敌粮食斗争，安置灾民移垦，实行以工代赈，开展社会救济等工作，经受了自然灾害的严重考验。同时，根据地又号召军民大力开展生产度荒，千方百计发展农业生产。抢种补种，采集野菜，兴修水利，纺花织布，合作生产，成千上万的军民被动员起来，男女老少都加入到生产自救运动中，军民关系进一步密切，生产经济进一步发展。尤其值得提到的是，在战胜自然灾害的过程中，边区政府想人民所想，为人民办了一些切切实实的好事。比如，1942年10月至1943年6月，太行区就拨出235万元和20万斤小米，组织灾民开渠修坝，漳河两岸修筑了十几条大堤，滩地开出一万多亩。开通22里长的黎城漳北大渠和26里长的涉县漳南大渠，增加水浇地6783亩。八路军总部还在左权县麻田修筑水库，把480亩旱田变成水田。水利设施的修建，不仅对战胜灾害起到了积极作用，而且为太行山地区今后农业生产的发展奠定了

①《邓小平文选》第1卷，第77页，北京，人民出版社，1994年。

基础。

同注重经济建设一样，太行抗日根据地从创建之日起就十分重视民主政治建设。自1937年至1940年，根据地在发动和依靠群众的基础上，逐步完成了改造旧政权的任务，太行山区广大劳动人民从长期封建地主和乡村豪绅的压榨下解放了出来。1940年8月冀太联办（冀南、太行、太岳联合办事处）成立后，即明确提出“彻底实现民主政治，建立廉洁政府”的施政纲领，并在根据地的腹心地区进行了村选运动。1941年3月，受中共中央委托，邓小平提出按照“三三制”的原则成立晋冀豫边区临时参议会，7、8月间由各级政权民主选举的133名参议员参加的边区临时参议会第一次会议在辽县召开，晋冀鲁豫边区政府宣告成立。此后，根据地普遍建立起“三三制”民主政权，民主政治的建设普遍展开，民主执政的氛围更加浓厚，人民群众的政治觉悟进一步提高。美国学者杰克·贝尔登在《中国震撼世界》中以赞赏的笔调写到：共产党毕竟唤醒了千百万中国农民，使他们认识到自己有权选举官员，从而向民主迈进了巨大的一步。①

在十分艰苦的战争年代，太行抗日根据地还非常重视提高农民的文化教育水平。除大力发展正规的各级学校教育外，“冬学运动”是根据地内进行社会教育的主要形式。1940年8月，冀太联办曾专门颁布冬学运动计划，强调“扫除文盲提高民族政治文化水平，是巩固抗日民主根据地重要工作之一”。据统计，至1946年年底，17个县1739个村即有冬学1729个，基本上是村村有冬学。冬学运动的普遍展开，不仅对组织和教育民众起到积极作用，而且扫除了在民众中占很大比例的文盲。同时，根据地利用了一切可以利用的、群众喜闻乐见的形式发动群众学文化，学知识。报刊、书本、板报、壁报、图画、连环画、年画、木刻、速写、展览、快板、小调、歌谣、鼓词、戏曲、话剧、秧歌、小说、诗歌，等等，都成为广大民众学习文化知识，开阔眼界思想的重要途径。

把农民从贫穷愚昧的状态下解放出来，投身到民族革命的洪流中去，

① [美] 杰克·贝尔登：《中国震撼世界》，第108页，北京，北京出版社，1980年。

太行抗日根据地为此做过许多艰苦细致的努力，推行过一系列有利于广大人民群众、有利于社会进步的社会改革。引导农民科学种田，因地制宜地引进农业先进技术和优良品种，鼓励农民的技术发明，改进旧式粗笨落后的农具；破除封建的买卖包办婚姻，废除买卖妇女、早婚、童养媳、溺婴、缠足等传统陋习；倡导婆媳平等、父子平等、男女平等和妇女解放；积极提倡科学文明，破除迷信观念，革除烧香磕头、求神拜佛，防治流行传染病，讲究个人和公共卫生，等等，都在不同程度上取得了一定成效。一位国外的学者这样写到：一系列的改革，使地处贫瘠的、封闭的、落后的太行山中的这片土地，经过一次又一次大刀阔斧的政治、经济改革，成为共产党支持抗日战争和国内战争的根据地，奇迹般地把分散的、贫穷的、几乎没有文化的山区农民组织起来，建立起民主政权，发展了生产，自觉积极地支持战争、参加战争，成为共产党的热烈支持者，在共产党的领导下从政治上、经济上翻了身。①

经过八年的抗日战争，太行儿女接受了一次轰轰烈烈惊天动地的革命洗礼，太行山发生了前所未有的日新月异的巨大变化。

三、太行精神永存

太行革命根据地自创建直到迎来全国解放，前后走过了12年的战斗历程。从这块饱受战火考验和革命洗礼的热土上，中国共产党人进一步走向成熟，中华民族进一步走向强大。由此凝练和形成的太行精神不仅成为中国共产党和中华民族的宝贵精神财富，而且必将成为推动中国社会主义现代化建设的强大动力。

太行精神是国家和民族处于危亡的关键时刻，中国共产党人领导太行儿女展现的不怕牺牲、不畏艰难的革命英雄主义精神。在华北沦陷，国难临头的危急关头，是中国共产党挺身而出，在千山万壑四面受敌的太行山区建立起了第一个抗日根据地。从此，“抗日的烽火燃烧在太行山上”，

① ［澳］大卫·古德曼：《太行抗日根据地社会变迁·前言》，北京，中央文献出版社，2003年。

敌后的抗日成为全国抗战的主要战场。在八年的抗日战争中，多少共产党人和人民子弟兵英勇杀敌，前赴后继，直至献出自己的生命；又有多少太行儿女武装起来，走向战场，直至流完最后一滴热血。正是这种革命英雄主义精神才使得日本侵略者认识到不可能“速亡”中国，也使得广大人民增强了抗战胜利的民族信心。抗击侵略者的正义之战必胜，中国人民一定要把日本侵略者赶出去，这是那个时代响彻太行云霄的最强音。“北华收复赖群雄，猛士如云唱大风。自信挥戈能退日，河山依旧战旗红。”当年八路军总司令朱德同志的这首《赠友人》诗句，就是太行抗日根据地军民革命英雄主义的豪放。

太行精神是在极其艰苦的条件下展现的百折不挠、艰苦奋斗的精神。在一个封闭落后千山万壑的山区坚持抗战八年；在一个没有任何物资接济和给养的环境中发展、成长、壮大；一个没有现代武器装备，有的只是“小米加步枪”的军队，要对付拥有现代飞机大炮、数倍于自己的疯狂侵略者，并且最后取得战争的胜利。根据地军民遭遇了多少艰难困苦，经历了多少浴血奋战！20世纪40年代的最初几年，日本侵略者对根据地发动了猛烈的“扫荡”，多年不遇的旱灾又肆虐着整个太行山区。在如此严峻的天灾人祸面前，根据地军民没有粮食自己种，没有衣物自己织，没有水源自己挖，没有蔬菜自己找。从八路军的总司令、部队首长、地方干部到普通的士兵和老百姓，军民和衷共济，共渡难关。这里没有长官意志和上下尊卑的气息，有的只是百折不挠和艰苦奋斗的精神。贝尔登这位深入太行根据地的美国战地记者对此颇多赞叹：“政府堂皇的外表，官员身上唬人的制服和绸面皮袍，以及在威严的衙门口持枪站岗的卫兵统统都不见了。在农村里，官员们像农民一样穿着棉布衣裤，像农民一样说话，像农民一样生活。他们基本上就是农民。从他们身上看不出他们与普通人有什么两样。他们也不称作‘长官’、‘老爷’、甚至也不称作‘先生’”。[①]正是这种军民鱼水艰苦奋斗的精神，共产党才赢得了群众，赢得了战争。

① ［美］杰克·贝尔登：《中国震撼世界》，第102页，北京，北京出版社，1980年。

太行精神是为民族解放展现的万众一心、敢于胜利的精神。抗日战争时期的太行根据地情况十分复杂，在拥有近四万平方公里，敌、友、我三方犬牙交错的广阔地带进行八年的游击战争，必须发动群众，组织群众，联合各方，组成最广泛的抗日民族统一战线，万众一心抗击侵略。中国共产党从抗战开始就坚持全民抗战的路线，太行根据地自始至终贯彻党的统一战线方针，发展壮大抗日力量。牺盟会、决死队、游击队、国际友人、甚至包括阎锡山和国民党的进步力量，都成为共产党领导下的抗日统一战线的重要力量。薄一波领导的山西牺牲救国同盟会就是太行根据地运用统一战线方针的成功典范。在抗日战争爆发的最初4年时间中，牺盟会发展会员300多万人，培养各级干部3000余人，总兵力7万余人，在大约70个县组建地方抗日武装，大力开展游击战争，为在山西执行党的全面抗战路线和八路军主力部队开赴山西战场，创造了极为有利的条件。根据地的广大人民群众更是全民动员支援前线，据不完全统计，抗日战争中，太行区人民先后有117,573人加入人民军队。“百团大战”期间，太行区民兵就参战538次，参战总人数达到近6万人。正是这种万众一心，敢于胜利的精神，共产党和八路军才取得了一个个以少胜多、以弱胜强的大小战役的胜利，并且最后取得全面抗战的胜利。

太行精神是为人民利益展现的英勇奋斗、无私奉献的精神。抗日战争是一场中华民族抗击日本侵略者的全民战争，为了全中国人民的利益，中国共产党人顾全大局，团结民众，英勇斗争，无私奉献。太行抗日根据地作为第一个敌后根据地，不仅为抗日战争的全面胜利作出了重大的贡献，而且为全国各地的抗战乃至于解放战争作出了无私的奉献。早在1943年，邓小平在《五年来对敌斗争的概括总结》中就明确指出：“我们的责任，显然不仅是争取抗战胜利，而且是以建设根据地、坚持敌后对敌斗争去示范全国、影响全国，争取战后团结建国。我们一切政策行动都应不仅照顾到根据地本身，而且要照顾到对全国的影响。”①从1937年10月到1944年

①《邓小平文选》第1卷，第43～44页，北京，人民出版社。

10月，太行根据地一二九师主力部队对日伪军作战共19,777次，毙伤日伪军120,241名；太行区的民兵、自卫队在抗战期间共作战33,716次，毙伤俘日伪军11,409名。八路军和地方武装在抗战中不知献出了多少宝贵的生命！进入解放战争时期，太行区人民在“解放全中国”的号召下，积极动员起来，踊跃参战，又有144,267人加入到人民子弟兵的行列中，近8000名干部陆续调往全国各地，为全中国的解放作出了太行根据地特有的贡献。

巍巍太行山，滔滔漳河水。太行革命根据地是中国革命史上的一块丰碑，太行精神是数千年来中华民族精神的积淀与延续。中国共产党人从井冈山、延安走进太行山，又从太行山转到西柏坡，进入北京城，走向全中国，中国革命胜利的历史与太行山紧密相连。不怕牺牲、不畏艰难，百折不挠、艰苦奋斗，万众一心、敢于胜利，英勇奋斗、无私奉献的太行精神，将会成为中华民族前进道路上的宝贵财富，成为中国人民实现社会主义现代化伟大事业的强大动力。

（作者系山西大学副校长）

论太行精神的理论特质与时代价值

□ 张民省

伟大的实践必然产生伟大的精神。八年抗战，中国共产党领导太行山地区军民在取得抗击日本侵略者伟大胜利的同时，也收获了一笔宝贵的精神财富，这就是“不怕牺牲、不畏艰险的革命英雄主义精神，在极其艰苦的条件下百折不挠、艰苦奋斗的精神，为民族解放展现的万众一心、敢于胜利的精神，为人民利益展现的英勇奋斗、无私奉献的精神”。[①]今天，我们正在新的历史时期创造着新的历史，面对新形势新任务，准确把握太行精神的本质属性，充分认识太行精神的时代价值，具有重大的理论意义和实践意义。

一、太行精神的理论特质

伟大的太行精神，是中国革命精神的重要组成部分，是太行军民在抗日烽火中铸就的民族魂。如果说井冈山精神和长征精神体现了共产党人在创建和发展革命武装中的大无畏的革命英雄主义精神，延安精神体现了共产党人理论与实践相结合的实事求是精神，那么，太行精神的价值则在于最大程度上体现了共产党人把中华民族高尚的民族性格、坚定的民族志向、远大的民族理想结合起来，在我国历史上第一次完美地体现出爱国主义、民族主义和社会主义三者的内在统一。太行精神可以说是中国共产党革命精神的一座历史丰碑，具有鲜明的理论特质。

① 《弘扬太行精神推进未成年人思想道德建设》，《人民日报》，2004年8月18日。

（一）太行精神具有强烈的民族性

太行精神是中华民族优秀文化的重要组成部分，它深深植根于民族文化的沃土之中，经过抗日敌后根据地军民的耕耘培育、创新发展，成为民族精神中最具魅力和震撼力的内容。所以，太行精神的实质首先是以爱国主义为核心的团结统一、爱好和平、勤劳勇敢、自强不息的中华民族精神的大发扬，这也是其区别于中国其他几种革命精神的最主要特征。

在抗日战争中，国家统一、民族独立的爱国主义精神是战胜日本侵略者的信念基础。国家统一的思想，几千年来在中华民族心中根深蒂固。在国家和民族面临生死存亡的紧要关头，中华儿女更加自觉地意识到挺身而出，维护国家和民族的统一、独立的重要与紧迫。在这种爱国主义信念支撑下，产生的是勇敢、智慧和忠诚，是祖国利益高于一切，是为了国家和民族的利益，精诚团结、勇于牺牲、不屈不挠、与敌人血战到底的精神。这种精神，贯穿于中国人民抗日战争全过程，始终是中华民族抵御和战胜日本侵略者最重要、最坚定的精神支撑。在抗日战争中，更是涌现出许许多多执干戈以卫社稷、“为保卫祖国流最后一滴血”的民族英烈。

在艰苦卓绝的抗日战争中，太行敌后根据地军民以国家利益为重，以民族利益为重，为夺取抗战的最后胜利无私地奉献了人力、物力、家庭、财产乃至于生命，使敌人陷入了人民战争的汪洋大海之中而难以自拔。虽然太行精神产生、发展于太行山区，因此太行山被誉为中国抗日战争走向胜利的第一块基石，太行精神也具有一定的地域特色。但是，太行精神绝不是一种区域性的精神文化形态。在抗战时期，八路军总部和中共中央北方局长期驻扎太行山区，朱德、彭德怀、刘伯承、邓小平等老一辈无产阶级革命家转战太行，是来自五湖四海的中华民族的优秀儿女与太行人民一道，共同培育、弘扬了太行精神。

的确，在八年抗战的历史中，以爱国主义为核心的太行精神，从思想上凝聚了中华民族的奋起抗战，保证了抗战沿着正确的道路前进，并使抗战的胜利最终成为了人民的胜利。在抗日战争中孕育并形成的伟大的太行精神，不仅是数千年来中华民族精神的积淀与延续，而且因为其中凝结着中国共产党人的优秀品质，凝结着中国人民的坚强性格，凝结着中华民族的光荣传统，所以成为中华民族精神的新阶段。

（二）太行精神具有时代的先进性

巍巍太行山以其博大的胸怀承载着晋冀鲁豫和晋察冀两大敌后抗日根据地，承载着八路军敌后抗战的指挥中心，承载着中国共产党华北地区的领导机关。英勇的八路军，是在中国共产党的领导下，以马克思主义、毛泽东思想为武装，为着广大人民群众利益、为着全民族利益而结成的战斗集体。在这个集体中，每个人都有铁一般的革命纪律，用实际行动谱写着党和人民群众的血肉联系、人民军队与人民群众的骨肉深情。

在华北沦陷、国难临头的危急关头，是中国共产党挺身而出，在千山万壑四面受敌的太行山区建立起了第一个抗日根据地。从此，“抗日的烽火燃烧在太行山上”，敌后的抗日成为全国抗战的主要战场。在太行根据地外部受到日军的疯狂劫掠，内部遇到了种种意料不到的困难的艰难时刻，中国共产党领导的党政军组织始终坚持人民利益高于一切，想群众之所想，急群众之所急，积极推进有利于人民群众的各方面社会改革。正是这种与人民群众同呼吸、共命运的血肉关系，才使太行抗日根据地及其活跃在其上的八路军有了立于不败之地的坚强基础，使昔日封闭落后的穷乡僻壤焕发出了新的生机。

正是中国共产党的正确领导，才使中华民族的抗日力量有了团结的核心，形成了经久不衰、无坚不摧的凝聚力，铸成了共同抵御日本帝国主义的铁壁铜墙。正如邓小平所说：“我们的责任，显然不仅是争取抗战胜利，而且是以建设根据地、坚持敌后对敌斗争去示范全国、影响全国，争取战后团结建国。我们一切政策行动都应不仅照顾到根据地本身，而且要照顾到对全国的影响。”[①]可以说，中国共产党顺应时代发展趋势的指引，赋予了太行精神与时俱进的先进性品格。

① 《邓小平文选》第1卷，第43页，北京，人民出版社，1994年。

（三）太行精神具有高度的实践性

太行精神是马克思主义在中国创造性实践的结晶，闪烁着深邃的理性光芒。在艰苦卓绝的抗日战争中，中国共产党的领导集体坚持实事求是的思想路线，针对国民党片面抗战的错误思想，创造性地确立了抗日民族统一战线的一系列政策，并在敌后根据地进行了创造性的实践，使太行精神得到了丰富、发展和理性升华。

抗日战争时期，邓小平关于根据地建设的一系列论述与实践既是对马克思主义基本方法的创造性运用，又是对太行根据地军民勇于实践成果的深刻总结。1943年邓小平在《太行区的经济建设》一文中指出，“我们在敌后还在极其困难的条件下，进行了经济战线的斗争，而且获得了不小的胜利。也正是有了这一经济战线的胜利，我们才有可能坚持敌后抗战六年之久，并且还能继续坚持下去。”[①]在这里，一大批优秀的中国共产党人坚持一切从实际出发，坚持实事求是的精神，培养了马克思主义辩证唯物论的思维方法。太行精神正是在马克思主义、毛泽东思想的滋润下，在邓小平等老一辈无产阶级革命家的培育下，在丰富的革命实践中逐渐发展和成熟起来的。

可以说，太行精神体现了中国共产党及其领导下的抗日根据地军民不断开拓创新、勇于实践的精神风貌，是党的实事求是思想路线的生动体现，是把马克思主义、毛泽东思想与中国革命具体实践相结合的重要理论成果，对全面建设小康社会，构建社会主义和谐社会具有重要的现实意义和深远的历史意义。

（四）太行精神具有生动的民主性

中国的抗日战争不单纯是对外抗日以争取民族独立的问题，更不单纯是武装抗日斗争的问题，而同时是争取民主、自由，改造旧社会、创造新中国的政治尝试。我们必须看到后者与前者的区别与联系，才能深刻理解中国抗日战争的特殊性，才能了解敌后抗日根据地上所发生的中国社会

① 《邓小平文选》第1卷，第77页，北京，人民出版社，1994年。

深层的历史变革。全面抗战爆发后，中国共产党领导了华北各抗日根据地的政权建设，特别是从1941年开始，太行山抗日根据地通过普遍选举的方式，建立了“三三制”的临时参议会和政府机关，使根据地人民切身感受到当家做主的尊严。

在动员民众参与选举根据地政权的过程中，太行根据地的党员干部挨家挨户，一直把工作做到了向来不过问政治的、身处穷乡僻壤的老人和妇女中，使他们成了根据地抗日民主运动的积极分子，不仅自己走出家门参加了选举，还积极宣传带动家人、亲戚、朋友参与选举。在组织选举的过程中，他们和农民一起想出了世界上前所未闻的选举办法，“例如选举委员会事先发选票，拿着投票箱回收选票；由投票所代笔；将豆子放入候选人前面的碗里；选举人集会、举手表决等等”。①

可以说，正是由于这种民主开放的政权形式，才使根据地边区政府成为了千百万民众拥护的坚持敌后抗战的坚强的抗日民主堡垒。对此，美国政治学家查默斯·约翰逊曾评价：“在政治上，共产党实行‘三三制’，即游击区地方政府的组成，共产党员、其他组织的成员和无党派人士各占三分之一。这样成立的政府，当然还达不到多数人统治意义上的民主，在那种条件下这是不可能的，但它大体上是廉洁正直的政府，得到很大一部分人民的爱戴——日本人也无可奈何地看出这一点。”②

以“三三制”为核心的民主政权建设团结、组织了群众，使各抗日阶级内部关系得到了合理的调整，保证了抗日民族统一战线政权性质，为抗日战争的胜利立下了不朽的功勋。它虽然诞生在抗日根据地，但其“具有新中国雏形的政治意义”，③正如毛泽东指出的“各根据地的模型推广到全国，那时全国就成了新民主主义的共和国”。④这种新型的政权模式的诞

① [日]池田诚信：《抗日战争与中国民众》，第157页，北京，求实出版社，1989年。

② [美]查尔莫斯·约翰逊：《农民民族主义与共产党政权：革命中国的出现》，第73页，斯坦福大学出版社，1962年英文版。

③《刘少奇选集》上卷，第225页，北京，人民出版社，1981年。

④《毛泽东选集》第2卷，第785页，北京，人民出版社，1991年。

生，标志着中国共产党经过多次反复，在武装夺取政权的曲折的道路上找到了适合中国国情的政权模式，标志着党在政权问题上走向成熟。

二、太行精神的时代价值

弘扬和培育太行精神是一个动态的过程，应赋予其鲜明的时代特色。太行精神从革命战争年代到和平建设时期，再到改革开放的今天都留下了深刻的时代烙印。让太行精神永放光芒，我们就要从新的时代要求出发丰富和发展太行精神，从建设社会主义的思想高度深刻理解和实践太行精神，赋予她新内涵，使之历久弥新，长盛不衰。

（一）引领民族振兴的一面旗帜

一个国家，一个民族，没有精神力量不行。一个前进的时代，总有一种奋发向上的精神；一个发展的民族，总有一种积极进取的意志。我们所说的时代和民族精神的主旋律，就是这些思想、意志、情感的集中体现。所以，江泽民说："一个民族、一个国家，如果没有自己的精神支柱，就等于没有灵魂，就会失去凝聚力和生命力。有没有高昂的民族精神，是衡量一个国家综合国力强弱的重要尺度。"①民族精神是民族意识整体中最高层次的内容，是民族文化的精华。离开了民族精神，民族文化就成了无源之水、无本之木。

而民族精神的内涵是随着时代的发展而不断丰富的，任何新的、先进的民族精神形态的出现，都必然扎根于传统的民族精神形态之中。它既是对传统民族精神的一种继承和发扬，又是对传统精神的一种批判和扬弃，从而超越传统精神，升华为一种新的民族精神形态。而这种进步的民族精神的萌生，总是在一个先进的思想理论指导下进行的。太行精神产生于特殊的历史背景，即1937年7月7日卢沟桥事变后，日本侵略者很快占领了北平、天津，并兵分数路向中国内地进攻，叫嚣"一个月拿下山西，三个月灭亡全中国"。在日本帝国主义侵吞我山河，屠杀我人民，掠夺我财富，

① 江泽民：《在全国抗洪抢险总结表彰大会上的讲话》，《人民日报》1998年9月29日。

中华民族处于生死存亡的危急关头，中国共产党呼吁实行全民族的抗战，要求共产党员及其所领导的民众和武装力量要最积极地深入斗争的最前线，使自己成为全国抗战的核心，用极大力量发展抗日群众运动。同时，八路军主力部队挺进抗日前线，在“保卫山西，收复平津”的口号下，紧急动员广大群众争取山西以及全国的持久抗战，把山西建成了敌后游击战争的战略支点，以抵御日寇对西北与中原的进攻，支援全国的对日作战。

太行精神就是在伟大的抗日战争中诞生的，是在民族危亡的关键时刻，共产党领导八路军以高度的民族责任感和义不容辞的使命感，挺进抗日前线，救民众于水火，挽国运于倒悬，充分展示了中华民族不屈于强权，不惧于死生，追求自由，热爱祖国的伟大精神。太行精神体现了太行儿女的英雄气概，体现了中华民族是不可战胜的民族。在八年抗日战争中，无数太行根据地上的军民英勇杀敌，前赴后继，直至献出宝贵的生命；又有多少太行儿女武装起来，走向战场，直至流完最后一滴鲜血。正是这种革命英雄主义精神使得广大人民增强了抗战必胜的信心。

新的时期，进一步弘扬太行精神，必然会使我们的民族精神升华到一个新的高度。从这个角度看，我们更应认识到包括弘扬太行精神在内的中国革命精神是何等重要。太行精神博大精深、根深蒂固，具有强大的亲和力和融合力。面对当今世界局势的新变化，坚持弘扬和培育这种民族精神，就能充分地发挥每一个民族成员的主观能动性和创造精神，就能最大限度地凝聚和动员全民族的智慧和力量，万众一心，众志成城，有效地应对各种挑战，在综合国力的激烈竞争中立于不败之地。

（二）代表与时俱进的先进文化

中国共产党人是最坚定、最彻底的爱国主义者。中国共产党一贯以民族独立和国家统一、人民解放和祖国富强为己任，经过长期探索，创造性地将马克思列宁主义和中国的具体实际相结合，找到了民族独立、国家强盛和人民幸福的正确道路。中国共产党团结和带领全国各族人民，进行了前赴后继、不屈不挠、艰苦卓绝的斗争，献出了无数优秀儿女，终于击败了帝国主义的侵略，推翻了压在中国人民头上的“三座大山”，开创了中国人民独立自主、当家做主建设社会主义的历史新时代。在太行精神当中，体现了共产党及其领导下的抗日军民不断开拓创新的精神，是党的实事求是思想路线的生动体现，是把马克思主义、毛泽东思想与中国具体革命实践相结合的重要成果，将永远昭示着后人沿着党确立的正确方向奋勇前进。

中国共产党的历代领导人其实都非常重视革命精神的总结和宣传，也十分重视继承、恢复和发扬中国革命精神问题。新中国成立之初，毛泽东号召全党同志“一定要保持革命战争时期的那么一股劲，那么一股革命精神”，他希望“全国一切革命工作人员永远保持过去十余年在延安和陕甘宁边区的工作人员中所具有的艰苦奋斗的作风”。[①]因此，继革命战争年代中国共产党培育了“井冈山精神”、“长征精神”、“延安精神”、“太行精神”和“西柏坡精神”之后，新中国成立后又培育了“抗美援朝精神”、“大庆精神”、“大寨精神”、“焦裕禄精神”、“雷锋精神”、“红旗渠精神”等。改革开放后，邓小平曾就发扬革命精神问题指出：“毛泽东同志说过，人是要有一点精神的。在长期革命战争中，我们在正确的政治方向指导下，从分析实际情况出发，发扬革命和拼命精神，严守纪律和自我牺牲精神，大公无私和先人后己精神，压倒一切敌人、压倒一切困难的精神，坚持革命乐观主义、排除万难去争取胜利的精神，取得了伟大的胜利。搞社会主义建设，实现四个现代化，同样要在党中央的正确领导下，大大发扬这些精神。如果一个共产党员没有这些精神，就决不能算是一个合格的共产党员。不但如此，我们还要大声疾呼和以身作则地把这些精神推广到全体人民、全体青少年中间去，使之成为中华人民共和国的精神文明的主要支柱，为世界上一切要求革命、要求进步的人们所向往。”[②]他还多次强调指出，要实现建设社会主义现代化强国的宏伟目标，

①《毛泽东同志给延安和陕甘宁边区人民贺函的回信》，《人民日报》1949年10月27日。

②《邓小平文选》第2卷，第367～368页，北京，人民出版社，1994年。

“我们一定要宣传、恢复和发扬延安精神，解放初期的精神，以及六十年代初期克服困难的精神。”①

江泽民也多次强调：“无论过去、现在和将来，延安精神都不能丢。全党同志，一定要结合新的实际，大力弘扬延安精神，使延安精神成为我们党在新世纪团结和带领人民不断开创有中国特色社会主义事业新局面的强大思想动力。”②2002年底，胡锦涛就任中共中央总书记不久，即带领中央书记处的同志到西柏坡考察学习，并发表了重要讲话，强调了坚持革命传统，发扬革命精神的极端重要性，指出“一个没有艰苦奋斗精神作支撑的民族，是难以自立自强的；一个没有艰苦奋斗精神作支撑的国家，是难以发展进步的；一个没有艰苦奋斗精神作支撑的政党，是难以兴旺发达的”。他号召，“全党同志特别是领导干部都要牢记我国正处于并将长期处于社会主义初级阶段的基本国情和我们党的庄严使命，清醒地看到激烈的国际竞争给我们带来的严峻挑战，清醒地看到我们肩负的任务的艰巨性和复杂性，增强忧患意识，居安思危，牢固树立为党和人民的事业长期艰苦奋斗的思想”。③

今天，我们继承、弘扬太行精神，能使我们党不断提高党的领导水平和执政能力，提高党员领导干部队伍的整体素质，推动经济社会的全面发展，使党成为中国特色社会主义事业的领导核心。在新的历史条件下，江泽民提出的“三个代表”重要思想和胡锦涛提出的科学发展观继承和发展了马克思主义、毛泽东思想、邓小平理论，成为中国共产党人的指导思想，这就要求我们党在制定事关国家发展和人民幸福的基本纲领、路线、方针、政策时，必须代表中国先进生产力的发展要求，代表先进文化的前进方向，代表中国最广大人民的根本利益。只有这样，才能使我们党始终保持中国工人阶级先锋队的性质，同时成为中国人民和中华民族的先锋

① 《邓小平文选》第2卷，第369页，北京，人民出版社，1994年。

② 《江泽民同志在陕北考察》，《人民日报》2002年4月3日。

③ 《牢记使命，艰苦奋斗，执政为民》，《人民日报》2002年12月8日。

队，也才能更好地发挥中国特色社会主义事业领导核心的作用。而要做到这一点，就决不能丢掉党的优良传统和作风，而必须结合新的实际，使党的优良传统和作风变成引领当代社会进步的先进文化。

（三）构建社会主义和谐社会的重要力量

社会主义和谐社会是民主法治、公平正义、诚信友爱、充满活力、安定有序、人与自然和谐相处的社会。和谐社会的上空，不能缺少理想的旗帜，不能没有精神的光芒。太行精神所蕴涵的百折不挠、艰苦奋斗的精神，英勇奋斗、无私奉献的精神，所表现出的理想信念、价值观念和道德规范，符合社会主义精神文明的基本原则和要求。弘扬太行精神，对于树立正确的世界观、人生观和价值观，提高人们的思想道德素质，促进良好和谐的道德风尚的形成，具有重大的作用。可以说，今天构建和谐社会的伟大实践，使太行精神获得了新的表现形式，增添了新的时代内涵，提供了发挥作用的更宽广的舞台。

太行精神虽然产生于战争年代，孕育于太行革命根据地，但它的精神文化价值却具有长久性、普遍性和现实指导性。因为八年抗战的历史，是一部中国共产党领导全国人民争取独立和解放的历史，是一部充满爱国主义、英雄主义的历史。在这部历史中，太行军民所表现的爱国主义精神是十分突出的。在艰难困苦的革命战争年代，革命英雄主义精神主要表现为敢于克服一切困难，敢于压倒一切敌人，而决不被任何敌人和困难所屈服的那么一股“劲”，那么一种“拼命精神”。新中国成立后，太行人民仍保持和发扬了太行精神，在社会主义建设中涌现出以李顺达、申纪兰等为代表的一大批不甘落后、自强不息、艰苦奋斗、誉满华夏的全国劳模。

我们要珍惜这种用千百万烈士的鲜血和生命凝成的太行精神，充分发挥其教育功能，帮助广大群众和青少年重温抗日战争的悲壮历史，了解中国共产党领导太行军民为抗日战争胜利作出的贡献，弘扬太行人民在抗日战争中表现出来的伟大的爱国主义精神和自力更生、艰苦奋斗的优良传统，激发建设有中国特色社会主义的热情。今天，在全面建设小康社会的过程中，我们必须大力发扬密切联系群众的革命传统，深深扎根于人民之中，诚心诚意为人民谋利益。坚持立党为公、执政为民，既要体现在制定和贯彻符合人民群众利益的路线、方针、政策上，也要体现在帮助人民群众解决生产生活中的实际问题上。

当前，“各级领导干部一定要深刻认识发展是党执政兴国的第一要务这个重大命题，切实把第一要务抓紧、抓实、抓好。要牢固树立协调发展、全面发展、可持续发展的科学发展观，积极探索符合实际的发展新路子，进一步完善社会主义市场经济体制，把加大结构调整力度同培育新的经济增长点结合起来，把推进城市发展和推进农村发展结合起来，把发挥科学技术的作用和发挥人力资源的优势结合起来，把发展经济和保护资源环境结合起来，把对外开放和对内开放结合起来，努力走出一条生产发展、生活富裕、生态良好的文明发展道路”。①

（四）反对国内外分化势力的斗争武器

艰苦卓绝的抗战岁月虽然已经过去，但这一段悲壮辉煌的历史，今天仍使我们心中充满着“中华民族到了最危险的时候”的悲壮与激昂。高扬太行精神，可以使我们清醒地认识到，中国还没有完全实现统一，我们还是发展中国家，仍面临着发达国家在经济、科技等方面施加的压力，面对敌对势力西化、分化的图谋，特别是日本极右翼势力对历史问题不思悔改、不断制造伤害中华民族和亚洲人民的事件……所有这些，不能不引起我们高度警惕,认真汲取、借鉴抗战时期取得的历史经验。

太行军民当年面对强敌，万众一心，团结起来跟着共产党走，虽然人力、物力上都居于劣势，却敢于以坚强的决心打击强敌，并敢于胜利，最终赢得了民族独立。改革开放30多年来，我国的经济和社会各项事业都取得了巨大的进步，为建设一个强大的现代化国家奠定了一定的物质基础。究其原因，万众一心，敢于胜利依然是非常重要的方面。今天，在社会主义现代化事业快速推进的形势下，我们仍然需要太行精神的力量来筑起思

①《胡锦涛考察江西，强调发扬革命传统加快建设小康》，新华网，2003年9月2日。

想防线。

从国内方面来说，全面建设小康社会、加快社会主义现代化建设是一个惠及十几亿人口的事业，必然会得到全国广大人民群众的衷心拥护和积极参与；另一方面，也应该看到，由于实行改革开放和发展社会主义市场经济，我国社会经济成分、组织形式、就业方式、利益关系和分配方式日益多样化，各种新的社会矛盾趋于复杂化。如果不能清醒地对待这些问题，不能妥善地处理这些矛盾，就可能引发社会危机，危及国家的稳定和发展。从国际上来说，“世界多极化和经济全球化的趋势在曲折中发展，科技进步日新月异，综合国力竞争日趋激烈。形势逼人，不进则退”。[①]这种形势，一方面为我国的发展提供了难得的机遇，一方面也大大增加了维护民族尊严和国家主权、争取世界和平与发展任务的艰巨性。也就是说，我们还必须应对西方敌对势力对我国实施的“西化”、“分化”的图谋。一些西方发达国家对社会主义国家实施的“西化”、“分化”图谋由来已久，而且从来就没有间断过。他们利用其在经济实力和新科技方面占据的较强优势，利用其在文化领域的霸主地位，肆无忌惮地对其他国家尤其是社会主义中国进行文化渗透，企图使世界各国都接受西方的价值观和生活方式。新时期我们所面临的复兴中华的任务，要求我们必须拿起包括太行精神在内的民族精神武器来抵御那些西方消极、落后、腐朽的思想，只有这样才能避免在精神领域被同化、分化，才能做到万众一心，才能敢于斗争，敢于胜利。

我们要深刻认识世界格局的新特点，发扬爱国主义精神，树立国际合作意识，培育开放精神、竞争精神、兼容精神、科学精神、创新精神、理解精神等，使民族精神富有时代气息。要通过倡导爱国主义精神，树立起高度的民族自尊、自信、自强，增强民族凝聚力和民族归属意识，自觉与社会主义现代化事业同呼吸、共命运，努力学习、奋发有为，以实际行动

① 江泽民：《全面建设小康社会，开创中国特色社会主义事业新局面》，《人民日报》2002年11月18日。

维护安定团结，促进改革发展；倡导团结统一，促进全国各族人民的大团结，实现祖国的完全统一和民族的全面振兴；倡导爱好和平，坚持独立自主的和平外交政策，为加快发展创造良好的外部环境，反对霸权主义、强权政治和恐怖主义，促进世界的和平与发展。

三、太行精神的价值实现

太行精神体现了中国共产党及其领导下的抗日军民不断开拓创新的精神，是马列主义毛泽东思想与中国革命具体实践相结合的重要成果。在改革开放和发展社会主义市场经济、全面建设小康社会的历史条件下，我们仍然需要继承和发扬太行精神，追求和实现太行精神的崇高价值。

第一，继承和弘扬太行精神，就是要坚守至高无上的革命理想。坚定而崇高的理想信念，始终是共产党人为党和人民的事业奋斗终身的精神支柱和根本动力。在华北沦陷的危急关头，中国共产党挺身而出，在四面受敌的太行山区建立起抗日根据地。从此，“抗日的烽火燃烧在太行山上”，太行军民在党的领导下，始终保持誓死不作亡国奴，为民族的独立而战，为工农大众的自由而战的理想信念。“北华收复赖群雄，猛士如云唱大风。自信挥戈能退日，河山依旧战旗红。”[①]朱德当年写的这首诗正是太行军民理想信念和革命英雄主义的豪迈表达。这种坚定不移的理想信念，是太行军民战胜一切困难的力量源泉，也是太行精神最主要的精神内涵。随着改革的不断深化和社会主义市场经济的不断发展，社会生活多样化、多元化、多变化的特征日趋明显，各种思想文化相互激荡，对人们思想的影响渠道明显增多、程度明显加深。人们思想活动的独立性、选择性、多变性、差异性也在日趋增强。今天，国际局势发生了新的深刻变化，西方敌对势力利用经济、军事、科技等方面的优势，加紧对我国实施西化、分化的战略图谋，通过各种手段和途径传播西方的政治观点、价值观念和生活方式。因此，我们要进一步用马克思主义、毛泽东思想和中国

① 《朱德诗集》，第24页，北京，人民文学出版社，1977年。

特色社会主义理论武装党员和干部群众的头脑，坚持用包括太行精神在内的中国革命精神和光荣传统教育党员干部，特别是青年一代，自觉用马克思主义的立场、观点、方法分析问题，看待经济社会发展中存在的矛盾和问题，看待种种新思潮、新观念，认识共产党执政规律、社会主义建设规律和人类社会发展规律，树立科学的世界观、人生观、价值观，坚定共产主义理想和中国特色社会主义信念，夯实共同奋斗的思想基础，强化加快发展的精神支柱，把太行精神转化为推动中国现代化事业的巨大力量。

第二，继承和弘扬太行精神，就是要树立百折不挠的拼搏精神。在抗日战争处于战略防御和战略相持阶段，日本侵略者将重点由正面战场转向敌后根据地，实施“囚笼政策”、“蚕食政策”、“三光政策”，太行根据地进入了最艰难的时期。但是，千难万险压不倒八路军和根据地人民，他们不惧强敌，不畏艰险，始终保持愈挫愈奋、百折不挠的精神状态，使抗日根据地不仅得以保存，而且不断壮大，充分展现了中华民族历经磨难而不衰、饱尝艰辛而不屈的坚强品格。特别是在1941—1943年，根据地遭受了前所未有的旱、蝗、洪灾，造成了大片土地绝收，数十万灾民流离失所，根据地的生存遭到了严重的威胁。在生死存亡时刻，太行军民没有气馁，而是积极开展互助和自救运动，充分发扬中华民族勤劳勇敢、吃苦耐劳的精神顽强抗争，不但有力地捍卫了抗战成果，同时催生和锤炼出百折不挠、艰苦奋斗的太行精神，把优秀民族传统提升到了新的境界和高度。当前，我们必须始终保持昂扬向上的斗志和奋发有为的状态，树立长期艰苦奋斗的思想，以坚忍不拔的毅力、百折不挠的意志，勇于破解改革发展稳定中的各种难题，敢于战胜前进道路上的一切险阻。要始终坚持以经济建设为中心，以科学发展观为指导，加大改革创新的力度，坚持不懈地推进经济结构的战略性调整，实现传统产业的新型化和新兴产业的规模化，转变经济增长方式，解决经济社会发展中的突出矛盾和问题，保持经济增长速度与结构、质量、效益相统一，经济发展与人口、资源、环境相协调，促进经济建设、政治建设、文化建设与和谐社会建设全面发展。

第三，继承和弘扬太行精神，就是要构建鱼水情深的干群关系。太行精神的形成和发展是建立在密切的党群关系基础上的，包含有坚定的宗旨观念，体现了夯实党的执政基础的核心要求。抗战初期，我们党就提出全面抗战路线的核心问题是充分动员、组织和武装群众抗战，使抗日战争成为真正的人民战争。邓小平同志在领导太行根据地革命斗争期间，把根据地建设的规律归结为“武装、政权、群众、党四种力量如何联系与配合”，[①]明确指出武装力量的责任是保卫人民利益，政权的责任是扶持群众运动和照顾基本群众利益。抗战期间，根据地开展了大规模的减租减息运动和大生产运动。在1941年至1943年，根据地军民始终坚持同甘共苦，才扭转了根据地遭受的前所未有的自然灾害和战争带来的困难局面。可以说，人民群众的拥护和支持是中国共产党一切工作的力量源泉和胜利之本。这就昭示我们，在新的历史条件下，必须进一步改进党的作风，密切党同人民群众的血肉联系，坚持党要管党、从严治党的方针，坚持走群众路线，坚持不懈地开展反腐败斗争，才能提高党的创造力、凝聚力和战斗力。今天，我们一定要坚持把最广大人民的根本利益作为一切工作的出发点和落脚点，端正对群众的态度，增进与群众的感情，始终把群众的利益放在第一位，时刻把人民群众的冷暖安危放在心上，与人民群众同甘苦、共命运、心连心。要经常深入群众，体察民情，了解民意，为群众诚心竭力办实事、解难事，维护群众的合法权益。

第四，继承和弘扬太行精神，就是要锤炼艰苦奋斗的工作作风。在抗日战争的艰苦岁月，我们党非常重视加强党组织和党员干部的作风建设，有针对性地对各级党组织和党员干部进行了整顿教育，对推进根据地建设和打开对敌斗争的新局面，发挥了至关重要的作用。特别是在根据地不断发展壮大、条件环境逐步改善的情况下，坚持教育各级党组织和党员干部要保持艰苦奋斗的优良作风，从而使根据地党组织充分发挥了领导核心作用，党员充分发挥了模范带头作用，实现了党对抗日战争的有力领导。可

① 《邓小平文选》第1卷，第65页，北京，人民出版社，1994年。

以说，艰苦奋斗是我们党的优良传统和政治本色。今天，在我们社会主义现代化建设取得新成就的时候，继续保持艰苦奋斗的优良作风，对保持党的先进性，提高党的执政能力，完成党在新时期的各项任务具有十分重要的意义。我们必须看到，在发展社会主义市场经济和长期执政的情况下，一些党员干部面对灯红酒绿的诱惑滋生了形式主义、官僚主义和享乐主义的歪风，从而严重损害了党在群众中的形象和威望。我们应教育全体党员干部时刻牢记“两个务必”，始终坚持艰苦奋斗的作风，大力加强党的思想、组织、作风和制度建设，充分发挥基层党组织的战斗堡垒作用和广大党员的先锋模范作用。还要教育党员干部自觉加强党性锻炼，努力改造主观世界，树立正确的政绩观，做到立党为公、执政为民，自觉抵制拜金主义、享乐主义、极端个人主义思想的侵蚀，永远保持共产党人的“蓬勃朝气、昂扬锐气和浩然正气”，成为勤政廉政的表率。

总之，太行精神的本质属性，决定了这一精神不是一个僵化的概念，不是一个空洞的口号，而是随着时代与社会不断发展、不断丰富、不断更新的精神长河。距离源头愈远，愈能感受到其宽广和激越。让我们在新的历史时期追溯太行精神，继承和发扬太行精神超越时空的强大力量和永恒价值。

（作者系山西大学政治与公共管理学院教授）

太行精神形成因素探究

□ 王世杰　李全平

晋冀鲁豫边区是抗日战争和解放战争时期，中国共产党领导的革命根据地之一。分为太行区、太岳区、冀南区和冀鲁豫区四个区。其中，太行区也称晋冀豫区，包括晋东南、冀西、豫北三部分。绵延雄伟的太行山纵贯南北，雄视四方，历来为兵家必争之地。抗战期间，太行区是华北游击战争的心脏与神经中枢，八路军总部和中共中央北方局长期驻扎这里，领导和指挥敌后抗日军民进行了艰苦卓绝的斗争，创造了革命史上多起以弱胜强、由弱变强的奇迹。到解放战争时期，太行革命根据地又是打击国民党军队进攻解放区的主要战场之一，在战争转入反攻阶段后它又成为人民解放军进行战略反攻的前沿阵地和支援全国解放战争的主要供应基地。中国共产党在太行革命根据地十二年的坚强领导和英勇斗争，不仅为全国人民解放事业作出了巨大的贡献，而且在世界反法西斯战争中做出了伟大贡献，同时铸就了中共党史上彪炳史册的“太行精神”。

2004年8月，李长春同志考察山西时首先提出“太行精神”这一概念，并将其精辟地概括为：“是在国家和民族处于危亡的关键时刻，中国共产党领导太行儿女展现的不怕牺牲、不畏艰险的革命英雄主义精神，是在极其艰苦的条件下展现的百折不挠、艰苦奋斗的精神，是为民族的解放展现的万众一心、敢于胜利的精神，是为人民利益展现的英勇奋斗、无私奉献的精神。”可以说，革命主义、英雄主义、民族主义、爱国主义以及自力更生、艰苦奋斗的精神等构成了太行精神的内在特质。“太行精神”与

“井冈山精神”、“长征精神”、“延安精神”、“西柏坡精神”均是中国共产党人在艰苦的革命年代或残酷的战争年代所创造出来的精神财富，是中华民族最为宝贵的历史遗产。

太行精神的形成和铸就不是偶然的，而是一系列独特因素促就的必然结果。

一、太行精神诞生于反帝反封建和抗日救亡的双重时代背景下

抗战前，晋冀豫地区的社会经济，同全国大多数地区一样，为半殖民地半封建性质。由于帝国主义加紧侵略和掠夺、破坏，瓦解了冀西平原以至太行山区“穷乡僻壤”的自然经济，使广大农村逐渐变成帝国主义掠夺原料、推销商品的场所。多年来，国民党军阀内战不断，各级政府横征暴敛，给晋冀豫区的人民群众带来了巨大的灾难。在晋东南地区，山西阎锡山政府除征收正税外，另加苛捐杂税达30多种，冀西各县“寅卯征粮”，预征田赋达四五年以上。地主阶级同军阀、官府勾结，并兼营高利贷和商业，对农民巧取豪夺实行残酷剥削。农村土地因此日趋集中。晋东南阳城、晋城、平顺、壶关等县土地比较分散，地主、富农户数占7.5%多，人口占11%多，占有土地20%以上。土地集中程度比较高的豫北安阳等地，户数不到10%的地主、富农，却占51%的土地。豫北地区的大地主，大都掌握武装，同军阀、土匪勾结，欺压群众，鱼肉乡里。[①]在帝国主义经济掠夺和官僚、军阀、封建地主的苛捐杂税、高额租利的剥削下，加上多年战乱和频繁的灾荒，晋冀豫边区广大农村日益贫困，大批农民倾家荡产，纷纷起来进行不同形式的反抗斗争。持续十年的“天门会”就开展反军阀、反土豪劣绅、反贪官污吏、反苛捐杂税、平息土匪、保卫家园的行动，直至发展到晋、冀、豫三省的20多县，会员达三四十万人。他们曾举行武装起义，一度掌握了林县、辉县、涉县、武安等县的政权。赞皇县党组织曾

① 太行革命根据地史总编委会：《太行革命根据地史稿（1937—1949）》，太原，山西人民出版社，1987年。

发动群众抵制日货，并领导万余农民进行了抗捐、抗税的请愿斗争。晋东南武乡县的党组织，建立了“抗债团”，领导农民进行了抗债、抗租、抗粮、抗税、抗丁的“五抗”斗争。在豫北地区，安阳六河沟煤矿1932年9月在共产党领导下组织万人大罢工，武陟县共产党组织于1930年组织3万多红枪会农民进行抗捐暴动。1932年9月，中共豫北特委领导沁阳、济源两县农民举行了武装暴动。[①]这些屡仆屡起的斗争，充分反映了广大农民迫切要求在政治上、经济上获得解放的强烈愿望，表现了反帝反封建的革命积极性。群众革命斗争精神不断起伏高扬是太行精神诞生的背景之一。

其次是抗日战争的爆发。抗日战争是中国历史上时间最长、斗争最残酷的一次民族解放战争。1937年七七事变后，日军大肆侵略并扬言三个月消灭中国，华北地区首当其冲很快沦为敌后。在日军铁蹄下，野蛮的屠杀和疯狂的劫掠笼罩整个华北，国破家散人亡，祖国的大好河山沦为殖民地，人民沦为亡国奴，强烈的民族仇恨，促进了中华民族的新觉醒，抗日的烈火犹如火山般埋藏在广大民众之中。九一八事件发生以后，磁县共产党组织进步人士成立了“反日救国会”，开展抗日救亡的宣传活动，并领导工人、农民进行了一系列反苛捐杂税、反封建剥削的斗争。1937年9月底至10月初，八路军一二九师主力部队和一一五师一部在刘伯承、邓小平、徐向前等率领下，开始进入太行区。与此同时，薄一波率山西新军青年抗敌决死队第一纵队开进了沁县地区。这些部队发动群众、组织群众、武装群众，团结一切爱国力量，进行了艰苦的斗争。伟大的太行精神就诞生于抗日救国和反帝反封建的时代背景中。

二、太行精神来源于优秀传统文化和抗战文化的有机融合

（一）中华民族爱国主义优秀传统

太行精神深深植根于中华文化的肥沃土壤之中，是中华民族优秀文

① 齐武编著：《一个革命根据地的成长：抗日战争和解放战争时期的晋冀鲁豫边区概况》，北京，人民出版社，1957年。

化创新与发展的重要成果。悠悠岁月，滔滔长河，中华民族不仅创造出璀璨夺目的民族文化，而且形成了生生不息、世代相传的伟大民族精神。热爱祖国，忠于祖国是中华文化的重要内涵，也是民族精神中最具有思想光芒和精神魅力的内容。历史上无数志士仁人都是以爱国为崇高之志，以报国为终生之责。每当民族危亡的关键时刻，总有大批忠勇之士为国家的利益杀身成仁，舍生取义。“苟利国家生死以，岂因祸福避趋之。”屈原、岳飞、文天祥等就是这种精神的典型代表。对祖国的忠诚与热爱不仅是衡量个人人格的试金石，更是维护国家统一、民族团结，推动社会发展进步的精神之源。中华民族更是一个自强不息、奋发进取的民族，具有不惧权势、不畏强暴、不计生死、不甘落后的英雄品格。“君子以自强不息”是中华传统文化的精华。太行精神是民族精神枝繁叶茂的参天大树上盛开的灿烂之花。在抗日战争中，党领导敌后根据地军民用抗击日寇、英勇杀敌、保家卫国的伟大行动发展和丰富了民族精神，创造了独具特色的太行精神。太行精神是中华民族优秀传统文化的重要组成部分，它经过抗日敌后根据地军民的耕耘培育、创新发展，成为民族精神中最具魅力和震撼力的内容。

（二）太行山区地域文化的独特性

太行山下的上党地区是中国上古英雄神话产生的密集地带。研究表明，炎帝植谷、精卫填海、黄帝蚩尤之战、夸父追日、女娲补天、后羿射日、愚公神话、共工颛顼之战，以及尧、舜、禹、丹朱神话与夏、商、周始祖诞生神话，皆集中于这一地带。[①]巍峨的太行山展示的是贞诚、坚实、顽强、博大与奉献，也是神话中的中华先圣与英雄们的共同特质。悠久的神话传说，塑造了太行山区人民朴素的爱国主义和英雄主义。后来，大山和神话所折射的文化精神随历史的流变分裂为“精英文化”与“世俗文化”两个不同的系统，从两个不同的方面，展示出了中华民族的风采。

① 刘毓庆、柳杨：《太行太岳神话与中国文化精神》，《中国文化研究》2007年夏之卷，第96～102页。

“精英文化”以炎帝、尧、舜、禹、汤等圣王的神话传说为内核,形成了以博施、仁慈、奉献、包容、和谐、孝悌、忠信、宽恕、务实、自强、勤俭等为主要内容的文化道德体系。“世俗文化”则以“灾难”神话为核心，形成了以抗争、拼斗、义勇、刚烈、顽强、坚忍等为主要内容的文化思想体系。[①]抗战时期，太行精神所体现的不怕牺牲、不畏艰险、敢于战斗、敢于胜利的英雄气概与太行山区地域文化的独特性一脉相传，承因相袭。特别是敌人将战略重点由正面战场转向敌后根据地时，这种不畏生死、舍我其谁的精神表现的更加壮怀激烈。日军先后发动了“三路围攻”、“八路围攻”、“九路围攻”，实施“囚笼政策”、“蚕食政策”、“三光政策”，发动“百万大战”、“铁壁合围”，对根据地进行了疯狂的“扫荡”。“百团大战”后，日军华北方面军队对所属日、伪军下了这样的命令：“凡是敌人区域内的人，不问男女老幼，应全部杀死，所有房屋，应一律烧毁，所有粮秣，其不能搬运的，应一律烧毁，锅碗要一律打碎，井要一律埋死或投下毒药……”[②]面对日军的猖狂进攻和残酷杀戮，太行区军民以国家利益为重，以民族利益为重，无私地奉献人力、物力、家庭、财产乃至生命，许多民众英勇战斗，血洒疆场，宁死不屈，大义凛然，这其中很大一个因素是太行山区独特的地域传统文化使然。

（三）太行抗日根据地文化的传播

太行抗日根据地的文化即中国共产党、八路军的战区文化，这一文化主要发端于长治地区的长治、沁县，鼎盛于武乡、辽县、涉县、黎城等根据地腹心地，波及整个太行区，并在太行区以辉煌的成就，推动了抗日斗争和根据地建设事业的发展。首先是出版发行报纸杂志，影响最大的如《新华日报》，该报是北方局的机关报，不仅反映太行区、晋冀鲁豫边区

① 刘毓庆、柳杨：《太行太岳神话与中国文化精神》，《中国文化研究》2007年夏之卷，第96～102页。

② 齐武编著：《一个革命根据地的成长：抗日战争和解放战争时期的晋冀鲁豫边区概况》，北京，人民出版社，1957年。

及其他根据地乃至国统区人民的抗战情况，而且还报道世界反法西斯战争的动态。杂志主要有晋东南文教总会主办的《文化动员》，1943年高沐鸿在该刊上发表短诗《高贵堂》，后被著名诗人阮章竞谱曲后，成为太行区家喻户晓的歌唱杀敌英雄高贵堂的民兵之歌。还有大型综合性刊物《华北文艺》，边区政府创办的《边区政报》等刊物。各地农救会编有《怎样发动农民》和党组织编印的《支部通讯》等小册子、小报纸。如太行山专署的《冬季导报》、黎城县委的《黎城小报》、武乡县委的《漳西战役》等。其次是出版图书，如《太行山小学识字课本》、《李顺达的翻身故事》、《战地画报》。值得一提的是《小二黑结婚》，第一版就连续印了两万册。此外，群众自编自演的新戏剧，如《反扫荡》、《朱德将军》、《战斗的红五月》等。到抗战胜利前夕，由太行山许多著名劳动英雄的故事编成的剧本，如《李马保》、《义务看护队》等反映互助合作、劳动致富、拥军等内容的剧本在根据地上演。太行抗日根据地的文化，是太行山区人民数千年来第一次接触到的先进文化。这一文化是无迷信、无鬼神文化，是寻求民族解放和自身解放的文化，是鼓励人们摆脱贫穷落后、走向富裕的文化，是太行精神的重要内核之一。

中华民族爱国主义优秀传统、太行山区独特的英雄主义地域文化以及太行山根据地蓬勃发展的战区文化共同构成了太行精神的文化基础和内在气质。

三、太行精神形成于中国共产党领导的革命和生产实践中

太行精神是中国共产党领导太行区人民将马列主义、毛泽东思想创造性地运用于伟大的革命斗争和生产建设中所形成的结晶。太行精神始终贯穿于太行根据地地方武装斗争、群众运动、民主政权建设及大生产运动等一系列活动中，而所有这些革命和生产的实践都是在党的领导下完成的。党坚强有力的领导是太行革命根据地最终取得抗日战争和解放战争胜利并铸成太行精神的根本保证。

动员群众，组织群众，武装群众。千百万组织起来的群众，是抗日游击战争和抗日根据地伟大力量的源泉；发动和组织群众，开展群众运动，是开辟和巩固根据地的中心环节。抗日战争前，晋东南、冀西、豫北等地的党组织领导群众进行斗争，先后多次失败，党的组织屡遭破坏，但党的“种子”从未被消灭，党的影响一直存在于人民中间。“华北事变”发生后，民族危机加深，抗日民主运动出现新高涨。1936年，在中共中央北方局的领导下，华北各地包括晋东南、冀西、豫北等地的党组织恢复和发展，领导和开展了蓬勃的抗日救亡运动。1937年抗战爆发后，国民党军队节节向南败退，11月8日日军占领太原，整个太行山地区已处于敌后。在“天下大乱，人心惶惶”的情况下，共产党领导八路军，发动广大群众，团结抗日的友军，收拾残局，在晋冀豫地区创建起巩固的敌后抗日根据地。1937年7月之后，中共中央北方局和山西省工委适应抗战形势发展的需要，陆续建立了正太工委、正太铁委、晋中特委和省委驻沁县办事处。各级共产党组织领导牺盟会等各种抗日救亡团体，广泛发动群众，吸收进步青年，团结中间力量，宣传贯彻共产党的“抗日救国十大纲领”和“山西民族革命十大纲领”，发展人民抗日自卫队和游击队。不久，薄一波根据朱德总司令的指示，率领决死一纵队到达沁县地区，后又进入长治地区。以沁县和长治为中心的晋东南地区，抗日救亡运动蓬蓬勃勃，对山西以及冀西、豫北地区都有很大的影响。在冀西地区，党组织和爱国进步人士组织抗日团体，建立抗日游击队和抗日政权，开展抗日战争。磁县党组织领导各界群众组织“抗敌后援会”，进行抗日宣传和募捐活动；并以党员为领导骨干，组织起抗日民主县政府，领导全县人民抗战。七七事变时，赞皇县党组织已恢复和发展100多名党员。在日军侵占石家庄，旧县长逃难后，组织和领导了“抗日义勇军”，就地坚持武装斗争。

实施民主政权建设。实行民主政治，建立共产党员、“左”派进步分子和中间派各占1/3的“三三制”政权，是建设抗日根据地的一项基本政策和重要工作，也是克服严重困难的一项重要措施。1939年到1940年春，太行区反顽斗争取得胜利，根据地连成一片，为实现共产党统一领导，建立统一的政权，实行统一的政策，集中力量进行对敌斗争和建设根据地，创造了有利条件，在晋冀豫区按“三三制”原则充实和健全抗日民主政权的条件已经成熟。1940年冀太联办建立后，太行根据地逐步开展了民主运动，统一了政策法令，健全了县以上的抗日政权；进入1941年，根据中央的指示，在中共中央北方局的领导下，巩固和建设“三三制”民主政权的工作成为全年的中心工作之一。总体上，党领导根据地军民实行的大规模村选运动、召开临参会、成立边区政府、建立“三三制”、实行民主政治等一系列活动极大地调动了民众的抗日积极性，为建立抗日民族统一战线并最终取得胜利提供了有力的政治保证。

带领军民开展大生产，战胜自然灾荒和日军封锁。太行区大部分是山地，历史上十年九旱。抗战开始后，有的地区不断出现自然灾害，但由于范围较小，全区的社会积蓄还未耗尽。1940年以后，日军对太行区的“扫荡”越来越频繁，对根据地的封锁越来越严密，国民党停止了对八路军的供给。1941后，根据地自然灾情继续蔓延。由于干旱，河流断源、土地龟裂、禾苗枯死、蝗灾泛滥。1943年9月，又大雨连绵，清漳河和浊漳河决堤，毁坏1.5万多亩良田，军需民食濒临枯竭的边缘。①面对严重的自然灾害，边区政府在“不饿死一个人”的口号下迅速开展救灾工作，采取了减免灾区负担、对敌开展粮食斗争、安置灾民、组织移垦、以工代赈、开展社会互救等措施，同时开展广泛的群众性生产度荒，不仅稳定了根据地社会秩序，还团结了广大人民群众，一边粉碎敌人“扫荡”，一边生产自救，经受住了严峻的考验。

总之，党领导太行区人民开展的革命和生产实践，是太行精神形成和历练的主场地。老一辈无产阶级革命家周恩来、刘少奇、朱德、彭德怀、贺龙、刘伯承、邓小平等先后在山西指挥革命、生产和战斗，于实践中创

① 太行革命根据地史总编委会：《太行革命根据地史稿（1937—1949）》，太原，山西人民出版社，1987年。

造性地运用了马列主义毛泽东思想，制定正确的战略战术和充分反映人民群众意志的方针政策，从根本上保证了革命的胜利，也极大地丰富和发展了太行精神。

太行革命根据地创建之后，经过了八年抗日战争和四年解放战争的艰巨光荣的斗争历程。在12年的战争岁月中，全区军民在中国共产党领导下，团结一致，浴血奋战，为国家的独立和民族的解放，进行了伟大的斗争，作出了巨大的贡献。激烈的战争烽火虽已渐行渐远，但伟大的太行精神却穿越时空隧道而历久弥新。太行精神是中华民族优秀传统文化的精粹部分，是古老太行山区优秀地域文化的时代彰显，她在中国人民反帝反封建和抗日救亡的时代背景中诞生，在中国共产党领导的为争取民族独立和国家统一而进行的伟大革命实践中历练升华；她是中国人民用鲜血和生命铸就的革命精神，是中国人民伟大品格的凝结和象征，是中国共产党先进性的反映和体现，是中华民族精神的瑰宝。深入总结和探究太行精神的成因，就是要在重温党史、重温革命、重温先烈的基础上，进一步推进当前的改革开放和现代化建设，为山西的转型跨越发展注入精神力量。

（王世杰：山西大学党委宣传部部长）
（李全平：山西大学党委宣传部科员）

实事求是：太行精神的本质

□ 邸敏学　祁小敏

太行精神作为我党的优良传统和中华民族的精神瑰宝，与井冈山精神、长征精神、延安精神、西柏坡精神一样，在形成过程中积极贯彻了党的实事求是的思想路线，蕴含着实事求是的本质。减租减息是中国共产党在抗日战争时期处理农村土地问题，广泛发动和团结农村各阶级群众积极参加抗日战争的重要政策，本文拟以1937—1945年太行抗日根据地的减租减息政策的理论与实践为例，探讨太行精神蕴含的实事求是的本质。

一、一切从实际出发是太行精神的基本内容

毛泽东指出："我们是马克思主义者，马克思主义叫我们看问题不要从抽象的定义出发，而要从客观存在的事实出发，从分析这些实施中找出方针、政策、办法来。"[①]一切从实际出发，就是要求我们在制定和执行各项方针政策时，都必须从当时当地的实际情况出发，尊重和承认客观事实，反对教条主义，做到"不唯书、不唯上、只唯实"。太行精神的形成过程首先体现了党的思想路线中一切从实际出发的基本内容。一切从实际出发是太行精神的基本内容。

抗战时期，面对极其艰苦、复杂和尖锐的敌后斗争条件，太行抗日根据地的党组织，深知在分析形势、确定方针政策、制定斗争策略和措施

① 毛泽东：《在延安文艺座谈会上的讲话》，《毛泽东选集》第3卷，第853页，北京，人民出版社，1991年。

时，必须坚持一切从实际情况出发，以确实可靠的事实作为依据，稍有疏忽就会造成难以弥补的损失，因此制定和执行具体的减租减息政策时，注重以当时抗日根据地农村土地实际情况为依据，注重开展一些调查研究以掌握减租减息运动发展状况，从而依据客观情况制定和执行减租减息政策，积极发动群众，开展抗日斗争。

1937年11月晋冀豫抗日根据地创建之后，各地依据中共中央的减租减息政策先后做出了“五一减息”、“二五减租”、“半分减息”的决定。但是，在最初执行减租减息土地政策时，晋冀豫抗日根据地党组织针对当时的实际情况：一是由于日本侵略者的进攻，战争使农村的租息关系发生了变化，地主、农民都处在生死边缘，甚至不少地方在短时间内发生了停租停息现象，减租减息的社会基础有所变化；二是当时晋冀豫抗日根据地处于初创时期，日军大举进攻太行山区，党和八路军多忙于战争，无暇开展大规模的减租减息运动；三是当时减租减息虽为抗日政府的法令，也已经颁布，但地主农民甚至干部一时还弄不清减租减息是怎么回事，需要一个宣传、熟悉、了解政策过程；四是当时不合理的摊派制度和苛捐杂税不仅和封建土地制度紧密联系，而且是党和八路军开创抗日根据地所必须改变和农民最关心、最迫切要求改变的一项制度。因此，从当时当地的实际情况出发，并未一开始就大张旗鼓地开展减租减息运动，而是首先把改变不合理的摊派制度作为突破口，提出了“有钱出钱、有力出力、实行合理负担”的口号，以此来推动减租减息政策的贯彻。太行抗日根据地不仅涌现出了一批开明人士出钱出粮，解决了根据地急需，同时减轻了农民的负担，提高了农民的抗日积极性，更为后来根据地的大规模减租减息运动的开展奠定了坚实基础。

另外，在贯彻减租减息政策中，太行抗日根据地党组织注重调查研究，开展对根据地农村社会经济和阶级变化的系统调查，掌握实际情况，使制定的工作方针政策和措施更加符合根据地的农村实际。太行区党委先后选择了根据地腹心地、一般区和游击区、敌占区的20多个县、100多个村庄的不同典型，从各阶层的土地占有变化，地租、高利贷、商业资本剥削关系的变化，农民同地主斗争情况和产生的问题，各阶层的土地经营、日常生活、政治地位、对共产党态度和要求等方面进行调查，写了一批有较高水平的调查报告，如区党委调查研究室写的《太行区社会经济调查》（两集）、《太行区一九四四年国民经济调查初步研究》和《辽县调查报告》、《平顺县六个阶层的三十八户调查》、《武乡农民阶级意识与民族意识的初步研究》等为指导，以减租减息为中心的大规模群众运动，促进抗日民族统一战线的巩固，推动抗日斗争的深入发展提供了科学的依据。大规模的开展调查研究，使太行区共产党组织在执行中共中央的路线、方针与政策时更加主动、更加自觉，能够联系实际创造性地贯彻执行，使根据地的减租减息运动一步一步走向深入。①

二、理论联系实际是太行精神的根本原则

毛泽东一贯倡导理论与实际相联系的思想，他指出："中国共产党人只有在他们善于应用马克思列宁主义的立场、观点和方法，善于应用列宁斯大林关于中国革命的学说，进一步地从中国的历史实际和革命实际的认真研究中，在各方面做出合乎中国需要的理论性的创造，才叫做理论和实际相联系。"②因此，理论联系实际，就是要求我们在制定和执行各项方针政策时，不仅要善于运用马克思主义的立场、观点和方法，用方针政策去指导实际工作的开展，而且要认真研究实际情况，在实际工作中逐步发展和完善各项方针政策，做到理论与实际的互相促进。在太行精神的形成过程中，还体现了党的思想路线中理论联系实际的根本原则。理论联系实际是太行精神的根本原则。

抗战时期，在太行抗日根据地的减租减息运动中，太行抗日根据地的

① 太行革命根据地史总编委会：《太行革命根据地史稿（1937—1945）》，第153页，太原，山西人民出版社，1987年。

② 毛泽东：《整顿党的作风》，《毛泽东选集》第3卷，第820页，北京，人民出版社，1991年。

党组织注重把减租减息政策与当地的农村实际相结合，运用理论联系实际的根本原则，坚持理论指导实际、实际促进理论，分阶段、分地方采取不同的方法，积极贯彻中共中央的减租减息政策，积极发动群众，开展抗日斗争。

在1942年太行抗日根据地的减租减息运动普遍开展时期，太行区党委注意从各地不同情况出发，采取不同的领导方法和工作方法。在武乡、辽县、黎城、赞皇等比较先进的地方，经过调查研究，抓住地主、富农、高利贷者拒不执行或破坏减租减息的事例，采取召开群众大会的形式，进行说服斗争，让其清理旧债，退还抵押和借约，签订有永佃权的新租约。如武乡县有一半以上的村（约50多个村），采用说理斗争的方式，在一个月内解决了1.2万多个问题，典地订年限7000项，租地订租约160项，清债22.6万元、铜钱8.2万多吊、粮8.1万斤，退土地文书1.34万多张。而在封建势力比较大的地区，一度维持过敌人的地区或接敌区，如武安、涉县等地方，主要采取从反维持、反贪污、反摊派入手，发动群众，把政治斗争和经济斗争结合起来的方式，开展减租减息运动。如武安县以“反维持”为中心，首先打击借敌人势力抢劫群众财物的“二土匪”，揭露汉奸、特务分子，摧毁维持会，帮助群众追回被抢去的财物；然后以抗日政府名义，领导群众，同维持敌人的恶霸地主进行斗争，清理债务，追回土地财物。在当年六七月，全县组织30多场斗争会，使减租减息取得初步成效，并在此基础上，发展了1300多名农会会员，组织起1000多人的民兵，对共产党组织和区、村政权进行了整顿。到冬季，全县又围绕贯彻合理负担政策，减租减息运动进一步开展起来。①

在1944年太行根据地的减租减息运动深入发展时期，太行区党委注意总结过去减租减息运动的经验教训，结合新的形势与情况，进一步改进领导方法和工作方法。8月，太行区党委召开地委书记联席会议，研究了进一

① 太行革命根据地史总编委会：《太行革命根据地史稿（1937—1945）》，第165～168页，太原，山西人民出版社，1987年。

步开展减租减息的问题。11月，太行区党委发出《关于贯彻减租运动的指示》，总结了1942年减租减息运动的经验教训，强调充分运用整风经验，从思想上发动群众，启发群众的阶级觉悟，引导群众自觉起来进行说理斗争。12月，太行区党委总结了平顺县路家口村启发农民自觉起来进行减租减息的经验，以《从反省中打通思想发动群众检查减租》为题在《新华日报》上刊登。1945年1月26日，太行区党委发出了《黎城县通过群众纠正处理夺地问题的过火》通报，推广黎城县教育基层干部和群众，减租减息按照政策法令办事，由群众自己纠正过火行动，政府不出面干涉的经验，纠正了减租减息中的过火行为。另外，这一时期，为正确掌握政策、防止和纠正过火行为，太行区各地都强调进行法令、政策教育，引导群众了解共产党政策的全部内容和精神实质，使农民从切身体会中，认识到减租减息是抗日民族统一战线的土地政策，目的是团结各阶层参加抗日斗争，如果不按照政策办事，斗争了不该斗争的人，或者不给被斗争的对象安排生活出路，就会把一些人推到敌人方面去，对自己对抗战都不利，从而自觉按法令政策办事，推动减租减息运动健康地开展。①

三、在实践中检验和发展真理是太行精神的主要目的

毛泽东强调："判断认识或理论之是否真理，不是依主观上觉得如何而定，而是依客观上社会实践的结果如何而定。真理的标准只能是社会的实践。""社会实践是检验真理的唯一标准。"②在实践中检验和发展真理，就是要求我们在执行各项方针政策时，既重视用理论指导实践，又重视实践对理论的基础作用，在实践的过程中不断地总结经验，使理论在实践的基础上不断丰富与发展。在太行精神的形成过程中，还体现了党的思想路线中在实践中检验和发展真理的目的。在实践中检验与发展真理是太

① 太行革命根据地史总编委会：《太行革命根据地史稿（1937—1945）》，第225～227页，太原，山西人民出版社，1987年。

② 毛泽东：《实践论》，《毛泽东选集》第1卷，第284页，北京，人民出版社，1991年。

行精神的主要目的。

抗战时期，在太行抗日根据地的减租减息运动中，太行抗日根据地的党组织重视减租减息运动实践对政策的促进作用，当原有政策中的某些内容、方式同新的实践产生矛盾的时候，敢于抛弃旧内容、旧方式，积极采取新内容、新方式，使政策在实践的基础上不断丰富与发展，使减租减息运动不断深入发展，从而促进根据地抗日斗争形势的发展。

在减租减息政策内容上，太行抗日根据地对如何结合当地实际制定具体政策，并不是一开始就明确的，而是随着减租减息运动的发展，从最初的一般的“二五减租”和“五一减息”或“半分减息”，逐渐发展为后来颁布完整的减租减息法令。在1937年11月晋冀豫根据地建立之初，各地先后曾做出了“五一减息”、“二五减租”、“半分减息”的决定，并普遍宣传了减租减息政策。1938年6月以后，在工作基础较好的县，还初步开展了减租减息和借粮反霸的斗争。在1940年到1941年减租减息运动初步开展时期，晋冀豫根据地开始制定和完善减租减息的具体政策，群众性减租减息运动初步开展起来。1940年8月，冀东、太行、太岳行政联合办事处成立，并在其《施政纲领》中规定“二五减租”，“算利率不得超过一分”。10月31日，冀太联办公布了《减租减息暂行条例》，规定实行二五减租，地租不得超过耕地正产物的375‰，土地资产负担和田赋，一律由地主负担，不得转嫁于承租人；因兵荒、水旱虫灾而歉收者，按耕地正产额实有总额计算；还规定一分减息，后来又根据实践中的问题，将公私利率由一分改为一分五厘。①1941年9月1日，晋冀鲁豫边区政府公布了《晋冀鲁豫边区政府施政纲领》，提出“切实实行减租减息，减租一般以二五为原则，减息减至一分半为标准”。②11月5日，又正式公布了《晋冀鲁豫边区

① 太行革命根据地史总编委会：《太行革命根据地史稿（1937－1945）》，第163页，太原，山西人民出版社，1987年。

② 河南省财政厅、河南档案馆合编：《晋冀鲁豫抗日根据地财经史料选编》（1），第118页，档案出版社，1985年。转引自：孙景峰：《中国近代史通鉴（第九卷抗日战争上）》，第125～126页。

土地使用暂行条例》，共十章(九十八条)，分别为总则、土地所有权、租地与永佃权、典地与押地、汉奸土地、逃亡地主土地、公地、荒地、非法地、附则，统一了减租减息政策。至此，太行抗日根据地的减租减息政策逐渐走向统一。1942年到1943年的减租减息运动普遍开展时期，太行抗日根据地的减租减息政策逐步完善起来。1942年4月，中共晋冀豫区党委召开了有各地委负责人参加的扩大会议，总结了过去的减租减息工作，讨论了贯彻中央《关于抗日根据地土地政策的决定》的问题，发出《关于如何执行土地政策的指示》，要求各地立即开展大规模的减租减息运动。10月11日，晋冀豫边区政府修正公布了《土地使用暂行条例》，进一步推动了减租减息运动在边区各地普遍开展起来。在1944年至1945年减租减息运动深入发展时期，太行抗日根据地的减租减息政策进一步完善。1944年8月，中共太行区党委召开地委书记联系会议，研究了进一步开展减租减息问题。11月17日，区党委发出《关于减租运动的指示》，总结了1942年减租减息运动的经验教训。12月，区党委总结了平顺县路家口村启发农民自觉起来进行减租减息的经验，以《从反省中打通思想发动群众检查减租》为题在《新华日报》上刊登。1945年1月26日，太行区又发出了《黎城县通过群众纠正处理夺地问题的过火》通报，纠正减租减息运动中的过火行为。

在减租减息政策的贯彻方式上，太行抗日根据地从最初的以行政方式宣传号召与酝酿发动，随着减租减息运动的深入，逐渐发展到后来的采取多种方式和措施。1938年至1939年晋冀豫根据地初创时期，减租减息运动一般是以行政方式从上到下开展宣传、号召、酝酿发动，只有个别地方初步开展了减租减息运动。但是，由于这时根据地刚刚建立，战局尚不稳定，地方党和政府忙于战争，广大群众还没有真正发动起来，大部分旧政权还未得到彻底改造，对减租减息重视不够，再者减租减息的工作极其复杂，缺乏经验，因此减租减息政策在根据地还没能得到广泛的贯彻执行。在1940至1941年减租减息运动初步开展时期，太行抗日根据地主要是由农救总会和各地农会搞减租减息调查试点，尽管通过减租减息和调整合理负担，根据地农民的负担有所减轻，地主富农经济上有所削弱，农村阶级关系有所改变，各阶层生产、抗日积极性较前提高。但是，除黎城、武乡、辽县等腹心地区开始减租退押外，全区还未形成大规模的轰轰烈烈的减租减息运动，一些地方明减暗不减、高租高利依然存在，农民对此甚为不满。在1942年到1943年的减租减息运动普遍开展时期，太行抗日根据地制定和修正了有关减租减息条例、法令，在经过试点和部分县做出成绩取得经验的情况下，全党动员、全力以赴发动农民群众，以减租、保佃、清债、退押为中心，改进领导方法和工作方法，采取干部访贫引苦和群众自求解放方式，普遍掀起了减租减息运动的高潮，初步克服了1941年减租减息运动中存在的“恩赐”、“包办”的缺点，推动了减租减息运动的深入发展，提高了农民的觉悟和抗日积极性，涌现了一大批积极分子，发展了共产党组织和各种群众组织，为1943年战胜严重自然灾害、进行艰苦对敌斗争打下了坚实基础。但是，由于各地减租减息运动发展还不平衡，少数落后地区、边沿区没有开展，开展的地方也有程度上的差别，仍需进一步深入。在1944年至1945年减租减息运动深入发展时期，太行区党委注意总结1942年减租减息运动的经验教训，强调充分运用整风经验，从思想上发动群众，启发群众的阶级觉悟，引导群众自觉起来进行说理斗争，注重纠正过火行为，进一步推动了减租减息运动的深入发展，猛烈冲击了根据地的封建制度，引起了农村社会阶级关系的重大变化，极大地激发了经过战争和严重自然灾害考验的农民群众的抗日、生产积极性，为即将到来的扩大解放区的局部反攻和大反攻，准备了最有利的条件。

结语

太行精神孕育于太行山脉这块古老而光荣的土地上，形成于中国共产党领导太行人民反抗日本侵略者的抗日战争时期，体现着无产阶级为时代主体的革命时代精神，蕴含着十分丰富的科学内涵，“是马列主义毛泽东思想创造性实践的结晶，具有广阔的社会基础，闪烁着深邃的理性光芒。

体现了共产党及其领导下的抗日军民不断开拓不断创新的精神，是党的实事求是思想路线的生动体现，是把马列主义、毛泽东思想与中国具体革命实践相结合的重要成果，她与井冈山精神、长征精神、延安精神以及西柏坡精神一脉相承，各有特色，是中国共产党领导的革命队伍和人民群众在革命和斗争的实践中创造的伟大精神，鼓舞和激励了一代又一代人，成为中华民族优秀文化的重要组成部分”。①同时，太行精神形成的革命实践，也为党的实事求是的思想路线提供了鲜明的历史注解，这从上述1937年至1945年间太行抗日根据地的减租减息政策的理论与实践中就表现得十分明显：在太行抗日根据地的减租减息运动中，中国共产党及其领导的八路军，一切从实际出发，理论联系实际，在实践中检验和发展真理，积极贯彻了党的实事求是思想路线，从而广泛发动和团结了农村各阶级，巩固了抗日民族统一战线，为取得抗日战争的最终胜利作出了贡献。

总之，太行精神所内含的勇敢顽强、不畏艰难，百折不挠、艰苦奋斗，万众一心、敢于胜利，勇于牺牲、乐于奉献的基本精神，集中体现了我们党的基本宗旨、思想路线、工作作风和优良传统等，但贯穿始终的核心就是实事求是思想路线的本质。不理解实事求是的本质，就不能抓住太行精神的核心，深刻理解了实事求是本质，就掌握了太行精神的灵魂。因此，今天我们学习和弘扬太行精神，就是要紧紧抓住实事求是这个本质，结合当代的中国特色社会主义建设实践，解放思想，与时俱进，不断推进理论创新和实践创新，坚定不移地走中国特色社会主义道路。

（邸敏学：山西大学政治与公共管理学院党委书记）
（祁小敏：山西大学政治与公共管理学院副教授）

①申维辰：《弘扬伟大太行精神，创造山西美好未来》，第12页，《先锋队》2005年8月上半月刊。

新时期弘扬太行精神需要解决的几个问题

□ 史彦虎

一、太行精神的本质内涵

1938年2月，在中华民族生死存亡的历史时刻，中国共产党审时度势，挺进敌后，建立太行抗日民主根据地。此后八年，太行地区成为中国人民抗日战争的主战场之一，太行军民万众一心、众志成城、同仇敌忾、共赴国难，为中华民族解放立下丰功伟绩。伟大的实践必然产生伟大的精神。在长期的革命实践中，在这块饱受战火考验的热土上，中国共产党领导太行儿女在取得抗击侵略者伟大胜利的同时，也收获了一笔宝贵的精神财富，这就是伟大的太行精神。

对于太行精神涵义的解读，在纪念抗战胜利50周年之际，成为20世纪90年代中后期学术界研究的热点问题。《论太行精神》文中认为："太行精神，是对于太行军民高尚和顽强品格的集中概括。它的内涵是十分丰富的。其中核心的内容是:无私奉献的崇高品格、艰苦奋斗的革命精神和紧跟党走的高度政治觉悟。"[①]纪念抗日战争和上党战役胜利50周年之际，山西长治市委宣传部、长治市记协、长治日报社主办"上党笔会"，记者常惠军在《传太行浩气，扬上党雄风》侧记中写道："在激昂之中，脑子里翻腾着许多问题，为什么当年抗战，太行山的农民宁可自己吃野菜也要把

① 长治市委宣传部：《论太行精神》，《前进》1994年第10期。

小米送给八路军？为什么至今老区的人民虽然贫困，可对共产党、对社会主义仍是那么热爱？解放军报记者董国政，在黄崖洞真正找到了军人的荣耀、军民间鱼水情深。省记协副主席祝福训，思考着黄崖洞精神所包含的爱国主义、革命英雄主义、艰苦奋斗、无私奉献精神，不正是太行精神的凝练吗？”[①]同时期，河北省委和文化厅在创作《太行魂》过程中，主管群众文化工作的吴珹谈到：“什么是太行精神？抗日战争的历史说明，国家的统一，民族的团结，是中华民族屹立于世界民族之林的根本保证，爱国主义永远是中国人民团结奋进的强大精神支柱和力量源泉。”[②]

纪念抗战胜利60周年之际，堪称掀起了对太行精神的关注和研究的高潮。中共中央总书记胡锦涛同志于2005年7月底在晋考察时指出：“八路军和太行儿女为抗日战争的胜利作出了巨大的牺牲和重要的贡献。抗日战争中培育的太行精神，凝聚着中国共产党人的优秀品质，凝聚着中国人民的奋斗精神，永远是中华民族的宝贵精神财富。”[③]中共中央政治局常委李长春同志在专程对太行山西麓的八路军抗日根据地旧址进行考察时，也对太行精神给予了高度评价。李长春同志指出：“太行精神是在国家和民族处于危亡的关键时刻，中国共产党领导的太行儿女展现的不怕牺牲、不畏艰险的革命英雄主义精神，是在极其艰苦的条件下展现的百折不挠、艰苦奋斗的精神，是为民族的解放展现的万众一心、敢于胜利的精神，是为人民利益展现的英勇奋斗、无私奉献的精神。”

二、太行精神的实践发展

1939年，薄一波同志登临太行，感慨于太行军民浴血奋战的动人实践，写下“太行山高，可以呼远”的豪迈诗句。太行精神虽然产生于抗日战争年代，孕育于太行革命根据地，但它的精神价值却具有长久性、普遍

① 常惠军,祝福训：《传太行浩气 扬上党雄风——“纪念抗日战争和上党战役胜利五十周年笔会”侧记》，《新闻采编》1995年5期。

② 吴珹：《群策群力 集思广益——谈〈太行魂〉的创作》。《大舞台》1995年第5期。

③《胡锦涛在山西省看望抗日老战士 太行精神永存》，新华网2005-08-01。

性和现实指导性。由于自然环境的恶劣，太行山区人民摆脱贫穷尤其困难。但生存环境恶劣并未使这块土地上的人民消沉，相反，它造就了坚忍不拔的精神和天不厚我我自奋的气概。长期以来，太行人民继承和发扬太行精神，创造了太行精神新的组成部分，西沟精神、大寨精神、红旗渠精神等，都赋予太行精神以新的内涵，使太行精神不断得到丰富升华，确保太行精神长盛不衰。

林县位于太行山东麓，河南省的西北角，与山西、河北接壤，耕地89万亩，约占总面积的1/3，而水浇地仅1万余亩。全县山岭起伏，沟壑纵横，土薄石厚，十年九旱。“光岭秃山头，水缺贵如油，豪门逼租债，穷人日夜愁。”昔日林县人民世代挣扎于饥寒交迫之中。林县人宁愿苦干不愿苦熬。在三年自然灾害生死攸关相威迫的形势下，苦战十个春秋，仅靠一锤、一铲、两只手，在太行山悬崖峭壁上修成了全长1500公里的红旗渠，结束了十年九旱、水贵如油的苦难历史，而且孕育了“自力更生，艰苦创业，团结协作，无私奉献”的红旗渠精神。

西沟不到20平方公里境内有大小232个山头、深浅230多条山沟，共计2.5万亩光秃秃的荒山。为了改变这里穷山恶水的面貌，帮助贫苦农民早日翻身，李顺达、申纪兰等几代人发扬艰苦奋斗、顽强拼搏、艰苦创业的精神，终于把西沟贫困的山区改造成花果满山、绿树成荫、五谷丰登的山区。2.5万亩荒山披上了绿装，40个自然村通了公路，多数自然村还吃上了自来水。

大寨，是太行山区的穷山庄，原来生产条件很差，穷山恶水土地薄，全部耕地挂在七沟八梁一面坡的地方。当年大寨人在老英模陈永贵书记的带领下，面对恶劣的自然条件，不等不靠、战天斗地、治山治水、不屈不挠，十几年时间把过去的4900块土地连成了2900块，并且都建成为旱涝保收、稳产高产农田。他们的粮食亩产量，1952年为237斤，1962年增加到774斤，1963年虽然遭到特大的洪水灾害，但仍然保持在700斤以上。

与其他的革命老区精神一脉相承，如果说井冈山精神和长征精神体现了我们党在创建和发展革命武装中的大无畏的革命英雄主义精神，延安精神体现了我们党理论与实践相结合的实事求是精神，太行精神的价值则在于最大程度上体现了中华民族高尚的民族性格、坚定的民族志向、远大的民族理想，在我国历史上第一次完美地体现出爱国主义、民族主义和社会主义三者的内在统一，从而在党的革命精神和民族崇高精神的结合上达到了一个空前的高度。

三、新时期弘扬太行精神需要解决的几个问题

西沟精神、大寨精神、红旗渠精神形成于特殊的历史时期，是在计划经济时代对太行精神的继承、发扬和丰富。但目前，改革开放30余年，整个国家的经济体制、政治体制、社会管理体制和人们的价值观念均发生了重大的变化，不可避免对包括太行精神在内的革命传统精神造成一定的冲击和影响。新的历史时期，如何有针对性地解决面临的现存问题，对继续弘扬太行精神至关重要。

一是如何正确认识太行精神的现代价值。太行精神的形成有着深刻的时代背景和深厚的实践基础，它的形成是历史的必然。社会主义建设时期，党的中心工作由对敌斗争、阶级斗争转变为经济建设，我们不用担心敌人的“扫荡”和清剿，不需要冒着敌人的枪林弹雨去冲锋陷阵。但改革开放和社会主义现代化建设的道路并不平坦，尤其攻坚阶段，贫富差距拉大、腐败严重、分配不公、经济发展方式粗放、社会公共事业发展相对滞后等各种深层次的矛盾逐步显露出来。针对这些问题，我们党在坚持社会主义市场经济改革方向不动摇的同时，鲜明地提出要提高改革决策的科学性，努力使改革决策兼顾到各方面利益、照顾到各方面关切，统筹好改革涉及的各项工作。不畏艰险、奋力拼搏的大无畏精神以及立党为公、执政为民的理念正是太行精神的实践运用。党的十六大提出，在五千多年的发展中，中华民族形成了以爱国主义为核心的团结统一、爱好和平、勤劳勇敢、自强不息的伟大民族精神。这个民族精神同我们党领导人民在长期革

命、建设和改革中形成的优良传统和时代精神结合在一起，是中华民族生生不息、发展壮大的强大精神动力。太行精神与井冈山精神、长征精神、延安精神、西柏坡精神等一样，都是党在各个时期领导人民进行革命、建设和改革的实践中始终坚持先进文化的前进方向，把培育和弘扬民族精神作为极为重要任务的时代成果，是对中华民族精神的极大丰富和发展。太行精神的发展有现实的依据，必定具备强大的生命力。

二是如何与时俱进赋予太行精神时代新意。恩格斯说过："每一个时代的理论思维，从而我们时代的理论思维，都是一定历史的产物，在不同时代具有非常不同的形式，并因而具有非常不同的内容。因此，关于思维的科学和其他科学一样，是一种历史的科学，关于人的思维的历史的科学，而这对于思维的实际应用于经验领域也是非常重要的。"①所有精神领域的东西，都是一定社会实践的产物。它要正确地反映和指导实践，就必须紧随不断变化着的实践而向前发展，具有新的时代内涵，保持旺盛的生命活力。因此，一方面，要深入发掘太行精神的普遍精神文化价值，不断汲取新的精神动力。历史雄辩地证明，抗日战争中所激发的民族精神的觉醒和凝聚，不仅是抗战的胜利之源，也是中华民族伟大复兴的力量之源。太行精神凝聚着中国共产党人的优秀品质，凝聚着中国人民的坚强性格，凝聚着中华民族光荣的历史传统，是极其宝贵的精神财富和强大的精神力量。另一方面，要从不断推进的改革发展实践中吸取新的营养。太行精神产生于伟大革命斗争的实践，而太行精神的生命活力又深深植根于不断发展前进的实践之中。这就要求我们要紧密联系当前改革发展的实践，紧密联系培育和弘扬民族精神的实际，从思想观念和精神状态的层面不断进行提炼，熔铸具有深刻时代内涵和鲜明时代特征的太行精神。

三是如何融入市场经济潮流拉动地方经济发展。改革开放以来，特别是党中央提出逐步建立和完善社会主义市场经济体制的改革目标以来，不少人对太行精神的前途产生了种种疑虑，认为，市场经济讲"利"，太

①《马克思恩格斯选集》，第4卷，第284页，北京，人民出版社，1995年。

行精神讲“义”，言“义”不言“利”，言“利”不言“义”，“义”与“利”是对立的。显然，此种观点不免有些偏颇。太行精神，是革命战争年代太行军民为了中华民族的独立解放和实现社会主义而英勇奋战的精神力量，建立社会主义市场经济体制，是改革开放年代实现社会主义现代化和国家繁荣富强的根本途径，因此就本质而言，两者并不矛盾，完全可以在自身的历史方位上发挥独特的作用。而且，建立中国特色社会主义市场经济体制是一项前无古人的事业，会遇到种种困难甚至风险。在市场经济的大潮中，强手如林、竞争激烈、变幻莫测犹如战场，不畏艰险、不屈不挠、敢于胜利等太行精神尤为必要。改革开放时代，勤劳勇敢的太行人民转变观念、埋头苦干，在新时代再创新辉煌。西沟人兴工致富，有了平顺县最大的年产8000吨的铁合金厂，有了年产蛋白核桃饮料4000吨的饮料公司，有了房地产开发公司等。西沟人的平均生活水平高于周围乡村。大寨人不甘落后，与时俱进，在适应市场经济的大潮中，不断整合重构，不断开拓创新，现在仅“大寨”品牌的商品就有30多个，给大寨人带来巨大的财富，总收入翻了几十番。这些都是太行精神融入市场经济潮流拉动经济发展的精彩展现和证明。

四是如何践行为人民服务的宗旨密切党同人民群众的联系。革命战争年代，我们党和人民军队，紧紧依靠广大人民群众的无私支持，团结一致、万众一心，夺取了革命的胜利。在社会主义建设的伟大事业中，我们党要巩固自己的执政地位，实现社会主义现代化建设的宏伟目标，同样必须密切同广大人民群众的血肉联系。各级政府和领导干部要团结群众、依靠群众，牢固树立立党为公、执政为民的理念，时刻关注人民群众的呼声和愿望，权为民所用，利为民所谋。当前，跑官要官、买官卖官屡禁不止，官僚主义、形式主义、享乐主义严重，腐败案件屡屡发生，严重影响了党和政府的形象，破坏了党群干群关系。弘扬太行精神，就要针对当前存在的突出问题，把坚定广大党员特别是党的各级领导干部的共产主义理想信念教育和密切联系群众为人民服务的宗旨放在第一位，切实把主要精力放在维护好、实现好人民群众的根本利益上来，凡是涉及群众切身利益和实际困难的事，都要竭尽全力办好。当前，要不断建立健全社会保障体系，全力解决好群众就业、上学、看病、住房等方面的问题，解决好下岗职工、农村贫困人口、城市困难居民等困难群众和弱势群体的生产生活问题，像战争年代那样，团结群众、依靠群众、服务群众。

五是如何共同打造跨省区的全国知名的太行山红色文化品牌。红色旅游文化产业发展的必然，是弘扬太行精神的要求。太行山脉山多、峡壮、洞幽、泉深，自然风貌雄伟险峻奇美。太行山从古至今流传女娲补天、后羿射日、愚公移山、精卫填海等神奇的故事，历史文化底蕴深厚。太行山现存革命遗址和纪念建筑物近1500处，红色旅游资源丰富。近些年，河南、山西、河北三省均以太行山为依托开发绿色旅游、古色旅游和红色旅游产业。山西省出台了文化产业发展规划纲要，把以抗战红色文化为主要内容的太行文化列为全省五大特色文化之一。河北省已初步完成了《2004－2010年全国红色旅游发展规划纲要》和《河北省红色旅游发展总体规划（2005－2010）》中提出的一系列工作目标。2007年《河南省发展红色旅游规划纲要》规定争取用5年的时间，即到2012年，全面整合河南红色旅游资源，大力构建河南红色旅游体系，推出一批叫响全国的红色旅游精品景区和线路，并逐步辐射其他红色旅游区（点），加快河南省红色旅游发展，使之成为全省爱国主义教育的重要阵地。但是，旅游资源的特殊性和跨区域性，决定了必须形成跨省区的太行山文化协作区，实行资源共享、市场互动、客源互送、效益共赢、共谋发展。太行山耸于四省市间，北起北京西山，南达豫北黄河北崖，西接山西高原，东临华北平原，绵延400余公里。在这一方面，有些省市已经进行了可贵的探索。红色旅游的资源整合开发和区域联合发展，必然会提高红色旅游的整体实力和带动能力，促进红色旅游的可持续发展。因此，三省只有建立协调联动机制，统筹协调各级各类旅游发展规划，打破部门分割、地区封锁和行业垄断，加快区域内、区域间的旅游资源整合，形成无障碍旅游区，才能打造集自然和人文为一体的太行山红色旅游品牌，更好地弘扬太行精神。

（作者系太原理工大学政法学院院长）

太行精神与中国未来发展

□ 黄晋太

纪念建党90周年，研讨和重温太行精神，我们有太多的历史值得回顾，我们也有太多的今天需要思考。弘扬和传承太行精神，再次审视当今的中国社会，如何推动中国的发展与进步，如何使发展的中国更好地接力未来，这无疑是值得我们回味的重要命题。

一、太行精神是一座历史的丰碑

谁也不会忘记抗日战争的历史，谁也不会忘记有一座丰碑。巍巍太行山上，中国共产党领导的八路军，带领英雄的太行儿女，在民族危难之时，用血肉之躯，构筑了抗日救国的钢铁长城。在八年抗战中，英雄的八路军奋战在太行山上，用生命、鲜血和钢铁般的斗志，紧紧依靠人民群众，同侵华日寇进行了殊死搏斗，写下了抗日战争最辉煌的篇章，铸就了不朽的太行精神，为抗日战争和中国革命的胜利奠定了坚实的基础。

首先，太行精神所展现的是共产党人以国家和民族利益为重，不惜牺牲自身利益，以爱国主义为核心的民族精神。在民族危难、国家危亡的关键时刻，是共产党领导八路军毅然奔赴山西抗日前线，在太行山上点燃了抗日烽火，建立起华北最大的抗日根据地。是共产党唤醒民众，带领人民拿起大刀，举起长矛和锄头，同日本侵略者展开殊死斗争，保家卫国，并最终赢得抗日战争的最后胜利。

其次，太行精神所展现的是共产党与人民群众血肉相连、鱼水情深，全心全意依靠人民和为人民服务的精神。太行根据地的创建，共产党领导的八路军是中流砥柱，人民群众是坚不可摧的有力依靠。发动群众、组织群众、依靠群众，与人民心相连，手相牵，同心同德为民族生死而战。涌现出了“母亲叫儿打东洋，妻子送郎上战场”等许多可歌可泣的动人故事；点燃起“村村像军营，人人都是兵，抗日根据地，一片练武声” 的抗日烽火。

第三，太行精神所展现的是共产党人亲民的精神，是人民群众利益高于一切、永远为人民群众奋不顾身的精神，是共产党带领人民群众，艰苦奋斗、自力更生，百折不挠、勇往直前，勇于牺牲、乐于奉献的精神。太行精神，既是对数千年中华民族精神的传承和延续，又是对中国共产党人思想的丰富和发展，是毛泽东关于“为人民服务”思想结晶的源泉之一。

太行精神是历史的丰碑，鼓舞和激励着华夏儿女，走过了新中国建设的每一个历程，走过了改革和发展的崭新天地。

谁也不会忘记，改革开放的中国创造了世界奇迹，引领了一个时代的发展。谁也不难看到，发展的中国，不仅实现了经济历史性的腾飞，而且也深刻改变了社会面貌。传承和弘扬太行精神，根本的就是要用太行精神，审视和昭示今天的中国社会，让历史的精神给力中国的发展，让发展的中国能够更好接力未来。

三十多年来，“发展”一直都是中国人的口头禅，从最初摆脱贫穷的发展认识，到今天科学发展观思想，经历了从量变到质变的飞跃。然而，存在于经济社会各方面的矛盾与问题，有些甚至是焦点和难点问题，已经或多与或少影响着发展，影响着中国未来的走向。发展的中国如何解决现实难题？如何继往开来？如何接力未来？这是值得我们关注的问题，尤其对照太行精神检验，需要我们深思！

二、发展是解决所有问题的关键

纵观改革开放30多年的发展历程，解放思想，实事求是，无不起着重要的先导作用，指引着党的理论和实践的创新。从农村包产到户，到沿海经济特区设立；从城市经济体制改革的运行，到市场经济体制的逐步确立；从以经济建设为中心，到以人为本、全面协调、可持续发展的思想不断深化，发展的理念愈加宽广。可以肯定地说，中国今天的发展变化，无不得益于党的解放思想、实事求是的思想路线，得益于党的改革开放的好政策。

然而，我们不能不看到，发展的中国，今天正面临着许多重大问题的困扰。譬如：城乡差别和二元结构问题，分配不公和贫富差别问题，区域差别和发展不平衡问题，就业难与物价上涨问题，官场腐败与社会腐败问题，等等。各种问题的表现，对于今后中国的发展会有怎样的影响？甚至对于未来的中国将会带来怎样的结果？确实不能不令人思考，也不能不令人忧虑！

发展是第一要义，是解决一切问题的关键，这已形成共识。但如何发展，怎样发展，实践证明，这并不简单。不是想发展就能发展好的，也不是要发展就能发展了的。毛泽东同志早就指出：“唯物辩证法的宇宙观主张从事物的内部、从一事物对他事物的关系去研究事物的发展，即把事物的发展看作是事物内部的必然的自己的运动，而每一事物的运动都和它的周围的其他事物互相联系着和互相影响着。”①事物发展的根本原因，即在于事物内部的矛盾性；而与之相联系的他事物的影响，是事物发展的第二原因，这一原因也决不能忽视。把握和遵循事物矛盾运动的规律性，是推动和实现科学发展的关键所在。

由此谈到解决农村城镇化的问题，这不是一个孤立存在的简单问题，更不是一个简单盖几栋楼房与人口聚集的问题。城镇化的前提首要的是劳动力转移，其次是就业和确保收入的稳定。那么，靠什么拉动就业？又靠什么确保收入能增长呢？这需要全面地、系统地考虑和谋划。再说到提高百姓收入和缩小贫富差别的问题，我们需要的是根本制度的保障，需要的

① 《毛泽东选集》第1卷，第301页，北京，人民出版社。

是长效机制的约束。没有全局和整体的概念，区域发展是难以平衡的，社会各阶层也是难以平等的；没有长远和持久的眼光，只顾当前利益和所谓的政绩，发展也只能是暂时的，问题的暴露也肯定是迟早的。尊重客观规律，尊重物质生产的自然属性，尊重人的社会属性，是推动和实践科学发展的必然所在。

实践是检验真理的唯一标准。腐败的滋生蔓延，漠视群众利益，都是社会的不安定、群体性事件产生的根源所在。尊重人民群众的主体地位，时刻把百姓的冷暖放在首位，真正做到心为民所想，情为民所系，权为民所用，是推动和检验科学发展的根本所在。

三、发展必须尊重客观规律

马克思主义者历来强调，人类的生产活动是最基本的实践活动，是决定其他一切活动的东西。同时强调，作为生产实践活动的主体，人类在改造客观世界的同时，也要改造主观世界。“人的认识，主要的依赖于物质的生产活动，逐渐地了解自然的现象、自然的性质、自然的规律性、人和自然的关系；而且经过生产活动，也在不同程度上逐渐地认识了人和人的一定的相互关系。”①

这里我们可以看到，其一是人类的生产活动，其二是自然的现象、性质和规律性，其三是人和人的相互关系。无论哪一方面，从本质上讲都是客观的，从现实看也是客观的。那么尊重客观规律谋求发展，至少应该包含三个方面的含义了。

首先，发展必须要尊重人的生产活动，生产活动是最基本的实践活动，也是决定其他一切活动的东西。以经济建设为中心，发展经济，加快经济快速发展，一切都依赖于人的生产活动，依赖于科学技术的进步。因此，谋求发展，就必须推动一切生产活动，必须依靠科学技术的进步，不断提高生产活动的水平。

---

①《毛泽东选集》第1卷，第283页，北京，人民出版社。

其次，发展必须要尊重自然的规律性，人类不能超越自然，也不能脱离自然独立存在。与自然和谐相处是人类生存的前提。在人类的一切生产活动中，人无时无刻不依赖于自然，也无时无刻不在改变着自然。因此，谋求发展，就要求人类的生产活动，必须遵循客观规律，既要按照客观规律行动，又要在改造客观世界的活动中不断提升人类生存的能力，使自然更加适宜人类生活。

再次，发展必须要尊重人的主体地位，重视人的社会关系。在整个社会关系中，人是平等的，是互为依存的。作为具有社会属性的人，社会关系中扮演着各自不同的角色。人的社会关系决定着人的生活态度，并对社会发展产生着深刻影响。因此，谋求发展，必须坚持以人为本，发展要依靠人民，发展的成果要惠及人民。

回顾三十多年走过的历程，无论是经济建设，还是社会进步，我们都有着发展的是与非，有着成就背后的喜与悲。我们强调以经济建设为中心，强调发展是解决一切问题的关键，但在发展经济和促进市场繁荣的时候，我们却忽略了经济发展的客观规律，盲目地乱挖乱采，不求实际地全民经商，最终导致了生态环境的人为破坏，导致了经济领域的诸多问题。我们主张一部分地区优先发展，也鼓励少部分人先行致富，但在整个经济发展过程中，我们始终没有解决好区域协调发展的问题，也没有解决好多数人收入增长的问题。政策的随意倾斜，管理的混乱无序，不仅导致了贫富差距越来越大，社会分配公平缺失，物价上涨和通货膨胀，影响了人们的思想，影响了党和政府的形象，影响了社会安定与稳定。

改革的目的是为了发展，要发展就必须尊重客观规律。如何去谋求发展，如何才能实现科学发展，毛泽东同志曾经说过："只要我们更多地懂得马克思列宁主义，更多地懂得自然科学，一句话，更多地懂得客观世界的规律，少犯主观主义错误，我们的革命工作和建设工作，是一定能够达到目的的。"①

①《毛泽东选集》第6卷，第393页，北京，人民出版社。

学习马克思主义，掌握马克思主义的理论和方法，有的放矢去解决中国经济和社会发展的实际问题，就必须坚持调查研究，坚持理论与实际相结合，切实做到解放思想，实事求是，这是谋求发展和实现科学发展的必由之路。谋求发展，还必须要有整体的、全局的观念，无论区域的、局部的，也无论是少数人的、绝大多数人的，物与物、人与人、人与物之间，都是相互联系、相互影响着的，并处于相互矛盾的运动之中的。我们既要善于抓主要矛盾，又要时刻关注各次要矛盾，通过矛盾运动的规律，不断推动事物的发展。人是一切活动的主体，一切发展要依靠人，一切发展都是为了人。但为少数人谋发展，还是为多数人谋发展，是有本质区别的。正如邓小平同志曾经讲到的："共同致富，我们从改革一开始就讲，将来有一天要成为中心课题，社会主义不是少数人富起来、大多数人穷，不是那个样子。社会主义最大的优越性就是共同富裕，这是体现社会主义本质的一个东西。如果搞两极分化，情况就不同了，民族矛盾、区域间矛盾、阶级矛盾都会发展，相应的中央和地方的矛盾也会发展，就可能出乱子。"①

四、要在发展中振奋民族精神

早在发展初期，我们就注意到，搞物质文明建设，必须同时加强精神文明建设。之后也开始注重政治文明建设，并提出三个文明建设一起抓的概念。但是，除了抓经济建设丝毫不放松外，其他文明建设似乎都只是流于形式，没有实质性的内容。

毛泽东同志早就指出："随着经济建设高潮的到来，不可避免地将要出现一个文化建设的高潮。中国人被认为不文明的时代已经过去了，我们将以一个具有高度文化的民族出现于世界。"②正如毛泽东所预言的，伴随着改革发展和经济的繁荣，近几年文化建设不断涌现高潮，为精神文明、

①《邓小平文选》第3卷，第364页，北京，人民出版社。

②《毛泽东选集》第5卷，第345页。

政治文明注入了活力。但当下的中国文化，其实并不那样尽如人意。

文化与我们的生活息息相关，文化与我们的工作紧密相连。那些庸俗的、堕落的、腐朽的文化，不仅严重影响着我们为之奋斗的事业，而且更严重地侵蚀着我们民族的灵魂，影响着千百万人的健康成长。种种问题的存在，犹如警钟敲响。

发展理应是文明和谐的发展，是振奋民族精神的发展。中国自有本国的国情，我们不能脱离国情总与别国攀比；有钱的国人毕竟是少数，衡量消费水平的标准，应该更多地考虑广大百姓的承受能力。要想社会文明和谐，那就应该关注民生，解决好民生问题。

发展理应是文明和谐的发展，是文化与民族精神的发展。经济建设与文化建设是相辅相成的，实现科学发展，离不开先进文化支撑，离不开文化建设的繁荣。然而，文化建设不只是文化人的事情，更应当是决策者的工作。决策者本身既应该是文化人，也应该是文化的创造者，是文明的使者。科学发展重在决策，不具备良好的文化素质，不懂历史和现状，不了解国情和民情，是难以具备科学决策能力的，也是无法推动和带动科学发展的。科学发展重在实践，没有良好的文化环境，没有正确的舆论引导，没有先进的文化支撑，人心就会浮动，科学的实践就无从谈起，生产活动的效益就难以保障。净化文化环境，弘扬先进文化，让优秀文化广为传播，这是文明和谐发展的必然呼唤。科学发展重在以人为本，人是决定一切的因素，人又是发展的主体承载者。用社会主义的共同理想凝聚人，用发展的成果激励人，让社会和谐安定，愿所有人平等幸福，这是发展中国的民心所向。

实现中国持久发展，使发展的中国更好接力未来，就必须高度关注今天的中国社会，深入研究和加紧解决各种难题。惩治根治腐败，促进政府勤政和政治文明建设，是确保中国未来健康发展的根本所在。加强社会组织管理，推进和谐社会建设，是确保中国未来稳定发展的核心所在。民生无保障，社会两极分化，区域发展不平衡，工业化水平和规模欠缺，都是今天中国发展面临的转折困境。科学推进发展，从全局和战略高度解决好所有难题，是确保中国未来持续发展的关键所在。

“大学之道，在明明德，在亲民，在止于至善。知止而后有定，定而后能静，静而后能安，安而后能虑，虑而后能得。物有本末，事有终始，知所先后，则尽道矣。古之欲明明德于天下者，先治其国；欲治其国者，先齐其家；欲齐其家者，先修其身；欲修其身者，先正其心；欲正其心者，先诚其意；欲诚其意者，先致其知。致知在格物。物格而后知至，知至而后意诚，意诚而后心正，心正而后身修，身修而后家齐，家齐而后国治，国治而后天下平。”[①]《大学》的精辟论述，也许能够使我们加深对本文的理解。而太行精神，不也是我们审视今天中国社会的一面镜子吗！

格物致知，诚意正心，修身齐家，方能安邦治国。这正是发展中国与接力未来的真谛所在。

（作者系太原理工大学教授）

① 任俊华，赵文清：《大学·中庸·孟子》，第1页，北京，华夏出版社，2008年版。

太行精神与社会主义核心价值体系

□ 王黎静

什么是太行精神？李长春同志对太行精神作出了高度、精辟的概括，明确指出太行精神是在国家和民族处于危亡的关键时刻，中国共产党领导八路军和太行儿女展现的不怕牺牲、不畏艰险的革命英雄主义精神，是在极其艰苦的条件下展现的百折不挠、艰苦奋斗的精神，是为民族的解放展现的万众一心、敢于胜利的精神，是为人民利益展现的英勇奋斗、无私奉献的精神。①

我们认为，太行精神体现了爱国主义、社会主义、集体主义内在统一的集体主义核心价值观，是数千年来中华民族精神的积淀与延续。孕育于“厚德载物、自强不息”民族性格，发端于儒家“以天下为己任”的“穷则独善其身，达则兼善天下”的爱国主义集体主义，经过马克思主义在中国的传播，形成了爱国主义、社会主义、集体主义三者的内在统一的集体主义核心价值观。这种集体主义核心价值观是历史的、具体的，它在社会主义革命、建设和改革的不同时代有不同的内涵：在社会主义革命时期，体现为包括太行精神在内的延安精神、井冈山精神、长征精神、西柏坡精神等在内的艰苦奋斗、牺牲奉献的集体主义；在社会主义建设时期，体现为铁人精神、大庆精神、大寨精神、两弹一星精神等的艰苦创业、无私奉献的集体主义；在改革开放时期体现为“深圳精神”的改革创新、进取奉献精神。同时，也是在国家危难关头，如汶川地震时体现出来的万众一

① 《山西日报》2004年09月28日。

心，同舟共济，一方有难、八方支援的抗震救灾精神。这些精神理应成为社会主义核心价值观和社会主义核心价值体系建设的重要资源。

那么，什么样的集体主义是对数千年来中华民族精神的积淀与延续？什么样的集体主义是对包括太行精神在内的革命精神的现代传承？我们的研究表明，是以人为本的集体主义。①以人为本的集体主义以人的全面发展为目标，以人与自己、人与人、人与自然和谐的进取互利为基础，②以利他为价值导向。

我们知道，人与人、人与自然的关系中，以人与人的关系最为复杂。人与人的关系要从三个维度上去把握：一是人与人的关系包括个人与个人、集体与集体、个人与集体的关系；二是人与人的关系包括“主体间”关系和“主客体间”关系；三是从可持续发展角度讲，人与人的关系包括“代内关系”和“代际关系”，代内关系由于双方的共在场而呈现为“主体间”关系，代际关系由于一方的不在场而呈现为“主客体间”关系。没有“主体间”就没有规则。以人为本的集体主义核心价值观的建构正是从“主体间”利益关系入手。

一

公正是和谐的基石，集体主义若不以公正为基石，就会沦为集权主义。

假如我们将人与人物质上和精神上的利益关系分为对称的（平等的）、有差异的（富强的和贫弱的）和极端差异的（极端富强的和极端贫弱的）三种情境，那么，人与人的公正、和谐就有三个层面（这一假设，将封建社会集体主义的等级之差异转换为社会主义集体主义的由于机会、天赋、付出、价值观等形成的物质和精神之差异，也与“穷则独善其身，达则兼善天下”相呼应）。

① 王黎静：谈以人为本的集体主义[J]，中国德育，2009，6。

② 王黎静：试论进取互利[J]，理论月刊，2007，1。

互利。互利是权利与义务的交换，它是对称的、平等的，有多大的利就会有多大的义，有多大的义就会有多大的利；对方的利就是自己的义，对方的义就是自己的利，故“互利”也是“互义”，是义利统一的最高形式。从历史唯物主义的观点看，互利又生成了平等的“主体间”（而不仅仅是对称的“主体间”）共时性的互利，即“合作”。

互容。互容主张富强者“利他不损己”，要帮助那些天赋资质较弱或机遇条件较差的社会成员；主张贫弱者“利己不损他”，要自立自强，勇于承担起自我生存发展的责任。从历史唯物主义的观点看，互容又生成了平等的“主体间”（而不是富强者与贫弱者之“主体间”）历时性的互利，即“互助”。

互保。互保主张极端富强者“利他略损己”和极端贫弱者“利己略损他”。互保将老子的“天之道，损有余而补不足”（《道德经》）的绝对平均主义修正为“略损有余以补不足”的势均主义。这里的“略损”，对富强者而言或许是微不足道的，甚至可以说是忽略不计的，但对身陷绝境者来讲，却是雪中送炭，是四两拨千斤。然而，天有不测风云，人人都有处于极端弱势情境的可能，所以，从历史唯物主义的观点看，互保又生成了平等的“主体间”（而不仅仅是极端富强者与极端贫弱者之“主体间”）历史性的互利，即我们平常说的“互救”。

从公正的角度讲，互利、互容、互保体现了现代公平观的平等原则、差异原则和补偿原则，体现了初始意义上的公正；合作、互助、互救体现了高级意义上的共时性的、历时性、历史性的公正。因此，我们统称为公正的集体主义。

从和合学的观点看，互利、互容、互保，体现了儒家“爱有差等”的“仁爱”思想，它使“富者足以示贵而不至于骄，贫者足以养生而不至于忧”（《董仲舒：春秋繁露•度制》），表征的是“和而不同”的初始状态的和谐，我们将互利、互容、互保分别以中国传统文化语言太和、中和、保和表述为“和之三态”。[①]合作、互助、互救体现了墨家“爱无差等”的“兼爱”思想，表征的是“合”而“大同”的高级状态的和谐，即“太和”、“和之至”状态的和谐。因此，我们又统称为和谐的集体主义。

互利、互容、互保表达了人与人初始意义上的互利——因为即使在差异情境中，富强者的行为会得到人们的尊重；合作、互助、互救表达了人与人高级意义上的互利，合作是共时性互利、互助是历时性互利、互救是历史性互利。因此，我们还统称为进取互利。

但由于极端情境中“略损”的微不足道，“略损”本质上属于“不损”的范畴，换言之，“互略损”本质上属于“互不损”的范畴，进一步地，“互保”本质上属于“互容”的范畴，“互救”本质上属于“互助”的范畴，自然地，我们前面将老子的“天之道，损有余而补不足”修正为“略损有余以补不足”后，这里又进一步修正为“不损有余而补不足”，可以表达为“以有余补不足”。因此，一般地讲，公正、和谐的集体主义即进取互利包括初始意义上的互利、互容——从历史唯物主义的角度看是合作、互助两重公共行为方式，其理论边界为“互不损”。由此，我们可以断定，进取互利若进入制度安排符合帕累托最优，即“不损一人地增进公共福利总量”[②]，重要的是，增加的部分最利于贫弱群体。

新制度经济学在解释互惠制度如何产生时，采用演化博弈论的方法形成了三类典型互惠行为模型，即直接互惠模型、间接互惠模型和强互惠模型，[③]其中，直接互惠模型与进取互利中的合作（共时性的互利）相对应，间接互惠模型与进取互利中的互助（历时性的互利）相对应，强互惠模型则说明了，进取互利需要法律作保证。如果在新制度经济学中直接互惠、间接互惠、强互惠模型之间互不相、各自为政的话，那么，进取互利则使它们建立了一种内在的逻辑关系。

---

① 李春仁 王黎静：和之三态[N]，人民日报•理论版，2007-8-15（9）。

② 胡寄窗： 1970年以来的西方经济学[M]，经济科学出版社，1988（191）。

③ 罗小芳 卢现祥 邓逸：互惠制度理论和模型述评[J]，经济学动态，2008，3。

二

假如我们将公正的集体主义的两重公共行为方式展开，就转换为公正的集体主义的三重主体行为方式：富强者利他不损己、一般人己他两利、贫弱者利己不损他。这样，“主体间”的进取互利就转换生成为“主客体间”的进取互利，这种转换，保证了进取互利公共行为方式和主体行为方式的内在同一性。

（一）利他不损己——“兼济天下”或“厚德载物”型

它的初始意义是富强者的利他、容他、保他；一般意义是一般的人在富强情境中（或面对贫弱者时）的利他、助他、救他。利他，是利他所急需的，而不是利他所贪欲的。对富强者来讲，是物质生活满足后对精神生活的追求；对贫弱者来讲，是尊重富强者，但不能奴颜婢膝。“不损己”是防止“农夫和蛇”情景的发生。这是主张英雄流血不流泪，对见义勇为做出牺牲者国家和受益者要给予适当补偿。犹太式“扶贫”模式可以给人启迪：一个鞋商，他对落难的同胞说，我这鞋店目前只在西边发展，这座城市的东面还没一家分店。你就到东面去开分店吧。我借钱给你去租店铺，货我也先提供给你，等你卖掉了鞋，赚到了钱再连本带利还给我。你站住脚了（这应该没问题，我会帮你站住脚），我就是你的长期供货商。正因为犹太人这种助人模式对提供帮助者本身有利，起码无害，这种慈善行为才能长期持久地延续下来。正是由于这种利他方式对利他者有利，起码无害，才能更长久地持续下去。利他不损己为所有的人在所有的时候利他、助他、救他、尊他、爱他、信他提供了最大的道德空间，是物质或精神的富强者实现自己精神上的幸福、参与共建和谐社会的主要方式。如在其他国家发生灾害时，我国鼎力相救，体现了一个负责任的大国的形象。

从我国现实讲，“利他不损己”首先是充分肯定先富者利益获得的合法性和对他们合法劳动成果的维护；其次是充分肯定先富者为后富者得到基本生存发展权利所作的努力，这是社会主义市场经济条件下先富帮后富的基本形式；也为我们国家对其他国家提供人道主义援助，以担负起一个大国——而不是强国的责任提供了伦理支撑。

（二）己他两利——“己立立人，己达达人”型

它的初始意义是人与他人己他两利、己他两容和己他两保，一般意义是一般人在一般情境中的己他合作、困难情境中的己他两助、危机中的己他两救。为人与他人的互信、互尊、互谅、互爱提供了最大的道德空间。

在人类社会的长期发展中，人类已经将“己他两利”通过社会公德、职业道德和家庭美德，以及制度、法律、政策、规范、程序等形式固定下来，所以，己他两利要求行为主体遵守社会公德、职业道德和家庭美德，遵循既定的制度、法律、政策、规范、程序。它内在地要求每一个社会成员遵循契约精神：人人都有义务为社会付出劳动，同时人人都有权利享受社会发展带来的种种益处：在公共领域，要求每个人要享受好的公共秩序，就要为好的公共秩序尽心尽力；在职业领域，要求每个人要获得相应的报酬，就要履行契约，遵守职业道德；在家庭领域，要求每个人要享受家庭带来的幸福，就要为家庭的幸福尽到自己的责任。己他两利为我国构建和谐社会，人人各司其职、各得其所，共创共享社会发展成果提供了伦理依托，是普通民众实现自己的幸福、参与共建和谐社会的主要方式，也是我们国家长期以来对外关系的基本原则。

（三）利己不损他——“独善其身”或“自强不息”、“自主创新”型

这一行为为物质或精神贫弱者提供了最广阔的伦理空间，对市场经济条件下，人们在追求自己利益最大化时，虽然说“法无明禁皆可为”，但必须坚守“利己不损他”的道德底线，亚洲金融危机和世界金融危机的教训值得汲取。同时，也为人们改革创新，发挥人的积极性、主动性和创造性提供了最大的伦理空间。改革创新既包括对旧规范、旧制度的破旧创新，也包括新规范、新制度的自主创新。因此，这一行为是（物质和精神）贫弱者，或者说一般人在（物质和精神）贫弱的情境下实现自己物质上的幸福、参与共建和谐社会的主要方式，为所有的人在所有的时候的自

利、自容、自保、自助、自救，以及自立、自强、自尊、自爱、自谅等提供了最大的道德空间，也为我们建设“创新型国家”的准确定位提供了伦理依据。

三重主体行为方式的初始意义，是指不同的主体有实现自己最大幸福的不同的行为方式；其一般意义，是指同一个主体在不同情境中有不同的实现自己幸福的行为方式，它们能使行为主体进退有度、张弛有序，保持内心最大的和谐和外在最大的张力，利于实现费孝通先生“各美其美，美人之美，美美与共，天下大同”的社会文化理想。

如果我们再嵌入人与自己、人与自然的“我与它”主客体关系，那么，人与人主客体间进取互利的三重主体行为方式就不仅是人与人，而且是拓展为人与自己、人与自然主客体间进取互利的三重主体行为方式，就可以表达为利己不损他（它），己他（它）两利，利他（它）不损己。陈昌曙先生曾将布鲁兰特夫人的可持续发展观归纳为“利己不损人”，刘湘宁、陈文化又拓展为“利他（它）利己”[①]，我们又进一步地拓展为“利己不损他（它）、己他（它）两利、利他（它）不损己”。如果说，代内公正、代际公正概念的嵌入，使公共行为规范和主体行为规范在思想内涵上具有了可持续发展的意蕴，那么，人与自己、人与自然的“我与它”主客体关系的嵌入，则从表达方式上体现了可持续发展观，为在国际社会应对能源、环境和气候变化问题上承担“共同但有区别的责任”提供了伦理支撑，也使可持续发展观正式纳入以人为本的集体主义规范体系和人格建构之中。

三

进取互利在公共行为规范上体现了民主，在个人行为规范上体现了自由，它对于当代中国利益关系的调整、社会关系的优化和基础秩序的重

① 刘湘宁 陈文化：试论利他（它）利己可持续发展观[J]，株洲工学院学报，2002，2。

建有积极的意义，[①]对建设民主法治、公平正义、诚信友爱、充满活力、安定有序、人与自然和谐相处的社会主义和谐社会能起到规范性的作用。但是，我们必须指出，进取互利要以利他为价值导向，起码以不损他为底线。

以利他为价值导向，是对集体和个人双方的要求。对集体来讲，彰显了科学发展的出发点、过程和归宿，体现了“以人为本，执政为民”的思想；对个人来讲，是以集体利益为价值导向。

从终极意义上讲，进取互利若没有价值导向，就会陷入道德相对主义；若以利己为价值导向，就可能滑入极端利己主义；若以利他为价值导向，才能生成进取利他主义，利他即奉献，因此，我们又称为进取奉献主义。进取奉献主义即以人为本的社会主义集体主义（简称以人为本的集体主义）。

（一）生成了以人为本的集体主义的公共行为规范及其公共发展模式[②]

首先，生成了当代中国“最大多数人最大幸福”的制度模式。进取互利以“最大多数人最大幸福”为价值导向，从初始意义上生成了社会主义初级阶段的、以多种所有制并存为基础的互利、互容的制度模式；从一般意义上生成了社会主义一般阶段的、以公有制为基础的合作、互助的制度模式。当前，我国是公有制为主，多种所有制并存，体现了以公有制为基础的合作、互助的制度模式和以多种所有制并存为基础的互利、互容的制度模式共在的“最大多数人最大幸福”的制度模式。所以说，进取互利以“最大多数人最大幸福”为价值导向，体现了当代中国社会主义制度的道德优越性。

其次，内在地生成了当代中国“最大多数人最大幸福”的社会发展过程。进取互利以“最大多数人最大幸福”为价值取向，还内在地生成了互

① 王黎静：利益关系调整的三个层面[N]，中国教育报•理论版，2008-6-24。

② 王黎静：当代中国核心价值观的建构与发展模式的生成——以科学发展观为视野[J]，科学社会主义，2011，2。

利、互容、互保向合作、互助、互救的发展过程。换言之，也内在地生成了当代中国由“爱有差等”向“爱无差等”，由“共同而有差别的幸福”向“共同而无差别的幸福”，由“小康”社会到“大同”社会，由初级阶段社会主义到高级阶段社会主义的发展过程。

在实现“大同”社会这一伟大的民族梦想的过程中，无数仁人志士、共产党员前赴后继，艰苦奋斗，不怕牺牲，彰显先进性，形成了包括太行精神在内的集体主义核心价值观。今天，我们建设“小康”社会——“大同”社会的必经阶段，同样需要包括太行精神在内的、大众认同的集体主义核心价值观，以形成中华民族共同的思想道德基础和科学发展的“软实力”。

（二）.生成了以人为本的集体主义的主体行为规范及其人格发展模式

静态地看，内在地生成了当代中国进取利他主体行为规范体系。进取互利以“最大多数人最大幸福”为价值取向，是对极端富强者“利他损己”的肯定和对贫弱者“利己损他”的否定，其结果是内在地生成了进取利他由低向高的四重主体道德规范：利己不损他（它）、己他（它）两利、利他（它）不损或略损己、利他损己，从个人与集体的关系看，是利己不损公、公私兼顾、先公后私、大公无私。当主体遵循四重行为规范，且以集体为价值取向，生成的是理想的或外显的集体主义人格；以不损害集体利益为底线，生成的是现实的或内隐的集体主义人格。

这一道德体系包括两方面的涵义：一方面，是指（物质或精神）处于不同发展阶段的人有不同的行为规范或人格要求，即：穷“者”独善其身，达“者”兼善天下，寻常“者”“己欲立立人，己欲达达人”（《论语·雍也》），起码“己所不欲，勿施于人”（《论语·颜渊》）；另一方面，是指同样的人（或同一个人）在自己不同的发展阶段有不同的行为规范或人格要求，即“穷则独善其身，达则兼善天下”（《孟子·尽心上》），寻常则“己欲立立人，己欲达达人”，起码“己所不欲，勿施于人”。体现了儒家知识分子“老吾老以及人之老，幼吾幼以及人之幼”

（《孟子·梁惠王上》），“先天下之忧而忧，后天下之乐而乐”（《范仲淹·岳阳楼记》）兼济天下的情怀，是儒家士大夫“以天下为己任”理想人格的现代转换。

动态地看，内在地生成了“最大多数人最大幸福”人格主体的发展模式。进取互利以“最大多数人最大幸福”为价值取向，一是内在地生成了主体由“穷则独善其身”到“达则兼善天下”的人格提升过程，即内在地生成了由利己不损他（它）→己他（它）两利→利他（它）不损或略损己→利他损己的发展过程，此为人格的“内圣”过程；二是内在生成了主体由“家”到“国”到“天下”的人格拓展过程，即内在地生成了人格主体“老吾老以及人之老，幼吾幼以及人之幼”的发展过程，是“移孝为忠”的发展过程，此为人格的“外王”过程。

质的提升和量的拓展，二者之间横向贯通、纵向衔接、分层递进、螺旋上升，内在地生成了“最大多数人最大幸福”的人格主体在等级差和亲疏序的“利益差序格局”中，由现实人格向理想人格的发展过程与发展模式，与儒家“修齐治平”、“内圣外王”的人格修养路径一致。

从国家层面上讲，是我们国家科学发展、对内和谐发展、对外和平发展的发展模式的统一。同时，当代中国的这一社会主义的发展模式内在地规定，各级领导干部、共产党员要在科学发展、对内和谐发展、对外和平发展的发展过程中积极有为、进取奉献，起模范带头作用。

总之，以人为本的集体主义整合了不同的价值观：通过“大公无私、先公后私”整合了为人民服务、爱国主义、社会主义等社会主义高尚的价值观，将为人民利益展现的勇于牺牲、乐于奉献的太行精神整合到社会主义核心价值观之中；通过“公私兼顾”整合了平等、共享、公正、自由、博爱、幸福、民主、富强、文明、和谐、可持续发展等社会主义一般的价值观；最后，还通过将“利己不损公”补充为集体主义行为规范，不仅整合了资产阶级个人主义价值观中的合理、积极的因素，为个人积极性、主动性的最大发挥提供了广阔的道德空间，也将在极其艰苦的条件下展现的百折不挠、艰苦奋斗的精神和勇敢顽强、不畏艰难的革命英雄主义精神等太行山精神整合到社会主义集体主义核心价值观之中，为集体主义增添了新的发展活力。通过整合与建构，形成了社会主义核心价值观体系，确立了以人为本的集体主义社会主义核心价值观的地位。正是从这一意义上，我们说，以人为本的社会主义集体主义核心价值观是社会主义核心价值体系的硬核，社会主义核心价值体系是以人为本的社会主义集体主义规范体系在价值观层面逻辑地展开。

同样，以人为本的社会主义集体主义核心价值观整合了太行精神的勇敢顽强、不畏艰难的革命英雄主义精神，在极其艰苦的条件下展现的百折不挠、艰苦奋斗的精神，为人民利益展现的勇于牺牲、乐于奉献的精神。因此，以人为本的社会主义集体主义核心价值观是数千年来中华民族精神，包括太行精神的积淀和延续，也就是说，以人为本的社会主义集体主义核心价值观是对太行精神的科学概括，太行精神是以人为本的社会主义集体主义的重要体现。也正是从这一意义上，我们认为，太行精神体现了社会主义核心价值观，是社会主义核心价值体系的重要组成部分。

因此，践行包括太行精神在内的集体主义核心价值观，是中国共产党90年辉煌的成功密码，是中国共产党永远保持先进的关键所在，是中华民族实现科学发展的“软实力”。

（作者系山西师范大学党委宣传部高级政工师）

太行精神与校园文化

——以中北大学品牌校园文化建设为例

□ 师 谦

大学的校园文化是集中体现大学精神，在大学中通行的精神准则、价值体系和文化氛围的总称，对于广大师生员工具有显著的教育导向功能、德育功能、激励功能和团结凝聚作用。校园文化是大学的人格，是大学的精神自我，是大学赖以影响师生作出独特社会贡献的核心财富。

当前，马克思主义一元化的指导思想与多样化的社会思想意识并存，思想观念的进步与道德领域的失范并存，传统思想观点与现代思想观念交融并存，本土文化与外来文化相互激荡，思想认识问题与现实利益问题相互交织，贫富分化激化社会矛盾，社会分配不公引发社会心理失衡，社会竞争加剧引发社会心理焦虑，官员腐败行为影响民众对党和政府的信任，市场经济的消极影响导致人们精神迷失，敌对势力对我思想上渗透，发展上牵制，形象上丑化，互联网对意识形态领域产生深刻影响，网络成为人们获取信息的主要方式，海量的信息给民众带来了辨别信息、消化信息的巨大困难，给青年学生的成长带来诸多困惑，文化的育人功能日益弱化，高等教育在人才培养的价值观引导、高尚人格养成、社会适应能力培养等方面存在严重的不足。

在这样的社会背景下，如何在多元的社会文化格局和多样的社会发展形态下，在多元中立主导，在多样中谋共识，探索加强文化传承创新工作、提升人才培养品质的文化建设之路，成为各高校普遍面临的问题。

一、太行精神与校园文化

每一所学校都有自己的历史，都有自己的文化。校园文化在育人过程中发挥着无形但巨大的作用。校园文化一方面与学校自身的办学传统紧密相连，另一方面又与学校发展目标，和学校所处的社会环境有着密切的关系。因此，在充分挖掘自身办学传统的同时，顺应时代潮流，与社会文化发展方向同步，大力加强自身校园文化建设，就成为加强校园文化建设，提升人才培养品质的一条可行之路。

（一）太行精神是中国共产党和中华民族的宝贵财富，对于社会文化建设具有普遍指导意义，尤其适宜指导高校校园文化建设

太行精神是中华民族优秀文化的重要组成部分，它深深植根于民族文化的沃土之中，经过抗日敌后根据地军民的耕耘培育、创新发展，成为民族精神中最具魅力和震撼力的内容。因此，太行精神对于社会文化建设具有普遍性的指导意义。

教育的核心使命是育人。八路军在极其艰难、复杂、曲折、险恶的斗争环境中，培养、锻炼了一大批治党、治国、治军的文武英才，形成了难能可贵的太行精神。因此，太行精神尤其适宜用于指导学校校园文化建设，特别是高校校园文化的建设。

（二）太行精神的核心与校园文化建设的核心高度统一

“太行精神是一种强烈的爱国主义精神和革命英雄主义精神，在民族危亡的关键时刻，共产党领导八路军以高度的民族责任感和义不容辞的使命感，挺进抗日前线，救民众于水火，挽国运于倒悬，充分展示了中华民族不屈于强权，不惧于死生，追求自由，热爱祖国的伟大精神。”（《论太行精神的形成》，申维辰，《山西日报》），太行精神在高度的民族责任感和义不容辞的使命感，追求自由，热爱祖国等方面都与校园文化建设的核心、与文化育人的宗旨高度统一，尤其适宜指导校园文化的建设。

（三）校园文化的建设是新时期弘扬太行精神的必然要求

胡锦涛总书记在清华大学百年校庆上发表的重要讲话中，首次提出人才培养，“不断提高质量，是高等教育的生命线，必须始终贯穿高等学校人才培养、科学研究、社会服务、文化传承创新各项工作之中”。并强调“全面提高高等教育质量，必须大力推进文化传承创新。高等教育是优秀文化传承的重要载体和思想文化创新的重要源泉。要积极发挥文化育人作用，加强社会主义核心价值体系建设，掌握前人积累的文化成果，扬弃旧义，创立新知，并传播到社会、延续至后代，不断培育崇尚科学、追求真理的思想观念，推动社会主义先进文化建设”。

太行精神是数千年来中华民族精神的积淀与延续，是中华民族前进道路上的宝贵财富，是中国人民实现社会主义现代化伟大事业的强大动力。弘扬太行精神，加强校园文化建设，实施文化育人工程，是新时期高等教育发展的必然要求。

二、中北大学《以“太行精神”为核心的品牌校园文化建设工程》

（一）深入挖掘办学传统，提炼校园文化核心

中北大学的前身，是1941年由八路军总司令部在太行山区创办的太行工业学校，素有“人民兵工第一校”之称。当时正处于抗日战争最激烈、最艰苦的时期，太行抗日军民在中国共产党的领导下，为争取民族解放，同仇敌忾，浴血奋战。他们在血与火的考验中所表现出来的政治坚定、艰苦奋斗、坚忍不拔、勤劳勇敢的革命气概和优良作风，在当时敌我力量悬殊的战斗中，为赢得战争的最终胜利起到了重要的作用。这种由中国共产党倡导，在太行抗日根据地军民身上体现的革命精神，被人们总结概括为太行精神。它是在国家和民族处于危亡的关键时刻，共产党人领导太行儿女展现的不怕牺牲不畏艰险的革命英雄主义精神，是在极其艰苦的条件下展现的百折不挠、艰苦奋斗的精神，是为民族解放展现的万众一心、敢于胜

利的精神，是为人民利益展现的英勇奋斗、无私奉献的精神。它是革命战争年代民族精神和革命精神相结合的产物，作为一种宝贵的精神财富，既成为当时克敌制胜的法宝，又成为后来一代又一代人的精神动力，影响着人们的思想和行为，并转化为强大的物质力量。在这种背景下诞生的太行工业学校，从创建的那一天起，就以太行精神为立校之本，艰苦创业，勤俭办学，求真务实，坚忍不拔，形成了优良的办学传统和校风，并且一直传承下来，不断与时俱进，得以丰富和发展。在学校的各个历史时期，对提高人才培养质量，推动学校全面发展产生了巨大的作用。

学校建校60周年前夕，在挖掘整理学校历史的过程中，大家清楚地发现，学校在艰难曲折中不断发展壮大的过程，始终伴随着一种不朽的精神，这种精神是在长期的办学实践中培育积淀而成的，也在长期的办学实践中实实在在地对广大干部、教师和学生产生着潜移默化的影响。它引领着人们的精神追求和价值取向，引领着人们的工作作风和生活态度；它被大家所普遍接受，成为大家的自觉追求；它表现为全体师生员工的团队精神、共同的价值标准和统一的行为准则。这种精神在大家的普遍认同和自觉追求下，逐渐形成一种可感可知的优良校风；这种优良校风在形成发展过程中，逐渐成为广大师生自我教育、自我管理、自我服务的一种无时不在、无处不在的无形力量，成为学校统一意志、不断发展壮大的源动力。对这种精神的具体内涵需要进一步进行总结提炼，丰富完善，并且固化下来，作为对后来学子的生动教育素材。于是，学校由党委副书记挂帅，组织了一支30多人的校史寻访团，历时三个月，三次深入太行山区，沿着学校迁徙的路径，进行了深入细致的寻访，搜集了大量的珍贵史料和生动的故事。寻访过程中，大家更加真切地感受到这种强大精神的存在。寻访归来，所有寻访成员带着高涨的热情对寻访成果进行了认真梳理，在此基础上提出了对太行精神的具体内涵的表述，学校又组织各个不同层面的座谈会，广泛发动、集思广益，对这个表述进行了认真的讨论修改。经过几上几下，最终形成了以“坚定正确的政治方向，艰苦奋斗的工作作风，求真务实的科学态度，坚忍不拔的进取意识”为内涵，具有中北特色的太行精神。

在太行精神的具体内涵确定之后，学校立即组织人力在全校范围内进行了多次宣讲，并明确提出，要将太行精神的传承与弘扬纳入未来文化建设的长远规划之中，要将它融入学校教学、管理、人才培养等各个环节，要将太行精神作为入学教育、日常教育、毕业教育的规定内容，要融入“两课”教学，融入育人理念，融入校园文化建设。要用这种精神，在大学生人生观、世界观、价值观形成过程中，引导帮助他们真正确立社会主义核心价值体系，确保培养人才的思想政治素质。

（二）顺应时代发展趋势，坚持先进文化发展方向

2004年8月15日，抗战胜利59周年纪念日，中共中央政治局常委李长春在参观八路军太行纪念馆，重温中国共产党领导中国人民英勇抗日的光辉历史后说，八路军和太行人民为抗日战争的胜利，进行了艰苦卓绝的斗争，付出了巨大牺牲，作出了卓越贡献，孕育了伟大的太行精神。太行精神是在国家和民族处于危亡的关键时刻，共产党人领导太行儿女展现的不怕牺牲、不畏艰险的革命英雄主义精神，是在极其艰苦的条件下展现的百折不挠、艰苦奋斗的精神，是为民族的解放展现的万众一心、敢于胜利的精神，是为人民利益展现的英勇奋斗、无私奉献的精神。这种精神充分体现了中国共产党是拯救和振兴中华民族的领导核心，是最广大人民根本利益的忠实代表，是工人阶级的先锋队同时是中国人民和中华民族的先锋队。

2005年6月30日，山西省委、省政府为纪念中国人民抗日战争暨世界反法西斯战争胜利60周年而专门举办“太行精神”光耀千秋大型专题展览，引起了社会媒体的高度关注。此后，山西省委宣传部不断加强“太行精神”的宣传工作。

中北大学紧抓机遇，在原有工作基础上，全面实施《以“太行精神”为核心的品牌校园文化建设工程》，加强社会主义核心价值观教育，使广大

师生员工树立为民族振兴和祖国富强育人的理想信念,淡泊名利，追求真理，无私奉献于祖国的教育事业，培养社会主义的建设者和接班人。

（三）精心策划，周密部署，全面推进文化建设工程

1.提炼大学精神。深刻总结办学传统，结合学校面临的现实问题，在改革进程中继续弘扬优良办学传统，加强社会主义核心价值观教育，与学校各项改革同步,激浊扬清，净化师生精神世界，在文化建设过程中不断总结、凝练、提升,最终沉淀出符合校情，适应国家中长期教育改革发展要求，符合时代精神和学校发展要求的大学精神，提炼中北大学精神的过程，就是用能够统一师生个体发展需要和学校发展要求的理想信念和价值追求武装全体师生的过程。

2.主导校园价值观。学校首先着力统一领导层的政治共识，引导广大师生确立符合学校发展需要，教育工作者应有的价值观，为师生提供不竭的精神动力，激发广大师生员工的积极性和创造性。随后深入分析师生现有价值观念体系，以领导层决策方向为根本，以先进典型为素材，大力倡导“以质量求发展，以贡献赢尊重，以人格树形象”的价值观，提倡求真务实，反对弄虚作假，在各种价值观的冲击、碰撞、协调、磨合过程中，引导、形成符合学校发展需要，体现办学使命，符合学校发展要求的校园价值观，以育人成果、科研贡献、高尚人格赢得社会尊重与认同。

3.优化办学理念。在原有办学指导思想的基础上，学校发动全员参与，从办学宗旨和组织使命的层次，不断加深对“办一所什么样的大学和怎样办这样的大学”这一问题的思考，进一步提升办学指导思想水平，进一步明确办学宗旨、办学方针、办学思路、办学定位、办学目标等。通过宣传思想工作，加强对广大师生的思想引导，使符合学校发展要求的办学指导思想，真正成为师生自觉遵循的工作导向，提升科学办学的水平，从学校整体发展需要的高度，加强对国防需要和地方经济建设需求的具体分析,结合办学传统和办学优势,进一步总结办学理念内容,在领导层达成共识后,用更加先进的办学理念指导学校的各项办学行为。

4. 深入弘扬办学传统。学校从理念模式和行为模式两个方面,深入总结学校优秀的办学经验和作风,大力弘扬以“太行精神”为核心的办学传统,使之从抽象的政治理念,变成对师生行为作风具有现实塑造力的文化氛围;加强对办学历史的分析总结,进一步提炼出对今后的办学具有指导意义的优良传统,使之成为推进学校发展的精神力量。

(四)将文化建设渗透到育人的每一个环节之中

在太行精神的具体内涵确定之后,学校立即组织人力在全校范围内进行了多次宣讲,并明确提出,要将太行精神的传承与弘扬纳入到未来文化建设的长远规划之中,要将它融入学校教学、管理、人才培养等各个环节,要将太行精神作为入学教育、日常教育、毕业教育的规定内容,要融入“两课”教学,融入育人理念,融入校园文化建设。要用这种精神,在大学生人生观、世界观、价值观形成过程中,引导帮助他们真正确立社会主义核心价值体系,确保人才的思想政治素质。

1. 将太行精神融入“两课”教学,发挥德育的主渠道作用。学校领导深深认识到,理想信念教育是大学生思想政治教育的核心,太行精神作为民族精神和时代精神相结合的产物,正是进行理想信念教育的活素材,用学生们平日里可以眼见身受的太行精神教育和感染学生,才能把学生朴素的爱国主义情感和民族意识内化为自觉的社会责任意识和正确的学习动机,内化为健康向上的人生价值取向。

为切实发挥“两课”在大学生理想信念教育中的主渠道、主阵地作用,学校将太行精神相关内容编辑成宣讲教材,除面对全校师生宣讲外,还及时引入“两课”教学内容。

针对当前社会价值多元化给大学生带来的思想困惑,展开课堂讨论和辩论,用太行精神与社会时尚观念进行比较分析,找准结合点,触发学生兴奋点、关注点,使学生对社会焦点问题形成正确的看法,将理论性、思想性、趣味性、生动性融为一体,受到学生们的热烈欢迎,学生们普遍反映在“两课”教学中引入太行精神的内容,避免了空洞的说教,有说服力和感染力。

2.将太行精神融入教书育人、管理育人、服务育人全过程。太行精神作为一种民族精神和时代精神的产物，随着学校的不断发展，代代相传，薪火相继，早已深植于今天中北人的育人理念中。学校始终坚持育人为本，德育为先，注重“教书育人、管理育人、服务育人”的有机结合，积极构建“多渠道、全方位、立体化”的育人格局，将积淀厚重、可感可知的太行精神融入其中，用春风化雨、润物无声的感染力滋养学生的心灵，通过全校教职员工的言传身教，使学生形成自觉意识，从而提升人生追求和人格境界。

学校教师充分发挥各专业课程的渗透功能和育人作用，通过深入发掘蕴含在课程中的思想教育资源，在传授知识的过程中潜移默化地对大学生进行思想政治教育，在课堂内外对学生进行思想引导、生活指导、心理疏导和情感激励，把思想政治教育与专业知识教育、课内教育与课外教育、共性教育与个性教育、严格管理与人格感化结合起来，以严谨的治学态度、良好的师德修养、高尚的人格魅力和无私的奉献精神影响学生，促进学生综合素质的提高。学科带头人、山西省科技功臣祖静教授带领他的学科梯队创办了测控技术及仪器专业，通过近20年的艰苦创业，建成了一个具有国际影响力的仪器科学与技术学科，取得了国家发明奖等一批高水平学术成果。他的后继者张文栋教授等开发的电子存储器，在“神舟一号”至“神舟六号”中均得到了成功应用。学科带头人、全国优秀教师张景林教授从无到有组建安全工程学科，通过十几年的不懈努力，使这一学科成为了传爆药研究领域的领头羊，研制的测试标准被确定为国家军用标准。这些创新团队的创业奋斗精神直接激励着在校大学生。被誉为新时代雷锋的王述英教授，自己平日里粗茶淡饭、布衣素食、陋室简居，甚至“吝啬”得不给子女一分钱，却能慷慨地把平生积蓄用于实验设备的改造和各种爱心捐款（1991年教师节《太原日报》曾以《这样执著究竟为什么》为题整版报道）。他的事迹发表后在全校师生中引起了关于人生价值的热烈讨论，在校内产生了强烈的反响和极大的震动。高庆春、王崇德、曾昭煌、赵学镛、张建华、刁惠文、王建邦、王爱玲、高保娇、王月梅、王复兴、靳祯、高玉斌等作为各个时期的优秀教师代表，几十年如一日，严谨治学，严格执教，时时处处以学生为重，对学生关爱有加，以他们高尚的人格魅力影响着一代代学子，被学生誉为学高身正的教师典范。一大批教师长期全身心扑在教学科研工作上，有些同志甚至积劳成疾，病倒在工作岗位上。关济安教授在上课回家途中因心脏病突发病逝，徐长福教授病逝在出差旅途中，张学东教授30多岁即英年早逝。后勤管工、省优秀共产党员马月亮几十年来，不分早晚，不问天候，每天坚持奔波在阴暗潮湿、臭气熏人的地沟水道，“辛苦我一个，方便千万家”，被师生员工誉为“中北徐虎”。学校各条战线上的教职员工就是以这种无私奉献的精神时时处处为学生做出表率，达到了教育人、引导人、感化人的实际效果。

3.将太行精神融入校园文化建设，发挥了巨大的作用。太行精神作为立校之本，育人之魂，早已深植于中北大学校园文化的土壤。翻开学校历史，我们发现虽然不同阶段有不同的建设重点和中心任务，虽然经历了无数的坎坷和曲折，但太行精神这面旗帜却始终高扬在学校师生心中。这是一面用集体意识铸就的旗帜，这是一面敢于向困难昭示力量的旗帜，这是一面狂风骤雨吹打不倒的旗帜，它体现出巨大的文化力。中北大学的学生正是在这种特有的文化氛围的熏陶中逐渐成长成才。

学校校园依山傍水，周边有古迹窦大夫祠、冽石寒泉、千佛洞等，本身就是一处历史文化氛围十分浓郁的所在。近年来，学校为了进一步突显太行精神的文化内涵，增加文化的视觉冲击力，让师生在朝朝夕夕、在举目驻足之间随处可以感受到太行精神的文化魅力，先后投资兴建（或校友捐建）了彭德怀（学校倡建者）雕像、刘鼎（学校首任校长）塑像、厉瑞康（学校创建人之一，历任校长）塑像、陶行知塑像、“人民兵工第一校”纪念石、“太行精神”纪念牌，以及一批励志石碑。同时，通过学生勤工俭学，自己动手修建了二龙山长廊、爱心台、龙山亭、龙山瀑布等一批现代化文化与传统文化相融合的景观景点。对学校的建筑、道路以征集方式重新命名，使一些过去的“冷面孔”变成了一本本可读性很强的文化教科书。学校师生每天身临其境，如沐春风。

学校还建立了校史展室和兵器陈列室，每年新生入学都要组织参观，并进行太行精神教育。四年学习期间，学校经常性地举办各种以太行精神为主题的文化活动，如太行精神主题报告会、座谈会、演讲赛、辩论赛、“从太行山走来”文艺晚会等，一些走出校门的校友也经常返回母校为在校学生讲述他们对太行精神的深切感受以及在太行精神影响下立志成才的故事。学校每年都要举办近300场人文素质报告，在这些深受学生欢迎的主题报告中，都会适当地融入太行精神的相关内容。学校开办的“红色太行”网站作为网络思想政治教育重要阵地，目前已经成为全国知名的红色网站，受到山西省委宣传部和省教育厅的高度评价，《光明日报》、《中国教育报》、《山西日报》对此进行了专题报道。

学校充分发挥各类校内媒体的作用，不断创造新的宣传形式，拓展宣传空间，不断创作工作理念、太行精神岗位要求、团队精神等形式的文化语言，通过校报、广播、电视、网络、橱窗、宣讲等渠道全面营造良好的舆论氛围。抓住各种先进人物和有意义的事件，及时找出有意义的思想、现象、事件，将其中包含的本质精神提取出来，并把它用广大师生员工乐于接受并符合太行精神，具有学校自身文化风格，富有表现力的语言及时传递出来，以先进的精神鼓舞、激励大家努力奋斗。

学校每年组织师生共同参加“千里寻根——我从太行山走来”的大型社会实践活动。在实践过程中，师生员工与老区群众同吃、同住、同劳动，并主动承担义务教学的任务，向当地少年儿童传授科学文化知识。通过实践，他们向老区人民学习光荣的革命传统和艰苦奋斗的精神，成为太行精神的受益者和传播者，收到良好的实践教育效果。多年来“千里寻根——我从太行山走来”的大型社会实践活动不断走向深入，参加人数不断增加，学校还组织参加实践活动的师生以“实践归来话感受”的形式，使活动成果影响到更多的学生，使更多的学生受到鲜活的太行精神教育。一些参加实践活动的师生在回校后自发创作了《见证》、《太行劲松》等一系列感动人心的文学作品和文艺作品在校园内广泛传播。这些生动的教育形式使参加实践的学生和其他学生一起受到了鲜活、生动的太行精神教育，产生了良好的教育效果。

学校办学历史表明，人民兵工的光荣传统和太行精神孕育的优良校风，成为推进各项工作的动力。学校实施青年教师导师制，充分发挥老教师的传、帮、带作用，在青年教师中加强太行精神教育。教师们在自己的教学岗位上，兢兢业业，无私奉献,全力以赴地推进学校各项工作。太行精神通过各种途径武装了教师的头脑，在学校教师身上得到了突出体现，在学校的人才培养过程中起到了积极的作用，大大提升了人才培养的质量。

（作者系中北大学党委书记）

把太行精神融入大学生思想政治教育之中

□ 刘泰来

思想理论建设是党的根本建设。胡锦涛强调："要用中国特色社会主义共同理想凝聚力量，用以爱国主义为核心的民族精神和以改革创新为核心的时代精神鼓舞斗志，用社会主义荣辱观引领风尚，巩固全党全国各族人民团结奋斗的思想基础。"育人为本，德育为先。引导大学生自觉学习和践行社会主义核心价值体系，是高校思想政治教育的重要内容。在学习和践行社会主义核心价值体系中要有机地融入太行精神。

中北大学的前身是1941年八路军总司令部在太行抗日根据地创办的我党我军第一所兵工学校——太行工业学校。在抗日战争最激烈、最艰苦的时期，太行抗日军民在血与火的考验中，所表现出来的政治坚定、艰苦奋斗、坚忍不拔、勤劳勇敢的革命气概和优良作风，被人们总结概括为"太行精神"。多年来，中北大学传承和弘扬的精神是"太行精神"，太行精神乃立校之本，育人之魂。中北大学概括的"太行精神"的内涵是：坚定正确的政治方向，艰苦奋斗的工作作风，求真务实的科学态度，坚韧不拔的进取精神。

一、中华民族太行精神与中北大学太行精神的关系——源与流的关系

中华民族的太行精神是中北大学立校之本的太行精神的渊源。中华民族的太行精神是在抗战时期形成的以爱国御敌为核心的民族精神，其内涵

是极为丰富的，她是一种爱国主义精神、大无畏的革命英雄主义精神、民族精神、抗战精神、团结精神、敢于胜利的精神、民本精神、全心全意为人民服务的精神、无私奉献的精神、奋斗精神、追求现代化精神、和平精神。太行精神的真正主题是——和平：向往和平、追求和平、誓死捍卫和平。

中北大学的太行精神，源于太行军民的太行精神。中华民族的太行精神可以称之大太行精神，是源泉；中北大学的太行精神可以称之为小太行精神，是支流。虽然二者的内涵与外延有差别，但核心和主题是一致的。当年浴血奋战是为了捍卫和平，今天弘扬太行精神是为了树立坚定的理想信念，培养合格的社会主义事业接班人，促进发展，维护和平。

二、学校弘扬太行精神和思想政治理论课弘扬太行精神的关系——面与线的关系

学校全方位弘扬太行精神是面，思想政治理论课融入太行精神是线。

太行精神作为中北大学的办学特色，学校始终坚持和弘扬太行精神，培育优良校风，将太行精神融入教书育人、管理育人、服务育人全过程。大力弘扬太行精神，并不断赋予其新的内涵和时代特征，艰苦创业，开拓创新，把弘扬太行精神纳入到校园文化建设规划中，以太行精神孕育先进校园文化、培育优良校风，积极建设健康向上、催人奋进的校园文化，形成了爱岗敬业、为人师表、求真务实、严谨笃学的优良教风和勤于学习、奋发向上、诚实守信、敢于创新的优良学风。

育人为本，德育为先。理想信念教育是大学生思想政治教育的核心，太行精神作为民族精神和时代精神相结合的产物，正是进行理想信念教育的活素材，用学生们平日里可以眼见身受的太行精神教育和感染学生，才能把学生朴素的爱国主义情感和民族意识内化为自觉的社会责任意识和正确的学习动机，内化为健康向上的人生价值取向。为切实发挥思政课在大学生理想信念教育中的主渠道、主阵地作用，学校将太行精神相关内容编

辑成宣讲教材，除面对全校师生宣讲外，还及时融入思政课教学内容。深入挖掘思想政治理论课教材与中北大学太行精神概括的切合点，是思想政治理论课弘扬太行精神的主题内容。

三、思想政治理论课的太行精神教育和专业课渗透太行精神教育的关系——经与纬的关系

思想政治理论课是面向全体学生的，有如纬线，而专业课针对本专业学生，有如经线。经线和纬线交织贯穿着太行精神教育。

充分发挥思想政治理论课教师的主导作用和学生的主体作用，是思想政治理论课弘扬太行精神的有效途径。思政部对将太行精神融入思政课教学内容的切入点作了系统的研究，并结合校史，对学生作专题讲授。还通过《太行山上》、《八路军》等经典影片的组织观看与观后感讨论，课间红色歌曲的播放，让学生对太行精神有一个更加具体、直观、感性的认识。

学校教师充分发挥各专业课程的渗透功能和育人作用，通过深入发掘蕴含在课程中的思想教育资源，在传授专业知识的过程中潜移默化地对大学生进行思想政治教育，在课堂内外对学生进行思想引导、生活指导、心理疏导和情感激励，把思想政治教育与专业知识教育、课内教育与课外教育、共性教育与个性教育、严格管理与人格感化结合起来，以严谨的治学态度、良好的师德修养、高尚的人格魅力和无私的奉献精神影响学生，促进学生综合素质的提高。

四、课内太行精神教育和课外太行精神教育的关系——内与外的关系

除了思政课与专业课的太行精神教育，丰富多彩的校园文化建设是弘扬太行精神的鲜活教材。太行精神作为立校之本，育人之魂，早已深植于中北大学校园文化的土壤。学校校园依山傍水，周边有古迹窦大夫祠、晋

阳八景之一的洌石寒泉、土雕艺术瑰宝千佛洞、多福寺、土堂大佛、耄人寺、中华傅山园等，历史文化氛围十分浓郁。近年来，学校为了进一步凸显太行精神的文化内涵，增加文化的视觉冲击力，让师生在朝朝夕夕、在举目驻足之间随处可以感受到太行精神的文化魅力，先后兴建了彭德怀雕像、刘鼎塑像、厉瑞康塑像、陶行知塑像、“人民兵工第一校”纪念石、“太行精神”纪念牌，以及一批励志石碑。学校组织学生勤工俭学，自己动手修建了二龙山长廊、爱心台、怡人台、龙山亭、龙山瀑布等一批现代文化与传统文化相融合的景观景点。学生通过勤工俭学，用自己的汗水浇灌辛勤劳动的成果，培养了艰苦奋斗、团结拼搏、不断进取的精神，展示了当代大学生昂扬向上的精神风貌。此外，学校对建筑、道路进行命名，使过去的“冷面孔”变成了一本本鲜活的文化教科书。

学校还建立了校史展馆和兵器陈列室，每年组织入学新生参观，并进行太行精神教育。学校经常性地举办各种以太行精神为主题的文化活动，如太行精神主题报告会、座谈会、演讲赛、辩论赛、“从太行山走来”文艺晚会等。学校每年都要举办数百场人文素质报告，在这些深受学生欢迎的主题报告中，都会适当地融入太行精神的相关内容。学校开办的“红色太行”网站作为网络思想政治教育重要阵地，目前已经成为全国知名的红色网站。

五、理论教育和实践教育的关系——知与行的关系

毛泽东说过：“学习的目的全在于运用。”中北大学的校训是“致知于行”。学校每年组织师生参加社会实践活动，把理论当中的问题带到实践中去检验，把实践中的问题带到课堂上去引发学生思考，增加了大量鲜活的案例，师生们认真总结，把感性认识上升为新的理性认识。一些参加实践活动的师生在回校后自发创作了《太行劲松》等一系列感动人心的文艺作品在校园内广泛传播。

六、太行精神走出校园与太行精神走进校园的关系——进与出的关系

大力宣传学校杰出校友的事迹是弘扬太行精神的生动案例。学生在学校接受太行精神教育，广大中北学子在校期间深受太行精神的感染和引导，形成了一种特有的精神气质、工作作风和处世态度。这种精神胎记承载着太行精神的精髓，是每一位中北学子的宝贵财富，当优秀的毕业学子将这种精神力量运用到科研、生产等实际工作中去时，将会转化为巨大的创造力，服务经济，造福社会。社会对学校毕业生的良好评价，充分印证了太行精神对学校人才培养产生的重要影响。一些走出校门的校友也经常返回母校为在校学生讲述他们对太行精神的深切感受以及在太行精神影响下立志成才的故事，许许多多杰出校友的事迹反过来又以无可辩驳的事实教育、引导、鼓励和启发着在校学生向杰出校友学习，结合新的理论与实践，开拓创新，与时俱进，不断践行太行精神。而把握太行精神的时代特征，与时俱进，是弘扬太行精神的本质要求。

七、太行精神的外化与内化的关系——形与质的关系

外化的太行精神是形式，多表现为物质的东西，是看得见摸得着的，如兴建雕像、塑像、纪念石、纪念牌、励志石碑，是可感可知的太行精神教育；内化的太行精神是本质，是一种精神动力，深深烙印在学校发展的方方面面。校园文化健康向上、催人奋进；教师爱岗敬业、为人师表、求真务实、严谨笃学；学生勤于学习、奋发向上、诚实守信、敢于创新。

太行精神作为一种民族精神和时代精神的产物，随着中北大学的不断发展，代代相传，薪火相继，早已深植于中北大学的育人理念中。翻开中北大学的历史，虽然不同阶段有不同的建设重点和中心任务，尽管经历了无数的坎坷和曲折，但太行精神这面旗帜却始终高扬在学校师生心中。这是一面用集体意识铸就的旗帜，这是一面敢于向困难昭示力量的旗帜，

这是一面狂风骤雨吹打不倒的旗帜，它体现出巨大的文化力。塑造高尚人格，提高综合素质，促进大学生成长成才是弘扬太行精神的目的和归宿。学校始终坚持育人为本，德育为先，积极构建“多渠道、全方位、立体化”的育人格局，将积淀厚重、可感可知的太行精神融入其中，用春风化雨、润物无声的感染力滋养学生的心灵，通过全校教职员工的言传身教，使学生形成自觉意识，从而提升人生追求和人格境界。中北大学的学生正是在这种特有的文化氛围的熏陶中逐渐成长成才。以太行精神育人，大大提升了人才培养的质量，学生综合素质的提升集中体现在以下三个方面：学生追求真理，表现出了高度的思想政治素养；学生秉承太行精神致知于行，在社会实践和科技创新方面屡创佳绩；毕业生就业率高，社会评价良好。每个中北人的身上刻有深深的太行精神的烙印，可见弘扬太行精神真正凸显了中北大学鲜明的办学特色。

尽管不同的高校各有自己的办学传统，但理想信念教育是所有大学生思想政治教育的核心。当代大学生应当确立马克思主义科学信仰，树立在中国共产党领导下走中国特色社会主义道路、为实现中华民族伟大复兴而奋斗的共同理想。因此，中北大学把太行精神融入大学生思想政治教育，培养社会主义事业优秀接班人的经验对其他高校具有一定的借鉴价值和深刻的启迪意义。

（作者系中北大学人文社会科学学院讲师）

论太行精神的本质和精髓

□ 宋河星

太行精神发源于抗日战争时期八路军创建起来的太行抗日根据地。太行精神的本质是抗战精神、廉政精神、民主精神和奋斗精神，是中华民族传统精神和进步精神的统一体现。民主精神是太行精神的精髓，是太行精神中最优秀、最进步和最先进的精神。

一、抗战精神

1937年7月7日爆发的卢沟桥事变，促成中国国民党和共产党两党长达10年内战的结束和第二次国共合作、共同抗日，实现全民族抗战局面的形成。抗日战争遂成为中国一百多年以来，由国共两党分别领导军民进行的组织最强、规模最大、时间最长的一次反对外来侵略的战争。中华民族自强不息、御侮图强、抗日救亡的民族正气成为抗战中的主导精神力量。就连围追堵截消灭共产党的国民党也不得不被迫在这种民族危亡、民族正气急剧上升的紧要关头，和共产党合作，共同抗战。作为挺进华北敌后抗战的八路军三个师，正是深入到在被入侵日军构筑的据点把占领区分割成格子网般的山区和平原农村的广大沦陷区人民中发挥了抗战中流砥柱的作用。八路军在广大人民群众中，既是民族正义和正气转化为力量的，也是转化为精神的重要支柱。

太行山，作为太行精神的发源地，它是通过中共中央北方局和八路军总部直接指挥八路军一二九师、一一五师三四四旅和决死一、三纵队、冀西游击队等抗日部队和各级党组织，在创建以太行山脉为主要区域的晋冀豫抗日根据地，与日军进行围攻与反围攻、蚕食与反蚕食、“扫荡”与反“扫荡”斗争中充分体现出来的。回顾辛亥革命以前，由于清政府腐败无能，在各国侵略军面前，无论打了败仗还是偶获胜仗，都割地赔款，丧权辱国，以至于到抗战爆发前，没有哪一支外国侵略军攻越太行山，打到黄河边，成为入侵中华民族地理位置上的纵深之耻。全面抗战爆发后，由于国共两党建立抗日民族统一战线，决不投降、共同抗战，使得中国军民不得不面对一支能够攻越太行山，打到黄河边的穷凶极恶的日本侵略者，由八路军总部率领一二九师等部队，勇敢地挺进太行山区，在敌后的广大人民群众中，团结各种进步力量，建立游击队、改造旧政权，发展党组织和成立各界群众组织，掀起抗日救亡运动高潮，以振奋民族精神，坚持持久抗战。通过粉碎日军对晋东南的两次九路围攻、百团大战、黄崖洞保卫战等战役战斗，创建、巩固和保卫抗日根据地，使之成为华北抗战的战略支点之一。

八路军和太行人民在日本侵略者面前，不畏强暴、不怕牺牲、敢于斗争、敢于胜利，这种抗战精神，体现在像左权等在太行区的八路军数万将士为救亡图存不惜牺牲生命的英雄壮举中，也体现在太行区数十万干部数百万群众有人出人、有力出力、有钱出钱，甚至付出生命，积极支前参军参战等各种抗敌杀敌的爱国行动中。在这种爱国行动中，八路军和太行区人民作出了重大牺牲。日军在1942年5月的大“扫荡”中，八路军总部机关及其直属机构1万余人，牺牲8000余人，几乎全军覆灭，仍然不屈不挠，坚持抗战到底，直至最后胜利。一二九师在6年中，大小战斗19,777次，毙伤日伪军120,241人，烧毁飞机34架、装甲车74辆、汽车1344辆。[①]到1944年10 月前，仅一二九师就有13,503人牺牲，32,345人受伤，2459人中毒；太行区有1434名区级以上干部牺牲；以及从1940年到1943年，太行区民兵、自卫队有3842人牺牲，4836人负伤。太行区人民仅在大反攻作战

① 《抗日战争中的太行军区》，李达，《血沃太行》，第76页，中共黎城县委党史研究室编。

中，直接随军参战者就达45.5万人次，支前民工出工数达910万个，每个劳动力平均出工10天以上。作为太行精神的主要起源地——长治市现辖县市区，就曾以伤亡15万人的代价写下了不屈不挠地与敌人进行英勇斗争的抗战英雄史。正是太行军民拥有的这种抗战精神，一二九师从初入太行山区的9000余人发展到1945年9月的近30万人。并以太行山为基地，与其他部队协同作战，相继开辟了冀南、太岳等根据地。同时，太行民兵配合八路军作战，参战74万余人次；到1945年9月，民兵发展到10万人，涌现出徐顺孩、张小保等大批英模人物。太行军区部队在民兵自卫队及广大群众的支援下，相继收复了昔阳、襄垣等19座县城，根据地面积达到8万平方公里左右。这是抗战精神的一个重大成果，也是太行精神最重要的一个组成部分。

二、廉政精神

在太行区，八路军实行政治上一律平等、官兵一致、军民一致的政策，部队首长和士兵不搞特殊化，官兵和群众能够打成一片，军队不触犯和损害群众利益，并成为官兵进行自我约束的一个政治纪律。八路军从总部首长到一二九师师部首长，以身作则，严格纪律，廉洁从军，不搞特殊，在干部战士和群众中树立了好榜样。在潞城，朱德穿着在延安时配发的且已经穿成破旧了的棉衣，却拒绝工作人员更换新棉衣；彭德怀在黄崖洞兵工厂视察时拒绝在午饭中吃白面条和炒豆腐，而改作同工人吃一样的加入面条后的糊糊饭；刘伯承在减租减息运动中，不替房东说情、走后门，退掉房东送来的西瓜；邓小平因为司务长为自己孩子的奶妈多称了半斤米而批评教育了司务长。坚持一切从群众出发，只要群众的要求是正确的、合理的，党政干部都能够做到廉洁从政、为人民服务，遇有坏人坏事、歪门邪道的事，就敢于为民做主。从而使勇于伸张正义，弘扬正气，廉洁奉公蔚然成风。

在太行区，八路军以三大纪律、八项注意为铁的纪律，特别是在实行党政军民一元化领导下，这一纪律不仅是八路军的纪律，而且也是太行区党政民各系统廉洁奉公，维护群众利益自觉执行的纪律。为执行好三大纪律、八项注意，太行区党政军民各界领导人一方面严于律己，争当表率；另一方面则针对违反纪律的人员进行严格教育和管理。在山西十二月事变后，彭德怀在黎城整军时，对于在事变中在武乡一带破坏群众纪律的部分干部战士进行了极其严厉的批评和处罚；左权严肃批评和教育因一天多战马没有吃草，抱上群众莜麦准备喂马，破坏革命纪律行为的马夫；邓小平在武乡洪水镇刘家嘴村所借一位妇女的针线，两三个月后如数奉还等故事，都体现出了八路军首长无一不在精心维护群众利益的高度上来维护八路军铁的纪律，并以此来保证行政效率和行政廉洁度。

事实上，八路军这个以“不拿群众一针一线”为标志的革命纪律，从干部到战士，也真正做到了以一切行动听指挥，不拿群众一针一线，一切缴获要归公三大纪律。遵守了说话态度和好，尊重群众不耍骄傲；买卖价钱公平，公买公卖不霸道；借人东西用过了，当面归还不遗失；损坏东西，照价赔偿不差半分毫；不打人骂人，坚决克服军阀作风；爱护群众的庄稼，行军作战处处注意到；不许调戏妇女们，坚决除掉流氓习气；不虐待俘虏兵，不打骂不搜腰包八项注意。八路军即便在最艰苦的年代，凡借老百姓的粮食都会偿还，从来不欠老百姓一斤粮食；就连采集野菜，彭德怀都亲自指示部队到远处的山上采集，把村边就近的野菜留给群众采；而黑桃树上的树叶也留给群众吃。从而使得八路军在根据地的群众中，成为了遵守纪律的模范。太行区党政军民各系统人员以真正的革命纪律约束自己，以廉洁奉公、公道正派的形象展现在群众面前，使得广大群众不仅衷心拥护和依靠共产党，而且各级抗日民主政府也真正成为了群众处理公共和社会事务最说理、最公道、最安全和最有保障的场所。因此，太行区党政军民各级机关的廉政精神，就是官兵一致，人人平等，不搞特殊，伸张正义和弘扬正气的精神；就是模范遵守革命纪律，廉洁奉公、公道正派，敢于与坏人坏事作斗争，不拿群众一针一线的精神。这种廉政精神，成为太行区广大群众决心跟共产党走的重要因素之一。

三、民主精神

太行精神许多方面表现的是中华民族的传统精神，但是也有近百年以来中国进步的爱国仁人志士虽然在不断追求，但始终没有实现了的进步精神，即民主精神。民主政治是中国人百年的梦想，太行区民主政治的实现，是太行民主精神的体现，既是太行精神的精髓，也是与人类文明同步发展进步的精神。它发起于1940年4月的中共中央北方局黎城会议上，是由北方局书记杨尚昆按照毛泽东在延安的有关讲话精神，提出的“真正实行民选而不是推选”①的民主政治。1941年，这种民主政治在太行、太岳、冀南等根据地广泛开展。

1941年5月，按照冀太联办颁布的《晋冀豫边区临时参议会参议员推选办法》，太行区展开了临时参议会参议员的竞选运动。在竞选运动中，长期驻留太行区的边区级各单位、太行区各县参议员候选人纷纷发表竞选政见，如抗大校长滕代远，发表8项参政主张；黎城县候选人开明绅士谢好礼，发表3条竞选纲领；新闻界候选人何云，发表确立明确的新闻政策主张；抗日军人候选人申伯纯，也发表4项政见。中共晋冀豫区党委书记李雪峰，作为辽县的参议员候选人参与竞选，去参加大会时，每路过一村，就和群众进行谈话。与此同时，太岳区、冀南区也都展开激烈的竞选活动，并于7月31日，在临参会上由138位参议员投票，选举产生了晋冀鲁豫边区政府及主席杨秀峰，副主席薄一波、戎伍胜等领导人。

1946年4月，太行区的民主政治在基层进一步凸现出它的划时代意义。这就是4月19日黎城县东黄须村举行竞选县参议员的大会。参加选举大会的有周围的子镇、长垣、枣镇、西黄须村选民。会议由各村选民通过开会酝酿后推选出的候选人在大会上发表竞选演说，选民根据候选人提出的竞

①中共黎城县委党史研究室：《血沃太行》，第70页，2004年。

选纲领和平日的作为，再次通过小组讨论，然后拿着分发的豆子，分别投放在候选人背后的盆子里，候选人以得豆子多少计票数，最后选举出了县参议员。这次典型的解放区的“豆选”，让在上党战役和平汉战役中放下武器的原国民党军耳闻目睹后，发出了真正的民主实行在解放区的感慨。这种由候选人报名，选民小组推荐，选民通过候选人的竞选演说，判断候选人的能力和品质以及为选民可能带来什么样的好处，再通过最后公开投票、唱票方式，宣布候选人获胜的竞选方式，真正体现出了还政于民——人民当家做主的本质。当然，在农村选举中不仅有着这样严格的竞选程序，就是在边区参议会选举中，也遵循着严格的程序进行竞选。如同年春，在边区参议会选举中，薄一波以418票（全票478）当选参议长。[①]这一结果，记者在《新华日报》（太行版）上进行了报道。记者通过报纸报道民主竞选运动，不仅指导了各地的竞选工作，而且还在根据地形成了一种新民主主义的文化环境，使根据地出现了开天辟地以来民主新气象。

太行根据地的这种民主竞选运动，凡是在根据地可以实施的地方，都得到了实施。尽管由于受战争的影响，这种按照三三制形式选举政权组织的民主运动到1946年以后似乎就中断了，因而成为一种短暂的、局部的、未普及的民主运动形式。但是，从太行区、太岳区1941年的竞选运动看，“这次村选是为了建立真正的崭新的政府，真正的‘还政于民’，真正实现了四大民权（选举权、被选举权、创制权、复决权）；把政府真正交给群众掌握，官吏由群众自己选举，而不由上级委派，如果自己选举的官吏不替群众谋利益，可以依大多数选举人的决定，随时撤换它，而不由上级撤换。由群众创制的适合群众利益的法规，如果法规妨害了群众的利益，可以依大多数人的决定，随时复决”。[②]这种太行区数千年来首次在基层政权和组织中真正表达民主意愿的做法，确实体现了政治上的进步性。由此可见，在抗战时期，从孙中山的民主革命，到中国共产党的新民主主义

①《新华日报》（太行版），第100页，1946.4.3　合订本第6本。

②《太岳日报》，1941年7月24日。

革命所阐明的民主思想，已经在太行区直接转变成了竞选运动的过程和结果。这就是说，中国共产党在太行区，避开了国民党假民主，实行强选、贿选、霸选、假选，丧失民心的做法，忠实地继承孙中山的三民主义，通过实行民主政治，改善了人民政治生活，振奋了人民的精神面貌，结束了过去的官僚政治、豪绅政治，做到了还政于民。就是这样，太行区的民主精神，成为冲破太行山两千多年封建思想的束缚和封建专制制度桎梏的一个伟大的历史性进步。民主使太行区人民从政治上相信了共产党。因此说，太行军民的民主精神，就是还政于民，让人民当家做主的精神。这种精神是值得后世继承和发扬光大的太行精神的精髓。

四、奋斗精神

太行山人民历来有勤劳勇敢、朴实善良、互爱互助、疾恶如仇的优良品质和自强不息、艰苦奋斗的精神。特别是在民族危亡关头，除青壮年挺身而出，英勇参加武装斗争外，其他群众也不忘爱国奉献，患难与共，发愤图强。抗战期间，太行根据地军民继续发扬这种艰苦奋斗、爱国奉献精神，即便在日军实行“杀光、抢光、烧光”三光政策和严重的旱灾、蝗灾这样极其恶劣的生存环境下，穿着破烂的衣服、拿着劣质的枪，吃糠咽菜，甚至以树叶等108种代食品维持生存，都决不屈服于穷凶极恶的日本侵略者。而共产党八路军作为太行抗战的中流砥柱，始终与太行人民血肉相连，以流血牺牲的革命精神来为着中华民族的独立、民主和自由而奋斗，而太行人民也以“母亲叫儿打东洋，妻子送郎战场”的精神报效国家。

抗战开始时，一二九师每个团有1/3的长矛。由于严重缺少武器，就从每次战斗中，从敌人那里缴获的精锐武器来武装自己。在到1943年的6年战斗中，一二九师从日军中缴获长短枪41,749支、轻重机枪879挺、大小炮81门；由出征时的3部电台，到1944年已经有了七八十台。而共产党领导的各级武委会则在每个村里，则按年龄从小到大，分别组织有儿童团、青抗先、自卫队、农会、妇救会、牺盟会、民革室，等等，按照抗日民主政府的政策法令开展各项工作。创建于1940年8月的民兵组织，在战争中逐步发展成为一支重要武装力量，并成为八路军的重要助手和主要兵源。民兵一手拿枪、一手拿锄，靠少有的枪支、自制的石雷等武器，在配合八路军主力部队作战，支前、保卫群众生产和生活，反“扫荡”等行动中发挥了重大作用。

共产党八路军在太行区进行军事斗争的同时，还加强根据地的党的建设、经济建设、文化建设，努力壮大军工事业，大力发展教育、出版、艺术和卫生事业。在党组织建设方面，到1949年8月全区有5个地委、42个县市委、279个区委，全区党员发展到12.9万余人。抗战期间，在经济建设方面，军民实行大生产运动，生产了大量粮食，减轻了农民负担，其中仅1944年太行军区部队节约和生产的粮食就达10万石以上；两次实行减租减息，平等分配各阶层利益；努力调和各阶级矛盾，合理负担抗战人财物。在根据地发行冀钞，创立了太行区的金融业；设置货栈，发展了太行区的商业贸易。在军事工业方面，八路军黄崖洞兵工厂制造的各种武器在华北抗战中发挥了极其重要的作用。另外，创办的棉织、被服、制鞋、造纸、卷烟、肥皂、皮革、印刷、榨油、铁器、炼盐等小型工厂、一部分煤窑等工业企业，都为根据地的建设作出了很大贡献。在出版方面，仅1944年全区出版发行的图书就有中级读物5.4万余册，群众读物2.1万余册，国民教材5.6万余册，宣传品2151册。其中，主要报纸有《新华日报》（华北版，后为太行版）、《胜利报》、《中国人报》、《太南日报》、《冀西公报》等；刊物有《战斗》、《抗战生活》、《抗日战场》等。赵树理的小说《小二黑结婚》曾经轰动太行区，并成为各根据地小说的发行量之最。教育方面，1944年全区有冬学4836所，参加学习的人数达41.5万余人；有小学2530所，在校儿童 12.5万余人。中等以上的学校先后有：晋东南干部学校、路东干部学院、抗大一分校、抗大总校、鲁迅艺术学校、抗战建国学院、太行一中、太行二中、太行行政干部学校、太行联中等，培养了一大批军政干部。另外，根据地的文化人还以戏曲、歌曲、木刻等艺术表现形式，共同繁荣了根据地的文化教育事业。还发展起了中医为主、中西医结合的医疗卫生事业。太行区的这些成果，都是太行军民在国民党政府断绝供给，多次搞军事摩擦；日军进行严酷的军事、经济封锁，并不断地对根据地进行蚕食、“扫荡”，物资极其匮乏的条件下，从无到有、从小到大、由弱到强，依靠广大军民的自力更生、艰苦奋斗精神创建起来的。因此，太行军民的奋斗精神，就是勤劳勇敢、自强不息、军民一家、自力更生、艰苦奋斗、无私奉献的精神。这种奋斗精神构成了太行精神的重要组成部分，也成为太行精神的深刻体现。

总之，太行精神的内涵中既有中国传统的民族精神，也有世界先进的民主精神。大力弘扬太行精神，对于继续改革开放、坚决反腐倡廉、推进民主政治，以及中华民族的伟大复兴和进步事业有着极为重要的现实意义。

（作者系中共长治市委党史研究室副研究员）

太行山高 可以呼远

——太行精神的理论特质和时代价值

□王 斌

巍巍太行，雄踞华北，俯瞰中原，史称“天下之脊”。

1938年2月，在中华民族生死存亡的历史时刻，中国共产党审时度势，挺进敌后，挥师太行，建立了太行敌后抗日根据地。此后八年，太行地区成为中国人民抗日战争的主战场之一，太行军民万众一心、众志成城、同仇敌忾、共赴国难，为中华民族解放立下丰功伟绩。伟大的实践必然产生伟大的精神。在长期的艰苦革命实践中，在这块饱受战火考验和革命洗礼的热土上，中国共产党领导太行儿女在取得抗击侵略者伟大胜利的同时，也收获了一笔宝贵的精神财富，这就是伟大的太行精神：在国家和民族处于危亡的关键时刻，共产党人领导太行儿女展现的不怕牺牲、不畏艰险的革命英雄主义精神，在极其艰苦的条件下百折不挠、艰苦奋斗的精神，为民族解放展现的万众一心、敢于胜利的精神，为人民利益展现的英勇奋斗、无私奉献的精神。

今天，人民正在新的历史条件下创造新的历史，面对新形势、新任务，准确把握太行精神的理论特质，充分认识太行精神的时代价值，对于我们进一步增强凝聚力和创造力，全面推进和谐社会建设，具有重大的理论意义和实践意义。

太行精神，不仅是中国共产党革命精神的一座历史丰碑，也是展现中华民族崇高精神的一面光辉旗帜

“人是需要一点精神的”，有了精神力量，人才会有奋发向上、追求卓越的动力；一个民族是需要精神支撑的，有了振奋的精神，才能凝聚力量，自立于民族之林；一个先进的政党是需要精神支柱的，有了崇高的精神，才能具有强大的凝聚力和战斗力，得到人民群众的信赖和拥护。我们党是工人阶级的先锋队，也是中国人民和中华民族的先锋队。从诞生之日起，就始终重视以坚定的理想信念团结全体人民，始终重视以坚强的精神支柱激励人民为民族复兴而不懈奋斗，始终重视适应时代和社会发展的要求，不断把中华民族精神提高到新的水平。在长期的革命建设实践中，形成了井冈山精神、长征精神、延安精神等革命精神，对于夺取革命建设的胜利起到了重要的作用。

伟大的太行精神，是中国共产党人革命精神的重要组成部分。与其他革命老区精神一脉相承，如果说井冈山精神和长征精神，体现了我们党在创建和发展革命武装中的大无畏的革命英雄主义精神，延安精神体现了我们党理论与实践相结合的实事求是精神。太行精神的价值则在于最大程度上体现了中华民族高尚的民族性格、坚定的民族志向、远大的民族理想，在我国历史上第一次完美地体现出爱国主义、民族主义和社会主义的三者的内在统一，从而在党的革命精神和民族崇高精神的结合上达到了一个空前的高度。太行精神是党领导的太行军民在抗日烽火中铸就的民族魂。

“沧海横流，方显英雄本色。”一个人只有在克服困难、战胜挫折的过程中，才能体现其真正的精神状态。对于一个党、一个民族而言，也只有在历史转折和发展变革的重大时期，其具有的精神力量才能淋漓尽致地体现出来。太行精神形成于艰苦卓绝的抗战时期，是在中华民族处于生死存亡的关键时刻，中国共产党以民族独立和解放为己任，领导全国人民不屈不挠、奋勇抗争的真实写照。太行精神，是我们共产党人的宝贵财富，也是中华民族的宝贵精神财富。不仅在我们党革命精神长廊中，闪耀着不同寻常的光辉，而且在中华民族的精神殿堂中，占据着不可替代的位置。

太行精神的理论特质，首先体现在超越历史的先进性。先进性就是时代性，时代性是对先进性的本质规定。一种精神是否先进，关键要看它是否符合时代的需要，是否具有与时俱进的品格。太行精神产生发展于血与火的年代，在社会主义建设时期得到新的升华，在改革开放年代得到新的发扬，是党的先进性的生动写照。它总是伴随着时代的进步而提高，伴随着社会的发展而完善，始终代表了社会主义的本质要求。长期以来，太行人民继承和发扬太行精神，李顺达精神、大寨精神、红旗渠精神、申纪兰精神等，都给予太行精神以新的内涵，使太行精神不断得到丰富升华，确保太行精神长盛不衰。应当说，太行精神之所以代代相传、生生不息，始终保持了强大的生命力量，关键就在于它所具有的与时俱进的先进性品格。

极其彻底的、超越地域的强烈民族性是太行精神的另一个重要特征。太行精神，产生发展于太行山区，无疑具有一定的地域特色。但从实质上看，太行精神绝不是一种区域性的精神文化形态。这一精神，实质是由中国共产党倡导的、在太行军民身上体现出来的大无畏的革命精神和救民族于危难之中的爱国主义精神。爱国主义，是贯穿太行精神的一条主线。在这一层面上，太行精神鲜明体现出了民族精神的核心品质。其次，太行精神有着丰富深邃的内涵，长乐战役、百团大战所体现出的不畏强暴、敢于同敌人血战到底的民族英雄气概；沁源围困战所体现出的民族利益至上、誓死不当亡国奴的民族自尊品格；大生产运动的开展、“三三制”政权的建立所体现出的开拓创新、善于在危难中开辟发展新路的民族创造精神；聂荣臻同志抚养日本遗孤所体现出的坚持正义、爱好和平的民族奉献精神，等等，都全面完整地体现了民族精神“团结统一、爱好和平、勤劳勇敢、自强不息”的内在要求。在内涵上实现了与民族精神的高度一致。另外，太行精神的创造主体，体现了广泛的人民性，已经远远超越了太行山这个特定的区域。在抗战时期，太行地区是八路军三大主力师所在地，八路军总部和中共中央北方局长期驻扎太行山区，朱德、彭德怀、刘伯承、邓小平等老一辈无产阶级革命家转战太行，是来自五湖四海的中华民族的优秀儿女与太行人民一道，共同弘扬培育了太行精神。因此，充分认识太行精神的民族性，是理解太行精神的一个重要切入点。

实践性是太行精神本质属性的一个重要方面。形式上，太行精神属于抽象意义上的意识形态范畴，是特定历史时期太行军民精神信念的总体概括，具有较为抽象的文化品格。但实质上，太行精神又具备高度的实践性特征。应当说，一种精神文化具有实践性，必须是对实践规律的科学总结，而不是脱离实际的主观臆断；必须是对实践经验的提高和升华，而不是跟随在实践身后亦步亦趋，进行机械片面的诠释注解；必须是在实践中得到检验发展，验证了其科学性和先进性。太行精神无疑具备了这样的标准，早在抗日战争时期，邓小平同志就对八路军和太行军民的革命精神进行了科学总结，将这种精神概括为“有觉悟、有创新意识、有本领、有群众观念和有民族精神”等五个特征的革命精神；2004年8月，中共中央政治局常委李长春来山西考察，根据新的实践新的发展，再次对太行精神做了科学概括和高度评价。因此。太行精神是太行军民长期积累的革命斗争实践，包含着中国共产党崇高的理想、信念和远大目标，包含着我们党在长期的革命实践中传承形成的优良作风。因而，太行精神是历史的，又是现实的；是抽象的，又是具体的；是理论的，又是实践的。它源于实践，在实践中不断得到提炼和升华；又指导实践，转化为一种强大的精神力量。

太行精神，不是历史背影里一尊沉默的塑像，而是时代沃野中一条奔腾不息的长河

“太行山高，可以呼远。”1939年，薄一波同志登临太行，感慨于太行军民浴血奋战的动人实践，写下如此豪迈的诗句。太行精神的本质属性，决定了这一精神不是一个僵化的概念，不是一个空洞的口号，而是随着时代与社会不断发展、不断丰富、不断更新的精神长河。距离源头愈远，愈能够显示其宽广和激越。如今，当我们在一个新的历史发展时期回眸历史，我们仍然可以感受到太行精神超越时空的强大力量和永恒价值。

弘扬太行精神有利于贯彻落实科学发展观。“历史活动是群众的事业”。人民群众是创造历史的主体。太行精神作为党领导太行人民英勇奋斗的精神体现，实质上就是人的尊严不断得到维护，人的作用不断得到发挥，人的素质不断得到提高的生动例证。抗战初期，中国共产党提出了全面抗战路线的核心问题是充分动员、组织和武装群众，使抗日战争真正成为人民战争。在当年太行抗日根据地遭受前所未有自然灾害的情况下，从八路军总部到普通士兵，发展生产，不但实现了粮食自给，还能够救济受灾群众，受到了人民的衷心拥护，进一步调动了广大群众的抗日积极性，党和人民团结一致，取得了一个又一个的胜利，形成了不可抗拒的抗日洪流。当前，我们贯彻落实科学发展观，面临的新问题新挑战，就是如何坚持以人为本，发挥人民群众的主体力量，调动人民群众的主动性和创造性，实现社会全面发展、协调发展、可持续发展。弘扬太行精神，就能够使我们不断砥砺革命意志，不断加强自身修养，真正做到权为民所用，情为民所系，利为民所谋，不断提高执政为民的自觉性和坚定性。

弘扬太行精神有利于推进和谐社会建设。构建社会主义和谐社会，是推进经济社会发展的重要目标，是社会主义现代化建设的客观要求，是最广大人民群众的共同愿望。社会主义和谐社会，是民主法制、公平正义、诚信友爱、充满活力、安定有序、人与自然和谐相处的社会。和谐社会的上空，不能缺少理想的旗帜，不能没有精神的光芒。实践证明，越是革命、建设和改革的每一个重大关头，越是需要中华民族精神所具有的非凡的凝聚力。有了这种凝聚力，我们就能战胜前进道路上的一切困难，不断夺取新的胜利。太行精神所具有的不怕牺牲、不畏艰险的精神，万众一心、敢于胜利的精神，对于我们凝聚力量、促进发展，保持昂扬向上的精神状态具有重要的推动作用；构建和谐社会必须努力建设社会主义精神文明，必须注重先进精神的总结和弘扬。太行精神所蕴涵的百折不挠、艰苦奋斗的精神，英勇奋斗、无私奉献的精神，所表现出的理想信念、价值观念和道德规范，符合社会主义精神文明的基本原则和要求，弘扬太行精神，对于树立正确的世界观、人生观和价值观，提高人们的思想道德素质，促进良好和谐的道德风尚的形成，具有重大的作用。

弘扬太行精神有利于加强和改进党的建设。太行精神是在党的领导下形成发展的，充分体现了中国共产党是拯救和振兴中华民族的领导核心，是中国最广大人民利益的忠实代表。太行精神蕴涵了强烈的政治意识，只有在思想行动上同党中央保持一致，坚定不移地贯彻执行党的路线方针和政策，严格遵守党的纪律，才能使我们从胜利走向胜利，这是太行精神给予我们的重要启示。太行精神的形成和发展是建立在密切的党群关系基础上的，包含有坚定的宗旨观念，体现了夯实党的执政基础的核心要求。这就启示我们，在新的历史条件下，我们必须进一步改进党的作风，密切党同人民群众的血肉联系，坚持党要管党、从严治党的方针，坚持走群众路线，坚持不懈地开展反腐败斗争，提高党的创造力、凝聚力和战斗力。因此，在加强党的建设，特别是在加强和改进党的执政能力建设方面，太行精神给我们提供了许多的历史经验和现实启示，是新时期推进党的建设的强大思想武器。

弘扬太行精神，不是将其留存在记忆中供人瞻仰，而是铸就一条坚韧的民族血脉，为前行提供强大的思想动力

在新的历史条件下，大力弘扬和培育太行精神，是时代的需要。山西省委书记袁纯清同志在长治市视察调研时曾指出，太行精神的主要内容是：不怕牺牲、不畏艰难，百折不挠、艰苦奋斗，万众一心、敢于胜利，英勇斗争、无私奉献。发扬太行精神的现实意义，核心是三句话，就是“不畏艰难、英勇奋斗、敢于胜利”，实际上讲的是信心和勇气。要继续弘扬太行精神，以更大的信心和勇气推进跨越发展。袁纯清书记的重要讲话，为学习和研究太行精神开拓了更为广阔的视野，我们一定要以此为契机，按照科学发展观的要求，立足于新的实践和新的发展，以历史的责任感和现实的紧迫感，把弘扬和培育太行精神作为一项极为重要的任务，摆上重要位置，采取有效措施，取得实实在在的效果。

首先，要增强针对性和实效性，把“继续弘扬太行精神”的要求落到实处。要创新载体和形式，提高工作水平，开展主题宣传教育，积极传播太行精神，充分体现太行精神、大力讴歌太行精神，肩负起弘扬太行精神的重要使命。要高度重视用太行精神教育广大党员干部，牢固树立宗旨意识，切实增强工作责任感，始终保持蓬勃朝气、昂扬锐气和浩然正气，使共产党员的先锋模范作用和领导干部的示范带动作用得到充分发挥，以满腔的热情和实际的行动，共同推动太行精神不断传承延续、不断发扬光大。

要突出时代特征，适应时代呼唤，不断丰富发展太行精神的内涵。人类社会是不断向前发展的，民族精神也必须随着时代的发展而不断丰富。太行精神必须与时俱进，必须在贯彻落实科学发展观，构建和谐社会的伟大实践中大力弘扬和精心培育。要坚持实践第一的观点，紧密结合国内外形势的发展变化，紧密结合我国生产力的最新发展实际，紧密结合人民群众新的发展要求，紧密结合我们党员干部发生的重大变化，一切从发展着的实际出发，主动反映时代实践的脉搏，努力在实践中不断充实新内容，赋予新特色，开拓太行精神发展的新境界。要积极借鉴人类文明发展的新成果，准确地认识和把握时代精神，不断增强太行精神的时代性，增强太行精神的吸引力和感召力。同时，要在理论研究和宣传中，把握新时期太行精神发展的新规律，大胆进行理论创新，不断推出新成果，作出新概括，多出新精品，使太行精神成为具有深刻的思想魅力、新鲜的时代内涵和持续的精神活力的新的革命精神和民族精神。

要理论联系实际，把弘扬太行精神落实到促进科学发展、跨越发展的各项工作中去。物质决定意识，意识对物质具有能动作用。而发挥意识能动作用的唯一途径是社会实践。构建和谐社会的伟大实践，使太行精神获得了新的表现形式，增添了新的时代内涵，提供了发挥作用的更广阔的舞台。要把弘扬太行精神与指导工作实践、促进工作落实结合起来，把太行精神转化为指导工作的科学思维方法和工作方法，转化为切合实际的工作思路，转化为破解发展难题的良策；要把弘扬太行精神与加强党风建设结合起来，进一步强化宗旨意识，密切党群关系，使全市广大干部群众保持良好的精神状态，促进经济社会的全面发展；要把弘扬太行精神与提高党员干部的思想政治素质结合起来，使广大党员干部特别是领导干部牢固树立马克思主义的世界观、人生观、价值观，坚持正确的权力观、地位观、利益观，进一步增强忧患意识、公仆意识、节俭意识。用自己的模范行动体现太行精神，影响和带动广大人民群众，用太行精神把全市广大干部和人民群众的力量凝聚起来，以我们身边鲜活的典型为榜样，把干部群众的思想统一到保发展、促转型、惠民生的工作思路上来，统一到建设富裕文明和谐新长治的宏伟目标上来，为我市的率先发展提供强大的精神动力。

“太行浩气传千古，留得清漳吐血华。”我们正在从事的事业，是一项充满艰辛、充满创造的伟大事业。伟大的事业需要并将孕育崇高的精神，崇高的精神支撑和推动着伟大的事业。我们要倍加珍惜革命前辈留给我们的这笔精神财富，让太行精神在改革开放和社会主义现代化建设的实践中发扬光大。

太行精神万古长青！

（作者系中共长治市委讲师团教授）

弘扬太行革命精神
推进转型跨越发展

□ 任　远

太行精神是在抗日战争时期形成的伟大的民族精神，是中国共产党领导英雄的八路军和太行儿女用鲜血和生命谱写而成的。它是在国家和民族处于危亡的关键时刻，中国共产党人领导太行儿女展现的不怕牺牲、不畏艰险的革命英雄主义精神，是在极其艰苦的条件下展现的百折不挠、艰苦奋斗的精神，是为民族解放展现的万众一心、敢于胜利的精神，是为人民利益展现的英勇斗争、无私奉献的精神。它凝聚着中国共产党人的优秀品质，凝聚着中国人民的坚强性格，凝聚着中华民族光荣的历史传统，是一种极其宝贵和强大的精神力量。这种精神力量为我国新民主主义革命的胜利作出了不可磨灭的伟大贡献。2005年7月29日抗战胜利60周年前夕，中共中央总书记胡锦涛在武乡瞻仰太行抗日根据地旧址时，深情地说："八路军和太行儿女为抗日战争的胜利作出了巨大牺牲和重要贡献。抗日战争中培育的太行精神，凝聚着中国共产党人的优秀品质，凝聚着中国人民的奋斗精神，永远是中华民族的宝贵精神财富。"①

时光荏苒，沧海变桑田。我们悄然走过了改革开放三十三年的历程，已经跨入新中国建设以来的第"十二个"五年规划，正在为夺取全面建设小康社会新胜利而奋斗。在新的历史条件下，我们面临的形势和任务同

① 胡锦涛：《太行精神　光耀千秋》，第1页，北京，人民出版社，2005年。

新民主主义时期有天壤之别，但太行精神仍然具有旺盛的生命力，是推进山西转型跨越发展应当注重发掘和运用的重要精神资源。山西正处于转型跨越发展期，也是各种社会矛盾叠加期，社会管理面临许多严峻挑战。除了就业压力大、流动人口管理任务重、农村留守儿童问题多、城乡差距拉大、群众上访等共性问题外，作为资源型地区和老工业基地的三晋大地，我们还要看到资源型经济带来的村矿矛盾、安全隐患、环境污染严重等许多客观存在的社会问题。要从根本上解决这些问题，不仅需要中国特色社会主义理论体系的指引下，与时俱进、开拓创新、科学发展，不断研究新情况、发现新问题、找出新办法；同时，也需要继承和发扬党的优良传统，从中国革命精神中汲取不竭的精神动力。这就意味着，我们三晋儿女要克服和战胜再造一个新山西前进道路上的诸多困难和阻力，必须大力弘扬不怕牺牲、不畏艰险，百折不挠、艰苦奋斗，万众一心、敢于胜利，英勇奋斗、无私奉献的太行革命精神，尤其要注重把握和实践太行精神的实质，在推进山西转型跨越发展的实践中发挥党的领导核心和先锋队作用，促使各级党组织和广大的党员干部为实现再造一个新山西而不懈奋斗，鞠躬尽瘁，永葆太行精神代代相传。

2010年6月8日，上任伊始的山西省委书记袁纯清同志在参观八路军太行纪念馆和八路军总部王家峪旧址时，把弘扬太行精神与实现山西转型发展和跨越发展，完美地结合在一起。袁纯清同志说："发扬太行精神的现实意义在哪里？我认为三句话是核心，就是'不畏艰难、英勇奋斗、敢于胜利'，实际上讲的是信心和勇气。在当时的情况下，太行军民用小米加步枪战胜了武装到牙齿的日本侵略者，靠的就是信心和勇气，是精神的力量给了我们支撑。那么在今天的形势下，我们要发展，尤其是加快发展、超常发展、跨越式发展，可以说也是有困难的，是艰难的。我们靠什么？也是要靠信心和勇气。要有'明知山有虎，偏向虎山行'的勇气和斗志，弘扬太行精神 ，以更大的信心和勇气推进跨越发展。"

第一，夯实转型跨越这个基础，促进政治经济社会协调发展，就要发扬不怕牺牲、不畏艰险的太行精神

太行精神是太行军民为抗击外敌入侵而激发的不怕牺牲、不畏艰险的英雄气概。太行精神的核心所在，就是面对强敌，敢于亮剑、敢于胜利的精神，就是一种革命的英雄主义精神。

首先，在中国共产党和八路军的带领指挥下，成千上万的太行儿女挺身而出，不畏强敌、顽强奋战，开辟了广阔的敌后战场。太原失守后，华北正规战争基本结束，游击战争进入主导地位。中共中央、中央军委和毛泽东抓住时机，立即部署八路军敌后分兵，迅速实施战略展开，全力创建以五台山、管涔山、太行山、吕梁山为依托的敌后抗日根据地。中共中央北方局和山西各地的党组织，积极配合八路军主力部队的战略展开，在太行山区广泛发动群众，建立抗日武装，从高山到平原，开辟了广阔的敌后战场。其次，八路军同太行儿女群策群力，深入开展敌后游击战争。为了坚持长期抗战，不仅需要建立根据地，而且需要不断地扩大根据地。在抗日战争中，中国共产党发动敌后游击战争的战略任务，最根本的是要深入敌人的占领区，开辟新的战线，独立地在正面战场之外创造敌后战场，发展游击战争，积蓄革命力量，把自己变成战胜日本侵略军的决定因素。“抗日游击战争，本质上是抗日的群众运动，离开了群众，就根本谈不上抗日游击战争。”①在敌后游击战场上，太行军民实行内线与外线的灵活作战，夹击敌人，“把落后的农村”造就成“先进的巩固的根据地”。再次，党的全面抗战路线的核心是充分发动和依靠群众，大打一场“人民战争”。正如毛泽东同志指出“革命战争是群众的战争，只有动员群众，才能进行战争，只有依靠群众才能进行战争”。在游击战争的实践中，抗日军民以自己的聪明和智慧，发明了许多史无前例、新鲜活泼却极为有效的歼灭方法，如麻雀战、地道战、地雷战、窑洞战、破袭战、围困战、攻心战，等等，极大地丰富了人民战争的战略战术，使敌人陷入人民战争的汪

① 朱德：《朱德选集》，第12页，北京，人民出版社，1983年。

洋大海，创造出了军事史上的奇葩。太行人民在中国人民抗战史上，以其独有的雄姿和伟业谱写了引人瞩目的篇章，他们为保卫领导、指挥华北抗战的司令部，支持华北长期抗战，夺取全国抗日战争的胜利作出了重要的贡献。在与日本帝国主义所进行的斗争中，体现了中国人民不怕牺牲、不畏艰险和不可战胜的革命精神。

在山西转型跨越发展的关键时期，在实现山西“十二五”规划的开局之年，我们同样要以不怕牺牲、不畏艰险的太行精神为推动力，夯实转型这个基础，大干快干、科学发展，促进山西政治经济社会又好又快地协调发展。众所周知。山西是一个资源大省，尤其是煤炭资源占全国煤炭资源的三分之一。因此，山西发展因煤而兴，许多问题也因煤而生。长期以来，因资源配置、利益分配、村矿矛盾等问题造成的上访，成为山西突出的不稳定因素和社会管理难点。煤焦领域腐败案件时有发生，不少案件触目惊心。破解“资源悖论”、加快转型发展，不仅是经济问题，也是社会问题，是搞好社会管理的治本之策和基础工程。为此，我们提出以煤为基、多元发展的整体转型思路，一方面按照集约、清洁、安全的要求“挖好煤”，继续为国家建设提供能源服务；另一方面以循环经济为路径“用好煤”，做好开发地下资源和用好地上资源两篇文章，实现由采掘文明到制造文明的跨越。同时，要严守安全这个红线坚持把安全生产作为社会管理的重中之重抓紧抓好。一段时期，山西煤炭生产事故多发频发，代价沉重，给山西形象带来负面影响，成为严重的社会问题。对山西而言，没有安全就没有发展，就没有社会的和谐稳定。安全既是经济发展的红线，也是社会管理的红线，加强安全生产管理是社会管理的重中之重。因此，必须以壮士断腕的决心狠抓煤炭资源整合和企业兼并重组，为安全生产构建产业和工程基础。袁纯清同志指出，特别是要抓住建设国家资源型经济转型综合配套改革试验区的机遇，着力解决资源环境生态破坏严重、产煤区和非煤区发展不同步、地区和城乡之间发展不协调的问题，着力解决社会事业欠账较多、社会发育程度较低，经济社会一条腿长、一条腿短的问题，为社会和谐稳定奠定坚实基础。

第二，实现工业新型化、农业现代化、市域城镇化和城乡生态化，切实加强以保障和改善民生为重点的社会建设，就要发扬百折不挠、艰苦奋斗的太行精神

太行精神是太行军民在残酷的战争环境中锤炼而成的百折不挠、艰苦奋斗的坚强意志。抗日战争中，太行根据地因为地势险要，处于敌人的重重包围之中，同时日本侵略者对根据地进行严密的经济封锁和军事破坏，使抗日军民的物资、经费、弹药供应都异常困难；加之连年不断的自然灾害，使本来就十分困难的根据地更是雪上加霜。面对极端严峻的形势，中共中央明确指出，人民战争面临的困难是前进中的困难，是日益接近胜利的暂时困难；强调发扬革命精神，战胜困难，争取胜利。太行军民在党和八路军总部的领导下，一面顽强不屈地在困苦中坚持抗战，坚决粉碎日本侵略者的疯狂“扫荡”，一面树立坚忍不拔的信心，找出解决困难的方针和办法：发展生产，统制贸易；改善税收，建设军工；精兵简政，减租减息；勤俭节约，反对浪费，展现了百折不挠、自强不息、艰苦奋斗的精神风貌。

如何推进山西的转型跨越，如何推进山西经济社会又好又快地发展，如何切实加强以保障和改善民生为重点的社会建设，是摆在我们面前的重要课题和艰巨任务。而工业新型化、农业现代化、市域城镇化和城乡生态化的提出，就是转型发展的根本举措，是跨越发展的主要依托，也是统筹兼顾、互促互动、有机统一的发展战略。切实加强以保障和改善民生为重点的社会建设。山西城乡居民收入不高，社会保障水平较低，社会事业欠账较多。抓保障、惠民生是社会管理的基础工程。前两年，全省投资300多亿元，在农村实现村村通水泥（油）路、中小学校舍安全改造、村村办卫生室、村村通广播电视和安全饮水“五个全覆盖”。“十二五”时期，我们要把建设绿化山西、气化山西、净化山西、健康山西作为推动转型跨越发展的重大举措，作为改善民生的主要任务，努力使转型跨越的过程成为环境更宜人、群众更健康、生活更美好的过程；把提高群众的社会保障水平、收入水平、健康水平、科技教育水平作为民生工程的主攻方向，让人民群众生活得更有质量、更有尊严、更有幸福感。这就要求我们必须发扬百折不挠、艰苦奋斗的太行精神，时刻把改变山西落后面貌为己任，时刻把群众利益摆到首位，时刻把推动山西又好又快地发展为第一要务，为再造一个新山西而鞠躬尽瘁。

第三，抓好基层这个重心，筑牢加强社会管理、维护社会稳定，就要发扬万众一心、敢于胜利的太行精神

太行精神是太行军民用鱼水情谊凝结成的一种万众一心、敢于胜利的宝贵品质。在开展敌后游击战争、创建根据地的过程中，党的建设是太行根据地发动群众、开展游击战争、进行根据地各项建设的根本保证。在整个抗战时期，中国共产党不仅以正确的抗日指导路线、军事战略方针，领导了敌后抗战，而且坚持团结抗战，正确处理了抗战与党的建设之间的关系，从而使党领导的革命力量迅速发展壮大。第一，党组织的发展为根据地的建立和巩固提供政治保证。党组织的建立是创建太行根据地的基石。没有共产党的坚强领导，便不会有抗日根据地的创建，更谈不上敌后游击战争的胜利开展；没有党组织的发展壮大，党的领导作用也就不可能充分发挥。整顿党的组织，提高党的战斗力。开展整风运动，加强了太行抗日根据地党的建设，促进根据地党的团结和统一，使广大干部在思想上大大提高了一步，使党达到了空前的团结并进一步成熟起来，为夺取抗日战争的最后胜利，奠定了重要的思想基础。第二，实行“三三制”，开辟中国特色的民主政治道路。开展村选运动，使根据地人民首度当家做主；成立边区政府，建立“三三制”民主政权，使太行根据地民主政治制度得到进一步发展。抗日战争时期的太行根据地情况十分复杂，中国共产党领导的太行军民在敌、友、我三方犬牙交错的广阔地带，发动群众、组织群众、联络各方，组成统一战线，团结抗敌。在中国共产党全面抗战路线的指引下，牺盟会、决死队、游击队、国际友人，包括阎锡山和国民党中的进步

力量，都成为共产党领导的抗日统一战线的重要力量。正是这种万众一心、敢于胜利的精神，使太行军民取得了一个个以少胜多、以弱胜强等大小战役胜利。

在当下转型发展、跨越发展的关键时期，我们仍要发扬万众一心、敢于胜利的革命乐观主义精神，使饱含热情的太行儿女为再造一个新山西而不懈奋斗。抓基层、强管理、维稳定是山西转型跨越发展的基本保障，促民主、创先进、争优秀是山西转型跨越发展的必经之路。基层稳则全局安。基层是我们党执政的基石，也是社会管理的基础。一要提升基层党组织覆盖面。去年山西省委成立了非公经济组织党工委，今后要加快在城乡基本单元建立健全党支部，以创先争优活动为抓手，提升基层干部整体素质，组织动员基层党组织和广大党员做好群众工作，在社会管理服务中充分发挥党组织的战斗堡垒作用和党员的先锋模范作用，有效增强党对社会生态链末端的组织领导能力。二要强化基层政权组织的社会管理服务职能。以村委会、社区和基层政法综治维稳中心为依托，整合综治、司法、维稳和信访资源，建立大综治大调解平台，兜底社会治安综合治理、矛盾纠纷排查化解、便民利民服务和信访等工作，使基层社会服务和管理能力全面提升，做到工作有条件，服务有平台，管理有手段。三要让各类社会组织有效汇入社会管理服务大格局。充分发挥工会、共青团、妇联以及其他社会团体、行业组织、中介机构、志愿者团体的作用，支持他们参与社会管理和公共服务。

第四，强化领导干部以身作则，着力提高干部队伍的社会管理水平，就要发扬英勇奋斗、无私奉献的太行精神

太行精神是太行军民以鲜血和生命培育而成的一种英勇奋斗、无私奉献的高尚情操。在八年抗战的艰难岁月中,太行根据地外部受到日本侵略者的疯狂劫掠,内部又遇到种种困难,巩固抗日根据地。在异常复杂激烈的战局下，共产党人仍把人民利益放到第一位，积极推进有利于人民群众的各项社会改革。正是这种与人民群众同呼吸、共命运的血肉关系，使太行根

据地有了立于不败之地的根本保障。

抗日战争的历史告诉人们，中国共产党及其领导下的敌后抗日根据地军民是全民族抗战的中流砥柱。没有中国共产党及其领导的敌后抗日根据地军民的英勇斗争，抗日战争就不能取得全面、彻底的胜利。在八年抗战中，八路军总部和中共中央北方局等领导机关曾长期驻扎在晋东南潞城北村、武乡砖壁、王家峪等地，使这里成了华北抗日前线的指挥中心。朱德、彭德怀、左权、刘伯承、徐向前、邓小平、杨尚昆、薄一波等老一辈无产阶级革命家曾长期在这里生活、战斗，以无产阶级革命家的雄才大略，以运筹帷幄、决胜千里的英雄气概，组织指挥了长生口战斗、神头岭战斗、响堂铺战斗、长乐之战、百团大战、黄崖洞保卫战、沁源围困战等许多战役和战斗。太行区的山山水水的都留下他们的光辉足迹，一草一木都倾注了他们无限的心血和汗水。在他们身上，最充分、最集中、最生动地体现了中华民族的精神。他们的业绩，已经成为中国人民抗战史上一首壮丽的英雄史诗。在抗日战争中，中国人民用血肉之躯筑起了一道坚不可摧的长城，而八路军中许许多多像他们一样的抗战将领，则是这道长城的基石。他们以钢筋铁骨托住了整座长城，其挡住敌人的疯狂进攻，为中华民族和世界反法西斯战争的胜利谱写了一曲英雄的乐章！ 在这场正义的战争中，八路军指战员共伤亡60余万人。而在太行根据地的土地上，就牺牲了时任八路军副总参谋长左权将军，军分区司令员范子侠、郭国言、朱程等抗日名将，伤亡的指战员计有107,200人。这些为驱逐日寇，驰骋疆场，血洒太行的英雄，我们永远不会忘记……

无论是在革命的战争年代还是在社会主义的建设时期，党员干部的作用毋庸置疑是非常重要的，尤其是领导干部的先锋模范作用和个人素质能力往往起到了关键性作用。时下，是山西转型跨越发展的黄金期、关键期，领导干部的素质如何、能力如何、作风如何，直接影响到社会管理的水平和成效。因此，我们要继续发扬党的优良传统，发扬英勇奋斗、无私奉献的太行精神，教育引导全省各级领导干部牢固树立抓发展是政绩，抓管理、抓稳定也是政绩的理念，把社会建设和管理放在突出位置，增强工作的科学性和发展的协调性。大力开展社会管理的学习活动，把社会管理列入党委中心组的学习内容，列入各级党校、行政学院等培训机构的课程，尽快使干部学习掌握社会管理服务方面的新知识、新理念、新政策，尤其是学会做好群众工作的新方法，全面提高做好社会管理工作的本领。切实改进干部作风，严格执行我省严肃工作纪律的“四条禁令”，坚决纠正漠视群众诉求、违背群众意愿、损害群众利益的行为。同时，完善目标责任考核体系，提高社会管理权重，强化基本公共服务绩效考核和行政问责，以鲜明的导向推动社会管理水平不断迈上新台阶。

太行精神孕育于特定的历史时代，新的历史时期也需要大力弘扬太行精神。在实现山西转型跨越的实践中，我们要从继承和发扬革命优良传统，实现老一辈革命先烈强国富民遗志的高度出发，认识和弘扬太行精神；要从培育和弘扬爱国主义精神，确保红色江山永不变色的高度出发，认识和弘扬太行精神；要从坚持毛泽东思想和中国特色社会主义理论体系，为全面建设小康社会提供强大精神动力的高度出发，认识和弘扬太行精神。在山西转型跨越发展的关键之年，在“十二五”规划实施的开局之年，我们迎来了中国共产党建党90周年华诞，我们要以此为契机，将弘扬太行精神落实到山西转型跨越的实际工作中去，努力以新的实践探索和工作成绩不断丰富太行精神的内涵。弘扬太行精神不是一句简单的口号，而是一种包含丰富内容和严格要求的实际行动，必须同各方面的实际工作紧密结合起来，必须使太行精神成为搞好各方面工作的动力、规范和标准。一个党员、干部特别是领导干部对太行精神弘扬得怎么样，只能看其在实际工作中能否真正的不畏艰险、艰苦奋斗、敢于胜利、无私奉献；只能看其能否真正为人民群众谋利益，真正带领人民群众脱贫致富，真正为三晋大地的转型跨越发展排忧解难。太行精神不是一个静止、封闭的终极性范畴，而是随着时代和实践发展不断丰富和发展的科学精神，我们要继续解放思想、与时俱进，努力探索在改革开放和发展社会主义市场经济、全面实现小康社会和转型跨越发展过程中，继续坚持不畏艰险、艰苦奋斗、敢于胜利、无私奉献精神的新思路、新方法，使不断丰富的太行精神成为促进转型跨越发展的不竭动力。

（作者系山西大学硕士研究生）

后　记

太行精神是山西人民的传家宝。多年来中共山西省委始终把学习、研究、宣传、弘扬太行精神作为一件大事，高度重视，常抓不懈，并不断丰富新的时代内涵，极大地凝聚和激励了全省人民。实践证明，太行精神虽然产生在战火纷飞的年代，但它历久弥新，今天仍然具有强大的生命力。大力弘扬太行精神，对于加强社会主义核心价值体系建设，实现全面建设小康社会的宏伟目标，有着极其重要的现实意义。

2011年7月16日至17日，中共山西省委、中共中央党校、中央党史研究室、中国社会科学院、光明日报社在长治市联合召开了太行精神研讨会。会议以胡锦涛同志在纪念中国共产党成立90周年大会上的讲话精神为指导，以中央领导同志关于太行精神的指示为主线，以大力弘扬太行精神、促进转型跨越发展为主题，对太行精神的历史背景、精神实质、历史作用和现实意义进行了深入探讨。会议共收到来自中央部委、研究机构、学术团体、高等院校和兄弟省市领导干部及专家学者的研究文章69篇。为深入贯彻落实党的十七届六中全会精神，我们从中遴选39篇，集结出版。

在编写过程中，中共长治市委宣传部副部长王耀同志、宣传科长霍冰同志为该书提供了部分资料和图片，在此一并感谢。

编著此书，时间仓促，不足之处在所难免。恳请广大读者提出宝贵意见。

编　者

2011年11月

图书在版编目（CIP）数据

弘扬太行精神　加快转型跨越：太行精神研讨会文集／胡苏平主编. —太原：山西人民出版社，2011.12
ISBN 978-7-203-07500-4

Ⅰ. ①弘… Ⅱ. ①胡… Ⅲ. ①革命传统教育—中国—学习参考资料 Ⅳ. ①D642

中国版本图书馆CIP数据核字(2011)第232173号

弘扬太行精神 加快转型跨越：太行精神研讨会文集

主　　编：胡苏平
责任编辑：秦继华

出 版 者：山西出版集团·山西人民出版社
地　　址：太原市建设南路21号
邮　　编：030012
发行营销：0351-4922220　4955996　4956039
　　　　　0351-4922127（传真）　4956038（邮购）
E-mail：sxskcb@163.com　发行部
　　　　sxskcb@126.com　总编室
网　　址：www.sxskcb.com

经 销 商：山西出版集团·山西人民出版社
承 印 者：山西臣功印刷包装有限公司

开　　本：787㎜×1092㎜　1/16
印　　张：21.5
字　　数：310千字
印　　数：1—3000册
版　　次：2011年12月　第1版
印　　次：2011年12月　第1次印刷
书　　号：ISBN 978-7-203-07500-4
定　　价：46.00元